公認心理師の基礎と実践 20

野島一彦・繁桝算男 監修

産業・組織心理学

新田泰生 編

遠見書房

巻頭言

心理学・臨床心理学を学ぶすべての方へ

　公認心理師法が 2015 年 9 月に公布され，2017 年 9 月に施行されました。そして，本年度より経過措置による国家資格試験が始まります。同時に，公認心理師の養成カリキュラムが新大学 1 年生から始まります。

　現代日本には，3 万人を割ったとは言えまだまだ高止まりの自殺，過労死，うつ病の増加，メンタルヘルス不調，ひきこもり，虐待，家庭内暴力，犯罪被害者・加害者への対応，認知症，学校における不登校，いじめ，発達障害，学級崩壊などの諸問題の複雑化，被災者への対応，人間関係の希薄化など，さまざまな問題が存在しております。それらの問題の解決のために，私たち心理学・臨床心理学に携わる者に対する社会的な期待と要請はますます強まっています。また，心理学・臨床心理学はそのような負の状況を改善するだけではなく，より健康な心と体を作るため，よりよい家庭や職場を作るため，あるいは，より公正な社会を作るため，ますます必要とされる時代になっています。

　こうした社会状況に鑑み，心理学・臨床心理学に関する専門的知識および技術をもって，国民の心の健康の保持増進に寄与する心理専門職の国家資格化がスタートします。この公認心理師の養成は喫緊の非常に大きな課題です。

　そこで，私たち監修者は，ここに『公認心理師の基礎と実践』という名を冠したテキストのシリーズを刊行し，公認心理師を育てる一助にしたいと念願しました。

　このシリーズは，大学（学部）における公認心理師養成に必要な 25 科目のうち，「心理演習」，「心理実習」を除く 23 科目に対応した 23 巻からなります。私たち心理学者・心理臨床家たちが長年にわたり蓄えた知識と経験を，新しい時代を作るであろう人々に伝えることは使命であると考えます。そのエッセンスがこのシリーズに凝縮しています。

　このシリーズを通して，読者の皆さんが，公認心理師に必要な知識と技術を学び，国民の心の健康の保持増進に貢献していかれるよう強く願っています。

2018 年 3 月吉日

監修者　野島一彦・繁桝算男

はじめに

　我が国の産業・組織心理学会の設立趣旨には，個々人および集団が人間の可能性を基盤として成長し，効率的であると同時に健康的かつ生きがいのある組織を形成し，心と行動の総合体として作業を遂行し，文化的生活者として消費することのできる条件を探究すると述べられている。

　産業・組織心理学における公認心理師の業務は，国民が「働くこと」に関連した多種多様な心理学的支援の理論の研究と実践である。その心理学的支援を実施するには，本書の各章にあるように，さまざまな課題があり，そこに産業・組織心理学を学ぶ意義がある。公認心理師の心理学的支援が行われる組織・職場への認識を持つだけではなく，その背景にある経済・産業の動向，個人と組織との関係も学ぶ。

　公認心理師の心理学的支援を考えた時，中でも個人と組織との関係は，充分に検討されなければならない。組織は，時に権力的に，自己利益に走りがちである。昨今の各国における自国利益第一主義もその現われである。そこでは，自己組織利益のために，個人の諸権利は抑圧される。また特定の弱者は，スケープゴートとして象徴的に攻撃対象となる。組織が自己利益第一主義に走る時は，法律を無視して，規則を破り，ファシズム化しがちである。

　我が国においては，企業のコンプライアンス違反，官庁の忖度による政権への迎合，果ては運動部のパワハラによるボス的な集団支配まで，集団の自己利益のために，個人に法律・規則を破る自己犠牲を求める組織風土が存在する。特に我が国の産業界においては，他国に類を見ない「過労死」という組織が個人に自己犠牲を強いる象徴的現象がある。また，ブラック企業においては，組織利益のためには，法律は破られ，若者の健康等の諸権利は否定される。もし過労死を黙認して，あたかも文化的にやむを得ない犠牲とみる風潮が日本文化の深層心理にあるとしたら，そこに日本の強圧的集団主義・集団規範の異常さがある。過労死，ブラック企業，企業のコンプライアンス違反，忖度による権力への迎合等を総合的に考察すると，我が国は，欧米に見られるような「自立した働く個人」をいまだに実現できずにいる。我が国においては，働く個人の自立が今後も目指されなければならない。

　公認心理師は，上記のような，さまざまな深刻な労働諸問題を背景として，個々人の触れると血があふれでるような生々しい心理的傷口をアセスメントし，その

心理学的支援を行い，関係者への調整支援と共に，健康的かつ生きがいのある組織形成に少しでも寄与するという困難でありながらも意義深い仕事を目指す。

　本書は，公認心理師養成のテキストという趣旨に基づき企画され，その企画趣旨に基づく編集方針によって執筆された産業・組織心理学である。第1部では，働くことを全般的視野から概説する。上に述べたように，働く個人が自立するためには，労働に関する法律の学習は重要である。よって本書では特別に紙数を割くことにした。第2部の働く人への支援は，公認心理師の業務に関係する最先端の支援を選択し，概観している。公認心理師を目指す読者のお役に立つことができれば幸いである。

　2019年7月

新田泰生

■目　　次

　　はじめに　4

第1部　働くことを考える

第1章　産業・組織心理学の意義と方法……………………………………　11
　　　　　　　　　　　　　　　　　　　　　　　　　　　　　　　　新田泰生
　　Ⅰ　産業・組織心理学の意義　11／Ⅱ　産業・組織心理学の研究方法　19

第2章　産業組織とは……………………………………………………………　23
　　　　　　　　　　　　　　　　　　　　　　　　　　　　　　　　桐村晋次
　　Ⅰ　経営戦略と産業組織　23／Ⅱ　経営戦略に関する主な理論　24／Ⅲ　経営組織の基本構造　30／Ⅳ　事業部制，カンパニー制，SBU　32／Ⅴ　組織の集団規範の功罪　33

第3章　組織における人間の行動――仕事へのモチベーションとリーダーシップ
　　　　………………………………………………………………………………　36
　　　　　　　　　　　　　　　　　　　　　　　　　　　　　森下高治・小畑周介
　　Ⅰ　仕事へのモチベーション　36／Ⅱ　リーダーシップ　42

第4章　働くことと法　………………………………………………………　49
　　　　　　　　　　　　　　　　　　　　　　　　　　　　　　　　小島健一
　　Ⅰ　法を学ぶ意義　49／Ⅱ　労働法の生成・発展　51／Ⅲ　労働判例と労働契約法　52／Ⅳ　雇用慣行の変遷と政策の現在　53／Ⅴ　労働基準法　55／Ⅵ　労働安全衛生法　59／Ⅶ　労災保険法　60／Ⅷ　安全・健康配慮義務　62／Ⅸ　健康情報の取扱い　63／Ⅹ　母性保護と女性労働者への支援　64／Ⅺ　育児・介護休業法　65／Ⅻ　非正規労働者の保護　67／XIII　定年制と高年齢者雇用安定法　68／XIV　障害者雇用促進法　69／XV　職場のハラスメントとメンタルヘルス対策　70／XVI　過労死・過労自殺の動向と対策　74／XVII　「ブラック企業」問題と労働監督行政　75／XVIII　「働き方改革」と労働時間上限規制　76／XIX　雇用平等とダイバーシティ＆インクルージョン　77

第5章　ワーク・ライフ・バランスとキャリア形成…………………………　80
　　　　　　　　　　　　　　　　　　　　　　　　　　　　　　　　金井篤子
　　Ⅰ　ワーク・ライフ・バランス　80／Ⅱ　キャリア形成　85

第6章 産業臨床心理学の視点から ……………………………… 93
　　　　　　　　　　　　　　　　　　　　　　　　　　　種市康太郎
　　Ⅰ 産業臨床心理学とは　93／Ⅱ 職業性ストレスモデル　94／Ⅲ ストレスチェックの活用——職場ストレスモデルを背景に　99／Ⅳ 多職種との連携　101

第7章 産業保健の視点から……………………………………… 106
　　　　　　　　　　　　　　　　　　　　　　　　　島津明人・小田原幸
　　Ⅰ 産業保健制度　106／Ⅱ 産業保健に関する施策と法令　107／Ⅲ 産業保健におけるメンタルヘルス対策　112

第2部　働く人への支援

第8章 従業員支援プログラム（EAP）…………………………… 121
　　　　　　　　　　　　　　　　　　　　　　　　　　　　　市川佳居
　　Ⅰ EAPとは　121／Ⅱ EAP技法の特徴　122／Ⅲ EAPの定義とEAPコアテクノロジーについて　123／Ⅳ 任意相談 vs マネジメント・リファー　124／Ⅴ 労働者の心の健康の保持増進のための指針とEAP　124／Ⅵ EAPの各種サービス　125

第9章 組織へのコンサルテーションと心理教育——職場のメンタルヘルス対策
　　　　における理論と実際………………………………………… 134
　　　　　　　　　　　　　　　　　　　　　　　　　　　　　松浦真澄
　　Ⅰ 組織へのコンサルテーション　134／Ⅱ 心理教育　142

第10章 復職支援——働くための能力の回復を目指す職業人への全人的支援
　　　　 ………………………………………………………………… 147
　　　　　　　　　　　　　　　　　　　　　　　　　　　　中村美奈子
　　Ⅰ 復職支援の背景　147／Ⅱ 復職支援の概要　148／Ⅲ 復職支援の実際　152／Ⅳ まとめ：生涯発達を見通した全人的復職支援　156

第11章 再就職・障害者就労における心理支援 ………………… 159
　　　　　　　　　　　　　　　　　　　　　　　　　　　　　馬場洋介
　　Ⅰ 再就職における心理支援　159／Ⅱ 障害者就労における心理支援　161／Ⅲ まとめ　169

第12章 職場でのトラウマケア…………………………………… 172
　　　　　　　　　　　　　　　　　　　　　　　　　　　　　藤原俊通
　　Ⅰ はじめに　172／Ⅱ 危険を伴う職場で働く人々の心理　173／Ⅲ トラウマとは

何か 173／Ⅳ トラウマのケア 174／Ⅴ 組織におけるトラウマケア 175／Ⅵ トラウマケアの先にあるもの 180／Ⅶ おわりに 183

第13章 産業心理臨床における心理療法1──認知行動療法，アクセプタンス＆コミットメント・セラピー ……………………………………… 185

土屋政雄

Ⅰ はじめに 185／Ⅱ 認知行動療法 186／Ⅲ アクセプタンス＆コミットメント・セラピー 187／Ⅳ 事　　例 192

第14章 産業心理臨床における心理療法2──ブリーフセラピー …… 198

足立智昭

Ⅰ ブリーフセラピーの定義 198／Ⅱ ブリーフセラピーの3つの主要モデル 199／Ⅲ 解決志向アプローチの面接 201／Ⅳ 企業内心理職に求められる心理療法における特徴 203／Ⅴ 産業現場におけるブリーフセラピーを志向した関わりの実際 204

索　　引 213
付　　録 216
執筆者一覧・編者略歴　巻末

第1部
働くことを考える

第1章 産業・組織心理学の意義と方法

新田泰生

Keywords 関係者達との連携・調整，自己の対象化，反省的実践，会社人間，過労死，ブラック企業，働き方の変革，ワーク・ライフ・バランス，質的研究法，修正版グラウンデッド・セオリー・アプローチ

I 産業・組織心理学の意義

1. 産業・組織心理学の定義

産業・組織心理学は，働く人の心身の健康や仕事の効率などに関する基礎的・応用的な研究を行い，それを産業・組織において生じる多様な課題に応用するものである。

我が国の産業・組織心理学会の設立趣旨（1985）には，個々人および集団が人間の可能性を基盤として成長し，効率的であると同時に健康的かつ生きがいのある組織を形成し，心と行動の総合体として作業を遂行し，文化的生活者として消費することのできる条件を探究すると記されている。

本書は，公認心理師養成のテキストという趣旨に基づき企画されたものである。したがって，その企画趣旨に基づく執筆方針と内容によって編集された産業・組織心理学である。

2. 産業・組織心理学と公認心理師

公認心理師の業務の目的は，公認心理師法の第1条にあるように，「国民の心の健康の保持増進に寄与すること」である。

①産業・組織心理学における公認心理師の業務

産業・組織心理学での公認心理師の業務は，以下のようになる。

第1に，心理に関する支援を要するクライエント，職場，組織の心理状態を観察，調査し，その結果を分析する。つまり，観察，面接，心理検査，調査などに

第1部 働くことを考える

より，クライエント，職場，組織の心理的課題をアセスメントすることである。

第2に，心理に関する支援を要するクライエント，職場，組織に対し，その相談に応じ，助言，指導，その他の援助を行う。つまり，危機介入，コンサルテーション，心理教育，キャリア開発，カウンセリング，心理療法，グループアプローチなどを行うことである。

第3に，心理に関する支援を要するクライエント，職場，組織の，関係者に対し，その相談に応じ，助言，指導，その他の援助を行う。つまり，コンサルテーション，心理教育，キャリア開発，教育研修，カウンセリング，心理療法，グループアプローチ，心理的職場環境改善，組織介入などを行うことである。

第4に，心の健康に関する知識の普及を図るための教育および情報の提供を行う。つまり，心理教育，キャリア開発，教育研修，グループアプローチ，心理的職場環境改善，組織介入，コミュニティーアプローチなどを行うことである。

②産業・組織心理学における公認心理師の役割

産業・組織心理学での公認心理師の役割においては，クライエントを始めとし多職種や関係者達との連携・調整が，特に重要になる。例えば，うつ病の労働者が職場に復帰する復職支援（詳細は第10章参照）の場合で考えてみよう。職場への復職を希望するクライエントの他にも，医療施設でうつ病の治療をした主治医やカウンセラー，職場復帰を支援するリワークプログラムの担当者，従業員支援プログラム（EAP）（詳細は第8章参照）のカウンセラー，復帰する企業の産業医やカウンセラーや保健師や看護師，職場の総務課・人事課の担当者や管理職，職場の上司などさまざまな立場の職種や関係者達がいる。また，公認心理師自身の立場も，企業内スタッフ，リワークプログラムスタッフ，従業員支援プログラムスタッフ，医療施設内スタッフなどさまざまであり，自身がどの組織に雇用され，どの立場にいるのかによって，その役割もそれぞれに異なったものとなる。

それらの当事者間には，二者間，三者間，あるいは全当事者相互に，連携ばかりではなく，時には利益相反など，さまざまな利害関係が生じたりする。したがって，公認心理師は，自身の公認心理師としての倫理と，当事者間の倫理にも，細心の注意を払いながら，当事者間の連携・調整を行わなければならない。

このような多職種との連携の中にいる時，公認心理師は，それらの関係者達の中にいる自分を対象化してみることが必要となる。例えば，クライエントから見たら公認心理師としての自分はどう見えているのだろうかという自己の対象化は，カウンセラーの基礎訓練である。公認心理師として，産業医，主治医，人事課の

第1章　産業・組織心理学の意義と方法

担当者，職場の上司のそれぞれから，自分はどのように見られているのだろうか。また，自分を含む関係者達の上部におけるあたかも鳥の目から見るような鳥瞰図的な全体を見る視野の中での，自分の立場・役割・態度などの対象化も必要とされる。これらの訓練は，自己の対象化といわれ，さまざまな場面において，いつも必要とされるものである。

③産業・組織心理学における公認心理師の資質の向上

　上記のような実践で，公認心理師の自己研鑽の核になるのは，反省的実践（reflective practice）である。自己分析，他者からのフィードバックなどを通じて，自身の態度，能力，技能の強みと弱みを知り，常に自身の態度，活動をアセスメントするとともに，必要に応じて修正していく反省的実践を継続し続けることが大切である。人や組織からの多種多様なサインと自身の内的感覚が頻繁に相互作用してさまざまな気づきを生じ展開していく体験過程が重要である。

　その際には，自罰・自責的反省の落とし穴に陥らないような注意が必要である。自己注目についての基礎心理学研究が指摘したように，強いべき思考に囚われて自己内省を行うと，自罰・自責のループに嵌ってしまう。これを避けるには，自己内省を行う態度が，強いべき思考に囚われたものではなく，優しさと好奇心に満ちたものであることが大切である。このことは，公認心理師の態度の練成や生涯学習の核の一つとも通じており，重要な柱である。

3．経済動向と働き方の変遷

　産業・組織心理学における公認心理師の業務は，国民が「働くこと」に関連した多種多様な心理学的支援の理論の研究と実践である。その多種多様な心理学的支援を実施することは，本書の各章に述べるように，さまざまな課題が存在しており，そこに産業・組織心理学を学ぶ必要が出てくる。つまり，心理支援が行われる職場・組織への認識を深めるだけではなく，その背景にある経済・産業の動向，特に心理支援との関りが深い個人と組織，労務管理の動向にも，目を向けていく必要がある。

　公認心理師の心理支援活動の対象となる働き方は，その時代の経済動向や組織動向の影響を非常に強く受けながら，その中で展開していく。ここでは，第二次世界大戦敗戦後の日本の経済動向の変遷を概観しながら，それに強い影響を受けた働き方の変遷を理解する。

第1部　働くことを考える

①第二次世界大戦敗戦後の日本の経済動向の変遷

　1945 年，第二次世界大戦敗戦後の日本経済のスタートは，戦争で焦土と化した中での悲惨なものであった。1950 年に起こった朝鮮戦争に伴う特需景気によって日本経済は息を吹き返した。

　1960 年代は，高度経済成長期を迎え，敗戦後の最貧国からの復興は，東洋の奇跡と言われた。1960 年に発表された，10 年間で取得を 2 倍にする所得倍増計画の達成は，消費の活性化をもたらした。1964 年に東京オリンピックが開催され，新幹線や高速道路などが急速に整備された。1968 年には，GNP（国民総生産）が西ドイツを抜いて，アメリカに次ぐ世界第 2 位の経済大国になった。経済・産業構造は，農業や繊維などの軽工業から，鉄鋼・造船・石油化学などの重化学工業，第二次産業が中心となり，道路，鉄道，港湾などの社会的インフラが整備された。この高度経済成長で雇用は大きく拡大した。1960 年代の日本の経済成長率は，10.2％であった。

　1970 年代の日本経済は，激動する世界経済に飲み込まれた。1973 年，第四次中東戦争により原油価格が高騰した。この第 1 次石油ショックにより，世界同時不況が生じた。1978 年，イラン革命により，再び原油価格は高騰し，第 2 次石油ショックは，世界経済を混乱させた。1970 年代の日本の経済成長率は，4.4％へと下降した。

　1980 年代は，前半の景気後退と，後半のバブル経済が特徴的であった。後半のバブル経済は，株価と地価が暴騰し，見せかけの経済繁栄は絶頂期を迎えた。1980 年代の日本の経済成長率は，4.6％であった。

　1990 年代は，初頭のバブル経済の崩壊から始まり，長い不況が続いた。度重なる景気対策にもかかわらず，不況は長期化し，平成不況と呼ばれた。1990 年代の日本の経済成長率は，1.4％に低下した。

　2000 年代は，リーマンショックの影響が大きい。2008 年にアメリカ発の金融危機であるリーマンショックが起こり，世界同時不況が生じ，日本経済への打撃も大きかった。2000 年代の日本の経済成長率は，0.7％と低迷した。

　続く 2011 年は，東日本大震災と津波による原発事故が起こった。その影響で，景気はさらに低迷し，リーマンショックと東日本大震災のダブルパンチで日本経済は，不況に苦しんだ。

　なお，1990 年代初頭のバブル経済崩壊から，このころまでの長期にわたる経済の低迷期を「失われた 20 年」と呼んでいる。この時期，高度経済成長期以降を支えた製造業を中心とする第二次産業から，生活の豊かさや楽しさを提供する

第1章 産業・組織心理学の意義と方法

サービス業を中心とする第三次産業への産業構造の転換が充分には進まなかったという見方がある。

②第二次世界大戦敗戦後の日本の働き方の変遷

次に上記の経済動向の変遷と対応させながら、働き方の変遷を見ていく。1960年代の高度経済成長を支えた働き方は、自分の私生活を犠牲にして会社のために尽くす、会社人間、企業戦士と言われたものであった。当時の会社本位主義の働き方は、現在からみると、勤労者を会社に依存させ、勤労者の自立を阻害したと考察されている。

渡辺（1994）は、当時の、勤労者の自立を阻害した要因を検討し、「企業の側の『依存させ、働かせる論理』とその仕組みと同時に、働く人の側の『滅私奉公的に働いてしまう論理』と心性があり、その相互作用として会社人間が生成される」と述べたうえで、以下の3つの要因を挙げた。①高度経済成長期に培われた「企業の論理」と仕組み、②「勤勉」を讃える文化的歴史的背景、③「企業論理」の受入れ態勢づくりの学校教育であるとした。

高度経済成長以降、1990年代初頭のバブル経済崩壊までの日本経済を、藤縄（1994）は、戦後の我が国の高度工業化は、基本的に生活者に対して生産者の利益を優先する生産者優位の社会システムによって達成されたという。生産者優位の社会は、一流企業神話がまかり通り個人の幸福も会社あってのものとなり、勤労者は私生活をおさえてもっぱら会社のために働く社会であると指摘する。生産者優位モデルでは、管理システムは労働者全員を包摂して、個性よりも、平等を重んじる包括一元管理をとり、組織への忠誠心と依存度が共に強い勤労者類型が育成されるという。

1995年、日本経済団体連合会の「新時代の『日本的経営』」が提唱された。従業員集団を3群に区分し、a）長期蓄積能力活用型グループ、b）高度専門能力活用型グループ、c）雇用柔軟型グループとされた。企業が長期に渡り勤続させる従業員はa型のみとし、b型は課題が生じた時だけ期間を限って雇用し、c型は業務の変動に応じて臨時に雇用する方向性が提示されたが、これはその後の雇用関係に影響を与えている。つまり、高度経済成長を支えた終身雇用、年功序列の正社員による従来の日本的経営を変更し、コアとなる正社員を限定し、必要な問題・期間に応じてのプロフェショナルの雇用、業務の必要に応じ流動する臨時雇用の3種への変換を促したものである。この後、長期にわたるが、終身雇用、年功序列が崩れだし、非正規社員の増加、成果主義の本格的導入へと移行が生じ

ていく。

　平成不況下の1998年には，働き方とその心理支援にとって，看過できない出来事として，年間自殺者の突然の3万人越えとその後の長期にわたる自殺者数の高止まりが始まった。

　年間自殺者は，1997年までは，2万数千人くらいであったが，1998年，急激に増加し，一気に3万人（32,863人）を越え，その後もしばらく3万数千人近い数字が続いた。男女差を見ると，1998年の女性の年間自殺者数は，9,850人（前年7,975人）で増加が見られたが，男性は，1997年の16,416人から，1998年の23,013人へと大きく増加している。ちなみに1997年から1998年を境に悪化している数字は，年間自殺者数だけではない。企業倒産件数，完全失業率などの経済指標が急に悪化した。

　1997年の経済的な出来事は，消費税率の引き上げ，アジア通貨危機，山一証券の倒産，などがある。山一証券の突然倒産などに，アジア通貨危機の影響が表れていたのだが，当時我が国は，1990年代初頭のバブル経済崩壊による不良債権処理に追われ，アジアの他の国々のような根本的問題解決を図ることなく，国際競争力を弱めてしまった。その結果安くなった日本企業を買収しようと外国資本の進出が増加し，日本企業は，生き残りをかけて，大規模なリストラや再編の動きを加速せざるを得なくなった（平，2005）。

　当時の世界経済の影響で，日本の労働者を取り巻く環境は一変し，労務管理の変革の時代に入る。日本企業は，長期的に人を育成する経済的余裕がなくなり，従来の年功序列型の人事評価から，その時々で最も高い生産性を持つ人材を，必要数必要な時間だけ確保していく成果主義型の人事評価が求められるようになった。しかし経済的に余裕がない状況での成果主義の導入では，労働意欲を高めるという大義名分は機能するはずもない。結果的に，長時間残業は当然，収入は減収，厳しい業績評価でモチベーションはかえって低下，ストレス障害，うつ病などのメンタルヘルス不全，脳心臓血管障害など過労に伴う健康障害が増加するなど，労働者への負担が増えるばかりとなったと平（2005）は述べている。

　この時期の自殺と失業などの雇用・経済環境の悪化との関係については，内閣府経済社会総合研究所・京都大学経済研究所附属先端政策分析研究センター（2006）は，自殺の実態について調査を行った結果，「1998年以降の30歳代後半から60歳代前半の男性自殺率の急増に最も影響のあった要因は，失業あるいは失業率の増加に代表される雇用・経済環境の悪化である可能性が高い」と報告している。

　当時，上杉（1994）は，アメリカやヨーロッパなどの資本主義＝自由主義経済

の諸国では，過労死（詳細は第4章参照）が見られないのに，なぜ日本では深刻な事態となっているのだろうか，なぜ疲労の蓄積に耐えて「死ぬまで働き続けてしまう」のであろうか，なぜ仕事に行き詰まり自信をなくして自殺するのだろうか，なぜ「自分－会社＝0」の会社人間が次々と生まれるのかなどと問題提起した。

　1990年代初頭のバブル経済崩壊後，2010年までの長い不況時期を通じて，日本的経営の柱であった正社員の終身雇用，年功序列はしだいに崩壊していった。反面，派遣社員などの非正規社員が急増し，しだいに貧困層も増大し，一億総中流といわれた社会から格差社会へと移行した。成果主義が実施され，会社が社員を教育する姿勢から，社員は自己開発に努めるという自己責任論が強調された。2008年の「年越し派遣村」問題は，非正規雇用の若年貧困層が正月を過ごす居場所がないという，不安定な非正規雇用の貧困の現実を，クローズアップすることになった。

　2010年前後から，若者を正社員として採用しながら，違法で過酷な労働条件で働かせ，心身の健康が壊れるまで使い潰し，自己都合退職に追い込むブラック企業（今野，2012）が，産業界の問題となってきた（詳細は第4章参照）。ブラック企業では，残業代未払いの長時間労働，過剰で過酷な競争と選別，パワハラによる管理などの違法な労働条件の下で働かせて，採用後数年間で，心身の健康が壊れるまで使い潰していく悪質で組織的な労務管理が横行している。前述した正社員の長期雇用を前提とし，若者に長時間をかけて社内で育成する従来の日本型雇用が，ブラック企業にはない。このような劣悪な雇用環境は，IT，小売，外食，介護業界などの新興産業に多く見られる。新興産業ゆえの労務管理が未整備という側面もあるが，使い捨ての短期雇用，過酷な成果主義で，過剰な営利主義に居直った違法で悪質な経営である。ブラック企業は，若い勤労者の仕事に対するひたむきな努力に付け込み，その努力を使い潰す悪質な労務管理をしている。今後の産業界に大きな被害をもたらす課題であり，早急な対策が必須である（新田，2018）。

4．我が国の働き方の課題

　強迫的な競争原理が支配するままの日本社会では，「主体性」「自己実現」「個性」などの発揮を，企業がいう時は，むしろその競争原理を助長する機能を果たす危険性がある（渡辺・新田，1994）。前述のブラック企業は，「自己実現」「主体性」を，成果を上げるために若者が当然果たすべき責務であるかのように謳って，若者

第1部　働くことを考える

を過酷な競争へと駆り立て，過重労働とうつ病などの心身の障害へと追い込んでいく。ブラック企業は，このような若者の「自己実現」「主体性」の意欲と企業組織の力動関係を，自社の利益追求のために巧妙に使うのである（新田，2018）。

　過労死が世界に類を見ない日本独自の現象であることは，個人を圧殺さえする強大な日本的集団主義・集団規範が，いかに根強いものであるかを現している。もし過労死を黙認して，あたかも文化的にやむを得ない犠牲とみる風潮が日本文化の深層心理にあるとしたなら，そこに日本の強圧的集団主義・集団規範の異常さを指摘しなければならない。過労死とブラック企業を合わせて考察すると，我が国は，欧米に見られるような「自立した働く個人」をいまだに実現できずにおり，なお自立した個に向けて成長途中にあるということであろうか（新田，2018）。

　これまで見てきたように，勤労者の会社・仕事への依存もそこからの自立・自律も，経済・産業界との相互循環の中で，形成されてきたものである。従来の日本的集団主義・集団規範と雇用慣習のもとに，会社・仕事への依存心，生活者の過剰抑圧を育んできた多くの勤労者は，現在もなお，依存から自立・自律へと，働く個の確立を求められている。それ自体は，敗戦後の働き方の変遷を考察しても，個人的，産業的，さらには文化的にも，充分に意義のある課題であり，今後も継続していく必要がある。しかし勤労者自身が，過剰に競争原理・成果主義に囚われ，それに多様多彩で柔軟な距離を取れない在り方のままでいると，企業から巧妙に煽られ，さらに競争原理・成果主義に巻き込まれ，自分を仕事中毒・会社人間に追い込んでいく結果となる。自分の仕事への価値観であるキャリア・アンカーを確認しつつ，戦略的で，かつ多軸多彩な広がりを有する労働・仕事観の形成が望まれるといえよう（新田，2018）。

　そこで今強調しておきたいことは，会社・仕事に巻き込まれることに対して，多様で柔軟な距離を取るという勤労者の側の自立・自律の困難さである。求められている変化は，個人の在り方であるが，集団主義文化の障壁を，組織の中で日常的に背負いながらの，個人変革なのである。個人の変化の必要性を強調する世間の声の一方で，変化の困難性が軽視され，変化に困惑感や自棄感を感じている若者や勤労者が，自己責任の名のもとに，見過ごされていることに注意しなければならない。

　このような個人変革と同時に，それを支える政策，制度，社会運動が構築されていく行政的な制度・組織変革が強く求められる。この組織変革と個人変革が，両輪として機能することが必須であることを強調しておきたい（新田，2018）。

　政策，制度の構築は，働き方の変革（詳細は第4章参照）が求められる。過労

死もブラック企業もストレス障害も，政策・制度的には，業務量の調整無しのサービス残業の横行や心身の健康障害をもたらす長時間残業への法的規制が弱過ぎることが要因の一つとなっている。2018（平成30）年6月末，働き方改革関連法案が成立した。今後，より厳しい規制強化が必須と思われるが，従来野放し状態であったことを思えば，罰則付きの時間外労働の上限規制が定められたことは，多少の改善ともいえようか。しかし，労働時間規制を適用しない長時間労働で心身の健康障害や，過労死さえも生み出す危険性のある高度プロフェッショナル制度が，抱き合わせの規制緩和として制定されたことは，今後に大きな課題を残した。これを機に，勤務間に最低11時間以上の健康維持に必要な生活時間を設ける勤務間インターバル規制，労働時間台帳を義務付けてのサービス残業への罰則強化，パワハラ防止対策徹底などのために労働基準監督署の体制強化などの法的規制強化を，さらに検討すべきであろう。一方，今回成立を見送った裁量労働制の対象者の拡大などの法的規制緩和の方向は，今後，充分な調査と慎重な検討が必須と思われる（新田，2018）。

社会運動としては，ワーク・ライフ・バランス（詳細は第5章参照）の働く個人への浸透が求められる。育児支援などの男女共同参画支援とともに，勤労者一人一人のワーク・ライフ・バランスの多軸多彩な実現を図る，さらなる展開が必要である。概観してきたように，仕事一辺倒，会社人間に陥りがちな我が国の働き方を考えると，家庭生活，地域活動，個人の趣味や生涯学習など，働く人一人一人が多軸多彩なワーク・ライフ・バランスを充実させ楽しみ，企業の側にも，その実現を支えていく制度を作る必要性がある。またこの視点は，多種多様な働き手を組織に包含し，多様多彩な働き方がある，働き甲斐のある職場を実現していくというダイバーシティ制度にも連動するものである。今後，組織の中で，このような政策，制度，社会運動を実現していくことが，人間的な労働にとって必須である。

II　産業・組織心理学の研究方法

産業・組織心理学は，働く人の心身の健康や仕事の効率などに関する基礎的・応用的な研究を行い，それを産業・組織において生じる多様な課題に応用するものであるため，数量的・質的研究方がその重要な柱となる。

ここでは，産業・組織心理学の実践研究に関係の深い質的研究法について述べる（さまざまな研究法については本シリーズ『心理学研究法』を参照のこと）。

産業・組織心理学の心理支援は，前述の経済動向の大激動を受けて，既成の心理支援モデルだけでは通用しない心理支援現場に直面している。例えば，リストラの増大に対する再就職支援（詳細は第11章参照）や，職場のうつ病の増加と復職困難に対するリワークプログラム（詳細は第10章参照）などは，最近始まった心理支援である。再就職支援は，キャリア・カウンセリングと臨床心理実践とを統合する新しいモデルが求められている。リワークプログラムは，従来のカウンセリングと教育訓練を統合する新しいモデルが求められている。

　このように，変動する産業・労働分野は，日常の観察・面接記録や対象者のインタビュー記録などの言語データから，方法論を意識しながら，新しい心理支援モデルを構成していく質的研究法が望まれる領域である。質的研究法への注目は，早くから下山（2002）が言及している。現場での日々の臨床活動からモデルを構成していくための研究方法として，質的研究法が発展し，その理論的背景として社会構成主義も心理学の世界に浸透したと述べている。

　産業・労働現場では，人や組織が抱える複雑で多元的な文脈の中で課題を研究し，その人の体験の意味や課題の全体像を理解でき，産業現場の多元的な変化のプロセスをモデル化できる，質的研究法が必要となる。質的研究法は，あらゆるフィールドを共通に説明できる一般理論ではなく，再就職支援やリワークプログラムなどのそれぞれのフィールド，個別の現場に生じた課題を説明できる状況密着型理論を作り出すことができる。具体的課題としては，これらの最先端の産業現場で，収集された事例やインタビュー記録などの言語データから，明確化された分析手続きのもとに，心理支援に役立つ仮説となるモデルを，作り出すことである。そしてそのモデルをたたき台として，産業現場に戻し，その信憑性を検討し，さらに支援に役に立つモデルへと修正していくのである。

　このような質的研究法の代表的なものとしては，グラウンデッド・セオリー・アプローチ（GTA）や修正版グラウンデッド・セオリー・アプローチ（M-GTA）が挙げられる。両者の質的研究方法は，目的を理論生成におき，データを外在化して提示し，データ分析の分析法を明示した点に特徴がある。修正版グラウンデッド・セオリー・アプローチ創始者の木下（2003）によれば，この質的研究法は，質的データにおけるデータ分析の技法を明確化し，従来の質的研究法への疑問に答えられる方法であると同時に，研究する人間の問題関心を強調することでデータの深い解釈を試みるように開発された方法であるとされる。

　産業現場の研究例を挙げれば，リワークプログラムのプロセス研究がある。リワークプログラムの効果は，すでに数量的な研究法により研究され，統計的に有

意な結果を出している。一方,参加者がどのような治療的変化をたどるのかというそのプロセスの研究は,参加者へのインタビューの言語データを,修正版グラウンデッド・セオリー・アプローチにより分析し,そのプロセス・モデルを作る質的研究が,現在行われている。

　産業・組織心理学において,数量的研究法の重要性は今更いうまでもない。特に,数量的研究法による効果研究は,産業組織への大きな説得力を持っている。今回述べたのは,数量的研究法に比べて言及されることの少ない,しかし産業現場の心理支援実践とはなじみやすい質的研究法についてである。産業・組織心理学においては,量的研究と質的研究は,相互に補い合って,共存していくものである。

◆学習チェック表
☐ 産業・組織心理学の定義について理解した。
☐ 産業・組織心理学における公認心理師の業務,役割,資質の向上について理解した。
☐ 日本の経済動向の変遷と働き方の変遷について理解した。
☐ 日本の働き方の課題について理解した。
☐ 産業・組織心理学における質的研究法の意義について理解した。

より深めるための推薦図書
　今野晴貴(2012)ブラック企業―日本を食いつぶす妖怪.文藝春秋.
　日本産業カウンセリング学会(2000)産業カウンセリングハンドブック.金子書房.
　新田泰生・足立智昭編(2016)心理職の組織への関わり方―産業心理臨床モデルの構築に向けて.誠信書房.

　　　文　献
木下康仁(2003)グラウンデッド・セオリー・アプローチの実践―質的研究への誘い.弘文堂.
藤縄正勝(1994)21世紀勤労社会研究報告.In:21世紀勤労社会研究会編:どうなる？　働く人と会社の間柄―21世紀に向けての勤労社会の構想.全国労働基準関係団体連合会.
内閣府経済社会総合研究所・京都大学経済研究所付属先端政策分析研究センター(2006)自殺の経済社会的要因に関する調査研究報告書.京都大学経済研究所付属先端政策分析研究センター.
新田泰生(2018)私の産業精神保健考―ブラック企業・過労死と働き方.産業精神保健,26.
下山晴彦(2002)社会臨床心理学の発想.In:下山晴彦・丹野義彦編:社会臨床心理学　講座臨床心理学6.東京大学出版会,pp.3-24.
平陽一(2005)企業サイドからみた臨床心理学および組織心理学への要請課題.日本臨床心理士会第1回産業心理臨床専門研修会資料.
上杉喬(1994)仕事＝職場ストレスと競争的人格.人間性心理学研究,12(1);9-13.
渡辺忠(1994a)働く人のセルフヘルプを求めて.In:21世紀勤労社会研究会編:どうなる？　働く人と会社の間柄―21世紀に向けての勤労社会の構想.全国労働基準関係団体連合会.

渡辺忠・新田泰生（1994b）企業におけるメンタルヘルスと人間性心理学　特集にあたって．人間性心理学研究，12(1); 4-8.

第2章

産業組織とは

桐村晋次

Keywords 経営戦略と産業組織，管理機構論，動機づけ理論，バーナードの組織論，リッカートの組織論，分化と専門化，事業部制，組織の集団規範

I 経営戦略と産業組織

　企業，学校，団体などの経営と組織制度の関係を，企業を例にして，順を追って考えてみよう。

　企業は，その存在を続けて拡大発展をしていくために企業目的を設定する。企業のミッション（使命），事業の領域や利益目標がこれに入る。

　次に，その目標を達成するために，環境の変化と自社の保有能力（人，もの，金，技術，設備など）を勘案して，経営戦略を立案する。多角化戦略や海外事業戦略などがその例である。

　こうした経営戦略の推進に必要な機能が効率的に組み合わされて経営組織が編成される。その組織に配属されて仕事の実際の担い手となる人には，任務の遂行に必要な能力が求められる。終身雇用制が原則で，必要な都度，社外から専門知識を持った人を雇用するやり方を持っていない我が国の企業では，新しい経営戦略が立案されると，それに必要な要員をまず社内で養成することになる。しかし，変化が激しい今日では，社内で養成するだけでは対応できず，専門性を持った人を社外から採用することが増えてきている。

　経営戦略は，伸ばす事業と縮小撤退する事業を決めて，人材や資金などの経営資源を重点配分したり，他の企業と連携，合併するものだから，事業の構造を変えるものになる。事業構造の再構築（リストラクチャリング）によって，配属先が見つからない人も出てくる。この人たちに離転職できる能力を習得させておくことも，企業の新たな人材育成課題になってきた。

　失業者や若者の就労支援，またニート対策として出てきたキャリアコンサルテ

第1部 働くことを考える

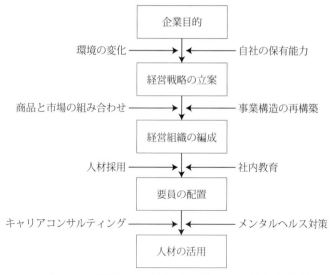

図1 経営戦略，組織編成，キャリア開発支援のプロセス

ィングが，社員の能力向上やキャリア開発に活用されるようになっている。

　終身雇用制あるいは長期継続雇用制と並んで，日本企業の労働慣行であった年功序列型処遇（昇給，昇進における年功制）が修正され，業績や能力重視型の評価に変わってきている。

　国際的な企業間競争やIT・AIなどの導入によって，職場のストレスも多くなり，メンタルヘルスケアの対応も急がれている。

　企業は，社員のキャリア開発への支援とメンタルヘルスへの対応という新しい課題へ直面することになった。

　企業目的→環境の変化＋自社の保有能力→経営戦略の立案→組織の編成→社内教育と採用→要員の配置→配置後のキャリア形成支援とメンタルヘルスへの対応というプロセスを図1に示す。

II 経営戦略に関する主な理論

1．伝統的な管理機構論と人間関係論

　農業，工業，商業，IT産業，金融業や介護・病院など，それぞれの産業分野によって，部や課などの組織機構や集団規範などが異なり，そこで働く人々の意識や行動に大きな影響を与える。

第 2 章 産業組織とは

　では，経営組織をどう考えればよいのか，代表的な理論について考えてみる。
　テイラー Taylor, F. W. の科学的管理やフランスのファヨール Fayol, J. H. の管理過程論などを基礎として，伝統的な管理論がアメリカで 1920 年頃に形成された。
　伝統的な管理論は，管理機構モデルを軸として，経営組織を職務の分化と統合の機能合理的な秩序として考えている。組織は，与えられた環境の下で，企業目的を達成する手段であり，職能－職務－職位－責任と権限－結果責任の体系である。
　「職能」（function）は組織の基本概念で，なされるべき仕事（work to be done）を意味する。この職能をいくつか集めて「職務」（job）が作られる。職務は，組織の構成員によって担われるが，その構成員の組織上の位置づけが「職位」（positoin）だ。したがって職位は，構成員の数だけ存在する。この職位は，一定のレベル以上で職務を遂行する「責任」（responsibility）と，他の構成員に働きかけて影響力を及ぼす力，すなわち「権限」（authority）を持っている。また，仕事の成果を上司に報告する「結果責任」（accountability）を負っている。伝統的な組織論－管理機構論は，機構の問題を中心に経営組織の構造の解明に寄与したが，組織を作って配置される人間は，個性や価値観を持った具体的人間としてではなく，一定のレベルの職務遂行能力を持った経済人，機能人として捉えられ，人間についての考察に限界があった。
　伝統的管理論の参考文献には，ブラウン Brawn, A. の『経営組織』や，クーンツ Koontz, H. とオドンネル O'Donnell, C. の『経営管理の原則』がある。
　ハーバード大学のメイヨー Mayo, G. E. やレスリスバーガー Roethlisberger, F. J. などの調査団は，ウエスタン・エレクトリック社のホーソン工場において，作業条件と作業能率の関係についての実験を行い，職場には公式組織の他に，インフォーマルな組織があって作業効率に大きな影響を及ぼしていることと個人の感情の重要性を発見した。人間は経済合理性だけで動くものではないという人間的側面の大切さを認識したわけで，これが人間関係論の出発点となった。
　人間関係論は，企業に応用され，提案制度，苦情処理制度，面接，モラール・サーベイ（従業員意識調査），コミュニケーション論として発展した。

2．管理機構論の組織原則

　伝統的な組織論－管理機構論は，その後に出た組織の人間的側面，人間関係論や行動科学の成果を受けて発展的改善をしていくが，今日，なお組織論の基本的原則として引き継がれているものも多い。

25

第1部 働くことを考える

2つの例を挙げておく。

① クーンツとオドンネルの組織原則（Koontz & O'Donnell, 1955）
　1）目標単一性の原則
　　組織全体ならびにその各部分は企業目標達成に寄与しなければならない。
　2）能率性の原則
　　組織目標の達成にあたっては，求める結果を得るための費用を最小にすべきである。
　3）管理限界の原則
　　個人が有効に管理しうる人間の数には限界がある。もっとも，その正確な数は，監督されるべき諸関係の複雑さならびに経営管理者と部下の能力および訓練に応じて，それぞれの場合異なる。
　4）委譲の原則
　　権限は期待される結果の達成に必要な範囲および方法で委譲されるべきである。
　5）責任の原則
　　部下が委譲された権限について上司に負う責任は絶対的であり，また上司は，部下の組織諸活動に対する責任を免れえない。
　6）権限および責任平衡の原則
　　委譲された権限に基づいてとられた行為にたいして要請される責任は，委譲された権限が包含する以上であっても以下であってもならない。
　7）命令一元化の原則
　　責任の問題であり，上司－部下関係はいじるしく個人的なものであり，かつ2人ないしそれ以上の上司からの指示が衝突するかもしれないので，各部下はただ1人の上司をもつべきである。
　8）権限階層の原則
　　組織階層のどこかに，企業がその能力の範囲内で行う意思決定に対する権限が存在する。そして，所与の階層においてなされえない意思決定のみが，組織の上部へ照会されるべきである。
　9）分業の原則
　　組織構造は企業の諸業務活動が企業目標にもっとも有効かつ能率的に寄与するように，それらを分割し，かつグループ化すべきである。
　10）職能限定化の原則
　　各職位および部門の内容は，（イ）期待される諸業務活動，（ロ）権限諸委譲，（ハ）その中に含まれる権限諸関係ならびにそれと他の諸職位との間の権限諸関係という3つの観点において明瞭に限定されなければならない。
　11）分離の原則
　　ある部門の業務活動をチェックするために設けられた業務は，当該部門に割り当てられるべきではない。
　12）バランスの原則

第2章　産業組織とは

諸原則ないし諸手法の適用にあたり，企業目標達成のための組織の全般的有効性という観点から，バランスをとらなければならない。

13）弾力性の原則

変化する環境に直面して目標達成に備えるのが経営管理者の任務であるから，組織に弾力性を内在せしめるために，いくつかの措置を講じなければいけない。

14）リーダーシップ促進の原則

組織の構成および権限委譲は，経営管理者のリーダーシップを助長するようにデザインされなければならない。

②アメリカ全国産業協議会（NICB, 1961）が発表した組織原則

（目的）

1）目的明確化の原則

企業とその構成要素の目的は，明確化され成文化されていなければならない。組織は簡素で弾力性に富むものでなければならない。

（業務活動とグルーピング）

2）専門化の原則

ある職位の責任（responsibility）は，できるだけ単一の主要職能に限定されなければならない。

3）専門家の原則

ある組織単位の職能は，その同質性（homogenity）に基づいて配分されなければならい。

（権限）

4）命令連鎖の原則

上から下への権限（authority）と下から上へのアカウンタビリティ[注1]の線は明確でなければならない。

5）責任権限明確化の原則

各職位の責任と権限は，明確化され成文化されていなければならない。

6）責任権限対応の原則

アカウンタビリティは，常にそれに対応する権限によって伴われていなければならない。

7）権限委譲の原則

行為の権限は，できるだけ行為の場に近く置かれなければならない。

8）階層短縮の原則

階層の数は最小限にとどめられなければならない。

（諸関係）

9）スパン・オブ・コントロールの原則

注1）　アカウンタビリティ（acountability）とは，仕事の成果を上司に報告する責任。軍事用語としては，正確で適切な記録をつけるための責任ある方法をいう。

一人の人が監督できる職位の数には限度がある。
10）命令統一の原則
　各人はただ一人の上長に所属するべきである。
11）アカウンタビリティの絶対性の原則
　下位者の行為に対する上位者のアカウンタビリティは絶対である。

　管理機構論は従来，我が国の経営組織にも取り入れられてきたが，組織の構造に中心が置かれすぎ，組織の重要な要素である人間に関する考察が不十分な点があり，また企業環境の変化との関わり合いに触れられていないという限界をもっている。

　組織構成員の価値観の多様化，欲求についての研究が必要となってきた。

3．動機づけ理論

　1950年代から60年代にかけて，組織の人間的側面に関心を持ちながら，構成員の動機づけを重視し，仕事や職場集団との関係にも注目する研究が出てきた。これが動機づけ理論である。

　その中心は，リッカート Likert, R. に率いられたミシガン大学のグループだ。

　社会が安定して，人々の欲求が高くなると，組織の要請と個人の欲求が一致しにくくなる。職務－職位が設定されて，人が配置されるという伝統的な考え方でなく，人間の欲求を満たし動機づけるように職務を編成する必要がある。この考え方によって，職務の再設計，職務拡大，職務充実，自律的な小集団活動やリーダーシップの研究が進められた。

　これらについて扱った文献としては，リッカートの『経営の行動科学』『組織の行動科学』，マグレガー McCregor, D. の『企業の人間的側面』，アージリス Argyris, C. の『新しい管理社会の探求』，ハーツバーク Herzberg, F. の『仕事と人間性』などがあり，マズロー Maslow, A. H. の欲求階層説も重要なものである。

4．バーナードの組織論

　伝統的な管理論と人間関係論を統合し，管理と意思決定の問題に光を当てたのが，バーナード Barnard, C. I. だ。

　バーナードはマサチューセッツ州の田舎町の貧しい家に生まれ，苦学してハーバード大学に学び，ニュージーランド・ベル電話会社の社長となり，その後ロックフェラー財団の理事長などの公職についた。「経営者の役割」と題する公開講義を行い，これを加筆修正し，『経営者の役割』（1938）を公刊した。その影響があ

まりに大きいため「バーナード革命」と呼ばれたほどだった。

　彼は，その中で，公式組織について「共同の目的を達成するために２人以上の人々の意識的に調整された活動や諸力の体系」と定義している。

　これをわかりやすくいうと，経営組織とは複数の人々の間に，

①特定の共通目的
②その目的を達成しようとする貢献意欲
③目的の達成に必要な構成員の間のコミュニケーション

の３つの要素が存在している場合に成立しているということができる。

　バーナードは，個人と組織を誘因と貢献の関係として捉えて，個人が組織に参加する意思決定を分析しているが，そこでは個人を経済人や機能人として考える伝統的な捉え方と違って，個人を全体人として把握し，さらに組織の道徳的側面が提示されている。

5．リッカートの組織論

　社会心理学者のリッカートは，組織は小集団の集合体であり，それぞれの小集団にはリーダーが置かれ，そのリーダーは上位集団と下位集団に同時に所属していて，両方のコミュニケーションのチャネルとなる「連結ピン」の役割を果たしている，と説明している（図２）。

　リッカートの組織論の中の小集団のリーダーが管理者であり，組織の連結のピンとして考えると，管理者の役割が明確になってくる。

　管理者の役割をまとめると次の６つに集約できる。

第１は，上位者の方針に基づいて自分が所管する小集団の業務目標を定めること
第２は，業務目標や具体的な課題の達成
第３は，部下の育成
第４は，上司に現場の状況を伝え，意見具申し，補佐すること
第５は，問題解決能力を高め，組織風土の改革のリーダーとなること
第６は，自分が所属する小集団の他のリーダーと円滑な関係を維持し，連携を図ること

　人と組織に関する理論は，個人を経済的

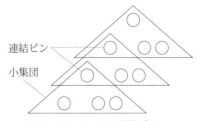

図２　リッカートの連結ピン
（リッカート，1968）

側面から機能人として捉える伝統的な考え方から，人間相互の影響を重視する人間関係論，動機づけ理論や行動科学的アプローチに進み，組織が個人に優先するということではなく，個人と組織がwin-winで共生するという考え方へと展開してきている。

日本の企業においても，カウンセリングルームやメンターの設置，キャリア形成支援など"個"を生かす組織のあり方が研究され，多くの企業で実践されてきている。

しかし，その一方で，企業をとりまく状況は不透明さを増し，厳しい競争の中で体質強化をはかるという方針のもとに，組織優位な不当な労働条件を個人に課すものも出てきている。こうした状況の下で，個人と組織の新しい関係づくりをどう進めていくのかが問われている。

■ III　経営組織の基本構造

1．分業と専門化

バーナードの定義にあるように，組織は複数の人が集まって共同の目的を達成するために作られるものだ。組織は目的を持った存在であると同時に，目的達成のために複数の人が協力する集団である。

複数の人が協力するということは，目的の達成に役立つ仕事（任務）を分担することである。例えば，ある製品を作って売る仕事をすべて一人で行っているのを，製品を作る仕事はAさん，売る仕事はBさんというように分担することだ。さらに製品の設計と製造を別々の人が分担し，売る仕事は，宣伝，広告と実際に販売する人を分けるということも出てくる。

一つの仕事を小さい要素に分け，専門性や仕事の効率をあげようとすることで，「分業」「専門化」が進められる。

分業によって細分化された仕事は，誰がやっても同じ手順で能率的にやれるように仕事の標準化が進められ，多数の人々を雇用して大量生産が可能になる。この分業の結果として，分担した仕事がばらばらにならないように，目的の達成に向けて統合する必要から組織的管理の問題が生まれる。

2．職能による分化

仕事の分担は，2つの基本パターンで行われる。1つは，職能的に分化し横に拡大していくものだ。他の1つは，階層化によって垂直的に分化するものである。

第2章　産業組織とは

この職能による分化（水平的分業）と，階層による分化（垂直的分業）が組み合わされて，ピラミッド型の組織が形成される。

職能（function＝目的達成に必要な仕事）による分化は，次の3つに分けることができる。

①経営活動の調達，製造，販売という企業活動のプロセスに即して分化する場合である。この分化は，企業の目的達成に直接に役立つ職能，言い換えるとその職能なしには企業活動が成り立たない，経営活動の基幹に属する職能の分化であり，この「ライン職能」を編成して「ライン部門」が作られる。
例：購買部，製造部，販売部
②ヒト，モノ，カネ，技術という経営活動の要素に着目して分化する場合で，ライン職能を支援し，助力するものだ。専門的分化，あるいは要素的分化と呼ばれる。この分化によって専門化が進められ「専門スタッフ部門」が作られる。
例：人事部，経理部，技術部
③経営活動の plan-do-see のマネジメント・サイクルのうち，plan と see の局面に即して分化する場合で，ライン職能に全社的，総合的な見地から助言するものだ。この分化によって「管理スタッフ部門」が作られ，経営層に対して助言を行うのが「ゼネラル・スタッフ」である。

3．階層による分化

分化の他の1つは，仕事の階層による分化で，トップから末端に至る指揮命令系統を構成している。組織の構成員が増加してくると，1人の力で多数の人を統合することが難しくなってくる。そこで組織の構成員と統合者（トップ）の間に，中間の統括者を置く必要が出てくる。トップの権限が中間の統括者に委譲されて，組織体の階層的な分化が垂直的に行われていく。

経営組織は，上から順に次の5つの階層から構成されている。

①経営層（トップ・マネジメント）
受託経営層と全般経営層がある。受託経営層は，株主総会から会社の経営が委託されている「取締役会」だ。全般経営層は，社長，副社長，専務および常務など，役付役員と呼ばれる人たちで，取締役会の決定に基づいて，会社全般に及ぶ事項について審議し，代表取締役が会社を代表して業務を執行する。

②執行役員（コーポレートオフィサー）
経営と業務執行を分け，責任と権限の所在を明確化して経営効率の向上をはか

る執行役員制度が，我が国で広く普及してきた。

執行役員は，企業に雇用され経営計画を具体化して業務執行をする責任者として，取締役会に対して責任を負う。執行役員は，商法の役員ではなく登記も不要で，株主代表訴訟の対象にはならない。

③ **管理層（ミドル・マネジメント）**

経営層と監督層との中間に位置する中間管理層で，経営者が定める全社的な方針および計画に基づいて，監督層を指揮しまたは指導し，部門の業務を執行する。部長，課長がこれに当たる。

④ **監督層（ロー・マネジメント）**

管理者の指揮または指導に従って，作業や事務の実施業務を直接に監督する。監督または現場管理者と呼ばれ，職長，組長がその代表だが，係長を含めることもある。

⑤ **一般社員層**

監督者の指揮または指導を受けて，作業や事務を実施する。

IV 事業部制，カンパニー制，SBU

企業は，存続，発展を続けていくために，たえず新しい製品や事業を手がけている。製品や事業にマッチした組織づくりをすることは，企業の発展にとって重要な課題だ。こうした多角化戦略を行う際にもっともよく採用されているのが事業部制組織だ。

事業部制組織は，製品，地域，市場，顧客，あるいはプロセス（工程）を基準にして編成される分権的な組織である。事業部は，製品別，地域別，市場別，顧客別あるいはプロセス（工程）別に，購買・製造・販売を統一的かつ合理的に行うのに必要な包括的な権限を与えられ，原則として，独立採算の責任を負うプロフィットセンター[注2)]である。何を編成の基準にしているかによって，それぞれ

注2）プロフィットセンターとは，企業の中で利益を生む組織のこと。組織単位管理者としての事業部長は利益責任をもち，その業績は利益目標の達成度で測定される。これに対して，生産などの職能別の部門組織の場合はコスト管理が重視され，各組織単位はコストセンターと呼ばれる。

「製品別事業部制」「地域別事業部制」「市場別事業部制」「顧客別事業部制」あるいは「プロセス（工程）別事業部制」と呼ばれるが，いくつかの事業部制の混合型もある。

事業部制組織は，企業の内部組織として，事業ごとに独立した企業内企業の性格を持つ組織だ。事業部は自律的な組織であり，その長は所管する事業の遂行に関する大幅な権限を持っているが，なお企業の最高経営層の全社的な経営方針によって指針を与えられ，業務評価によって統制される点が，独立の企業との根本的な相違点である。

事業部長の権限をさらに強くし，独立の会社に近い組織運営にしたものが「カンパニー制」だ。カンパニーの中には，本社の資本金を形式上分与された社内資本金を持ち，利益やB／S（貸借対照表）やP／L（損益計算書）などの財務諸表によって評価されるところもある。カンパニー制は分社化の一歩手前の段階にある。

分権化組織には，もう一つ SBU（strategic business unit）があり，戦略的事業単位と呼ばれる。SBU は，SBP（戦略的事業計画）に従って経営活動を進められるが，SBP が複数の事業部にまたがる時は，トップ・マネジメントや複数の事業部を統括する事業本部長の下に SBU が設けられ，また事業部単体，あるいは事業部内の特定部門が SBU となることもある。

事業部，カンパニー制，SBU などの分権化組織は，市場への対応力の強化，迅速な意思決定，組織のフラット化，利益責任の明確化，大幅な権限委譲による後継経営者の育成などを目的としている。

■ V　組織の集団規範の功罪

産業社会では，その企業が属する業種（商社，金融，サービス業，メーカー）や個人の所属する部門（営業，生産，人事，経理，購買）によって，ものの考え方や判断基準に大きな違いが出てくることがある。

今日，就業者の約9割は，企業，官庁，学校や福祉施設など，いずれかの集団に所属して働いている俸給生活者（サラリーマン）だ。

サラリーマンという集団に共通している集団の思考，行動形態，集団規範にはどんなものがあるのだろうか。

環境や状況の変化にもかかわらず，集団規範はいつの間にか，集団規範そのものの存在を主張し始め，強制力をもって暴走する危険性を孕んでいる。良くも悪

くも構成員を規制しているサラリーマンの集団規範について理解し，点検を怠らないようにすることは必要なことだと思われる。

以下にサラリーマンの集団規範の特徴について考えてみる。

①**分業化，専門化と思考停止**

サラリーマン社会の第一の特徴は，分業体制と専門性重視による組織の細分化が進んでいるということである。自分の仕事以外に関心が薄くなり，他の業務や担当している人との連携がおろそかになる傾向が出てくる。自分の任務，自分の関心事以外のことについては「思考停止」に陥りやすい。

②**上司による人事評価と忖度**

サラリーマンは，人事評価によって動きがちであり，利益や売上高という客観的な尺度でないものにも影響される。上司の意向や人事権のある者の意向という主観的な尺度にそって，行動する者も少なくない。「上司の意を体して動け」という指導方針をもつ管理者もおり，忖度が求められることもある。

③**業務の標準化と没個性化**

欧米のように，その人の専門能力やこれまでの実績によって採用するのではなく，新規卒業者を一括採用して企業内の教育で職業能力を習得させる我が国では，会社の仕事を特別の専門能力を持った人によってではなく，できるだけ多くの人に担えるようにするために，業務の標準化が進められてきた。業務手順のマニュアル化もその例である。

平均的能力を持った人を前提とする仕事の仕組みを運営していくために，教育の面でも標準化が進められている。

標準化の進展は，構成員の習熟をやりやすくすることで，採用と組織への多数の人の加入をやりやすくしたが，反面没個性化を招き，個人の特徴を育てる配慮が薄くなっている。

④**集団主義と匿名性**

我が国では，仕事の分担が，アメリカのように個人単位にjob description（職務明細書）によって決められるのではなく，集団（部，課）ごとに決められている。集団の中での個人の位置づけが明確になっていない部分も多く，そのため「私の意見では……」ではなく，「うちの会社（部，課）では……」という表現がされる

ことがある。

　集団主義は，メンバーの参加意識を高め，組織防衛に役立つが，自己の責任において行動する場合と異なり，責任の所在がぼけてくる。上位者が権限を取得できる階層構造では，指示されて初めて自分の仕事となるという習慣がついて，指示されなければ自分からは積極的に動き出さない，という"指示待ち"の姿勢に堕しやすい。

◆学習チェック表
□　経営戦略と企業組織の関係について理解した。
□　バーナードとリッカートの組織論について説明できる。
□　経営組織はどのように分化，専門化していくのかについて説明できる。
□　事業部組織の長所と短所について理解した。
□　組織の集団規範の特徴と限界について説明できる。

より深めるための推薦図書
　岡本康雄（1985）現代の経営組織．日本経済新聞社（日経文庫）．
　桑田耕太郎・田尾雅夫（2010）組織論［増訂版］．有斐閣．
　アンゾフ Ansoff, H. I.（広田寿亮訳，1970）企業戦略論．産業能率短期大学出版部．
　リッカート Likert, R.（三隅二不二訳，1968）組織の行動科学―ヒューマン・オーガニゼーションの管理と価値．ダイヤモンド社．

　文　　　献
Koontz, H. & O'Donnell, C. (1955) *Principles of management: An analysis of managerial functions.* McGraw-Hill.（大坪檀・高宮晋・中原伸之訳（1965）経営管理の原則．ダイヤモンド社．）
リッカート Likert, R.（三隅二不二訳, 1968）組織の行動科学―ヒューマン・オーガニゼーションの管理と価値．ダイヤモンド社．（Likert, R (1967) *The Human Organization: Its Management and Value.* McGraw-Hill.）

第1部　働くことを考える

第3章

組織における人間の行動
仕事へのモチベーションとリーダーシップ

森下高治・小畑周介

> **Keywords**　動機づけ，ワーク・モチベーション，欲求理論，職務満足感，目標設定理論，フロー理論，リーダーシップ，リーダーの特性と行動，オハイオ州立大学研究グループ，PM理論，条件即応モデル，パス-ゴール理論，変革型リーダーシップ

　仕事に対して意欲を持つことは，組織の目標達成，課題の成就には不可欠である。人は，働くことの目的，また，社会生活，職業生活の中での仕事の位置づけが明確であると，意欲をもって仕事ができ満足感が得られる。動機づけの問題は，働くことが自身の人間的成長と能力発揮につながるために重要である。

　次に，メンバーがいてリーダーがいるところに組織（集団）が構成される。そこにはリーダーシップの問題がある。今，プロ野球の世界に目を向けると熱血の星野仙一監督（故人），またID野球で有名な野村克也監督，それに直観力に長けたひらめきの監督と言われた長嶋茂雄監督，誰もが名監督と言われた人たちである。これら監督は選手にやる気を出させ，選手をまとめる方法は違っていたが，最終目標は同じである。まず，何よりも働くということから始まり個々人が課題に取り組み，チームの目標に向かって進む。当該集団，そして組織の長であるリーダーは，メンバーをうまくまとめ，課題，目標達成のために行動を取る必要がある。所属のメンバーがリーダーとともにやる気をもって目標に向かう，そこにはさまざまな動機づけ理論，リーダーシップ理論があり，それらを紐解きながら説明を加える。

I　仕事へのモチベーション

1．人が仕事に望むこと

　多くの学生は，学校を卒業した後に社会で活躍するために，就職活動に取り組むことになる。自分がどのような分野で，どのような職種に就きたいのかを考え

るわけだが，社会人になるための就職活動は，学生にとって未知の領域でもある。就職先を決めるうえ重要視される条件について，「子供・若者白書　就労等に関する若者の意識」（内閣府，2017）によると，安定性や収入の高さとともに，近年では仕事と家庭・プライベートとのバランスがとれることが望まれる傾向にあるようである。時代や世の中の流れ，景気動向などによって，仕事に対する指向性は常に変化するものであるが，根源的に人は何のために働くのか，人はどのように仕事に対してやる気を高めることができるのかというテーマは，私たちが生きていく中で大きな意味を持っている。多くの人がやりがいを感じられる仕事に就き，充実した生活が送れることを望んでいるはずである。本章では，組織における人間の行動に影響をもたらすモチベーションやリーダーシップに関する主要な理論や考え方を紹介していく。

2．ワーク・モチベーション

　仕事や勉強の成果は，個人の能力や努力量によって変化するが，やる気や意欲の度合いによっても大きく左右するものである。産業・組織心理学の中で，人が何を目的にして行動するのかを明らかにすることや，その行動に影響を与える要因はどのようなものがあるのかを明らかにすることは大きな関心事である。モチベーション（motivation）という言葉は，やる気や意欲という意味合いで，すでに広く使われるようになっている。人が行動を起こす目的や理由が動機であり，それが目的や報酬によって刺激され，行動が導き出されるプロセスのことを動機づけという。ピンダー Pinder（1998）は，動機づけとは人間の内部や外部から行動を駆り立てる活力の源泉であり，何をするか，どのように行動するのかといった行動の「方向性」，どの程度努力するのかというエネルギーの「強度」，どれくらい努力を続けるのかといった「持続性」を決定づけるものであるとした。これまでに数多くの動機づけに関する研究がなされてきたが，人々が働くことに焦点を当てたものがワーク・モチベーション（work motivation）である。

3．欲求理論（need theory）

　人の行動を喚起する動機の内容や欲求について考える理論として，マズロー Maslow（1954）の欲求階層説がよく知られている。これは，5つの基本的な欲求がピラミッド型の階層をなして示されており，生存していくために不可欠な「生理的欲求」を基礎とし，病気や事故から身を守りたいという「安全の欲求」，他者と友好な関係を築き，集団や組織への所属を求める「社会的欲求」，さらに他者

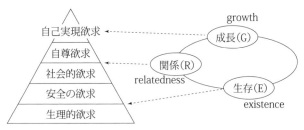

図1　マズローとアルダルファーの欲求理論の対応

から認められたい・尊敬されたいという「自尊欲求」があるとしている。これら4つの欲求は，満たされない場合には緊張や不満足の状態になる「欠乏動機」として捉えられている。この階層の最も高い動機づけとして，「自己実現欲求」がある。より理想とする自分に近づきたい，生きがいを追求したいという欲求であり，この欲求は「成長欲求」として捉えられ，たとえ充足されたとしても自己成長や可能性を次の新たな挑戦に向かうような行動が継続されるものである。

次に，アルダルファー Alderfer（1967）によって提唱されたERG理論では，生存（existence），関係（relatedness），成長（growth）の3つの欲求によって，動機づけを説明した。これは，マズローの理論を修正したものであることから，低次の欲求から高次の欲求へ進展していくという点では共通しているが，3つの欲求が関連しながら同時に存在している可能性を示している（図1）。

4．職務満足感と二要因理論

動機づけを考えるうえで，重要な要素の一つに職務満足感（job satisfaction）がある。人が自らの仕事に対して感じるポジティブな情緒的な反応のことであり，仕事だけではなく人生全体にも大きな影響を及ぼすものである。もちろん，仕事から得られる経験として，喜びや充実感，やりがいなど肯定的な側面ばかりではなく，ストレスを感じて意欲が低下し，動機づけが損なわれるようなこともある。ハーズバーグ Herzberg（1966）は，仕事上で起こる「大変好ましいこと」，「好ましくないこと」に関する調査・研究を行った結果，10要因を見出し，「動機づけ－衛生要因理論（motivation-hygiene theory）」，または「二要因理論」を提唱した。達成，承認，仕事自体，責任，昇進の5つの要因を，満足を与える「動機づけ要因（motivator）」とし，これらが満たされている場合は満足度につながるが，そうでなかったとしてもマイナスにはならないとしている。一方で，組織の経営方針，監督技術，給与，職場における対人関係，作業条件の5つの要因を，満た

第3章　組織における人間の行動

されない場合に不満足感を与える要因として「衛生要因（hygiene）」と呼んだ。前者は自己実現や精神的成長に関連しているのに対して、後者は生理的欲求・安全欲求に関連した内容になっている。このように、満たされれば満足につながるものと、満たされなければ不満足につながるものに分類されているが、対人関係のようにその良し悪しによって、職場満足がいずれにも大きく左右することが考えられる要因も存在している。

5．目標設定とフィードバック

　スポーツ界には、子どもの頃から自分の将来を文集や日記に綴り、それを実現している人がいる。サッカー日本代表の本田圭佑選手や、2018年にメジャーリーグのエンゼルスに入団し1年目から注目を集め活躍している大谷翔平選手が好例かもしれない。本田選手は、小学校卒業の時に将来の夢としてヨーロッパの名門クラブに入団しレギュラーになるだけでなく、背番号や年棒、スポンサー契約まで書き記している。大谷選手も高校時代に作成した目標設定シートに、自らの野球人生について大胆な目標とともに自らが目指す野球選手に必要な要素を緻密に整理している。彼らは単なる夢としてではなく、実現するためのツールとして自らの目標を設定していたのではないだろうか。スポーツだけではなく仕事の場面においても目標設定は大きな意味を持つものと考えられる。

　ロックLockeとレイサムLatham（1984）が行った研究の中で、漠然とした励ましを与えたグループと数値目標などより明確な指示を与えたグループでは、業績に大きな差が生まれるという結果が見出された。そして、企業や管理者にとって従業員や部下に対して目標を設定することでモチベーションを高めることができると主張している。これが目標設定理論の出発点であり、数多くの研究の中から、目標設定の在り方として、数字や期日が明確であること、ある程度難易度が高い目標であること、実行者が納得できる目標であることが、より効果的な動機づけにするために必要とされている。つまり、目標を達成できたか否か明確であること、能力やスキルを発揮する機会があること、実行者自身が自分の目標であるとコミットメントできることが鍵になっているといえる。さらに、フィードバックの重要性も指摘されており、目標を立てるだけではなく、成果を振り返る作業がさらに高い成果を引き出すことにつながると考えられる。

　この目標設定理論における注意点として、目標とする難易度あるいは仕事量があまりにも過剰で無理難題である場合は、達成への期待値が下がってしまい、モチベーションの維持が困難になることである。

ハックマン Hackman とオールダム Oldham（1976）が職務再設計を意図した職務特性モデルの中で，フィードバックをモチベーション向上のための職務特性の一つとして取り上げている。職務再設計のポイントについて，能力やスキルを活用できるという「スキルの多様性」，仕事全体の流れが見通せる「タスクの一貫性」，担当職務が重要なものであると認められている「タスクの重要性」，職務に関して自身の裁量を有しているという「自律性」，自分がどれぐらい職務をこなすことができたかについての「フィードバック」の5つを挙げている。

マクレランド McClelland（1985）は，仕事における課題をやり遂げようという動機を達成動機理論によって説明している。達成動機の高い人の特徴として，適度な難易度の課題，自身で目標設定し責任を取ることができる課題を求め，成果に関するフィードバックに関心が高いことを明らかにしている。

6．フロー理論

仕事などの活動における経験として，困難さを伴う状況の中でも高い集中力を発揮し，自分をコントロールすることができ，時の流れを忘れてしまうような感覚を持つことがある。チクセントミハイとチクセントミハイ（Csikszentmihalyi & Csikszentmihalyi, 1988）は，このような無意識のうちに活動に対して没頭しており，なおかつ活動がスムーズに行われ，気分も落ち着いた状態で心地良さを感じているような状態をフロー（flow）とした。そして，このような心理状態に至る条件を，知覚される「挑戦レベル（challenge）」と「能力レベル（skill）」の2軸を用いたフロー理論（flow theory）によって説明している（図2）。フロー状態は，実行しようとする挑戦レベルと自らが有する能力レベルが，高い水準でバランスを保っている時に訪れると考えられている。もし，2つのレベルがアンバランスな場合，例えば課題の難しさに対してそれを実行するだけの自身の能力レ

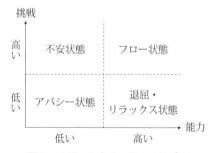

図2　4チャンネル・フローモデル

ベルが不十分な時は不安や緊張が喚起されるし,逆に簡単に実行できてしまうような課題で能力を持て余してしまう時は退屈さを覚えることになる。このことから,フロー状態を経験することは成長を求める動機づけにもなるため,実際の仕事場面の中でどのように挑戦的な課題に取り組む機会を持つかは重要なテーマでもある。

7. その他の理論と展望

もし,仕事の指示が与えられず,管理されない環境で放って置かれたとしたら,多くの人はどうするのだろうか。全く仕事をやらずにサボってしまうかもしれないし,自らの仕事を全うしようと主体的に行動するかもしれない。マクレガー McGregor(1966)は,X理論・Y理論を提唱し,人は指示や管理がなければ働かない存在とする捉え方をX理論,一方で,人は仕事に対して自ら主体的に取り組み,自己管理をする存在とする捉え方をY理論とした。この2つの違いが生じる要因として,監督者と従業員との間でアイデンティティが共有されている場合はY理論が当てはまり,共有されていない場合はX理論が当てはまると解釈している研究も見られる。

また,仕事へ向けられるこの2つの基本的な態度に関する考え方は,経営学の領域と深く関連しており,20世紀前半から科学的管理法と呼ばれる経営管理の手法が登場している。これは,仕事内容を細かく作業単位に分け単純化・専門化することによって,効率的に生産性を上げることを目指した経営スタイルでX理論の考え方に基づいている。やがて,従業員の主体性や自己管理能力に着目したY理論に基づく目標管理や職務再設計に展開したという流れがある。

ここまでさまざまなモチベーション理論を紹介してきたが,欲求段階説やERG理論,動機づけ-衛生要因に代表される動機や欲求の要因を探る理論を「内容理論(content theory)」,目標設定理論や達成動機理論のように行動に至るプロセスや認知的な役割によって説明している「過程理論(process theory)」に大別される。いろいろなアプローチがなされているが,個人のパーソナリティや価値観,環境や文化などの要因を踏まえると,人間の行動は複雑であり,簡単に説明できるものではない。特に,組織内では人間関係が重要な役割を果たし,リーダーのあり方がメンバーへの影響力を持つことになる。環境から刺激を受けて変化する人間の行動については,ますます関心が高まるところである。

Ⅱ　リーダーシップ

1．リーダーシップとは

　国際レベル，あるいは国政レベルの首長，それと並び都道府県の市町村などの地域社会の首長，学校であれば学校長，会社であれば企業のトップ，組織の長，これらの長にはいずれも組織を束ねるリーダーシップの問題が問われる。

　では，リーダーシップとは一体何か。最もわかりやすい例として，産業の場をみると，課員を構成する組織には，目標・目的があり，当該目標を遂行するために所属メンバーの協力が必要である。この当該組織の課題や目標の達成に導くのがリーダーシップといえる。

　我が国の産業界のリーダーとして，松下電気器具製作所（現パナソニック）を設立した松下幸之助創業者やソニーの創業者の井深大と盛田昭夫を挙げることができる。前者の松下幸之助は，リーダーがいて集団成員（フォロワー，あるいはメンバーという）がいる垂直（単一）型のリーダー，後者のソニーの場合は，井深は製品に関わる技術や開発を，一方盛田は営業や経営戦略でそれぞれ役割を分け分有（複数）型のリーダーでリーダーシップを発揮した。これらリーダーは，集団成員に大きな影響を与えた。集団の課題構成員がいて，そこにリーダー（管理監督者）がいる。

　そもそもリーダーシップの定義は，バス Bass（1990）によると研究者の数だけ定義があり多様であるとしている。ストッディル Stogdill（1974）は，「集団の目標の達成に向かってなされる集団の諸活動に影響を与える過程」としている。また，チェマーズ Chemers（1997）は，「ある共通の課題の達成に関してある人が他者の援助と支持を得ることを可能にする社会影響過程」と定義した。

　再度，さまざまな識者の考え方を踏まえると，リーダーシップとは，集団は目標達成のためにさまざまな活動を行うが，当該集団の活動を方向づけすることやメンバーのやる気を促すように影響力を発揮する。この影響力を発揮するのをリーダーシップと捉えるのが，妥当である。

　次に，リーダーシップと言ってもいくつかのスタイルがある。①一人のリーダーの元，そこに部下（メンバー，フォロワー）がいる。ごくシンプルなリーダーシップのスタイルがある。②リーダーの他にサブリーダーもいてメンバーがいる複数型のリーダーシップもある。要は，複数のリーダーが協力し，共通の目標を追求するスタイルである。③また，お互いにリーダーの役割を担って課題遂行を

図るプロジェクトチームなどの共存型のリーダーシップがある。この場合はリーダーだけでなく，メンバーもそれぞれリーダーシップを発揮する。これら，①②③のすべてはメンバーがリーダーをリーダーとして受け入れ，反応を示すところにリーダーシップの問題が生じる。そのためにリーダーはメンバーからリーダーとしてふさわしいと認知されることが重要である。

2．さまざまなリーダーシップに関わる考え方

リーダーの影響力について，ハスラム Haslam ら（Haslam et al., 2011）は，リーダーが自分自身を自分の所属する集団と同一視して行動する（これを社会的アイデンティティという）ことで，その集団にふさわしいリーダーとなり，メンバーに対して影響力を発揮するようになるという。

リーダーシップについては，特性論と行動論，それに状況論の3つに分けることができる。

①リーダーシップの特性論

優れたリーダーの特性として，判断力や創造性を含む「知能」，学識や経験の「素養」，信頼性にもとづく「責任感」，活動性や社交性，協調性などの「参加性」，社会経済的な「地位」があることが知られている。ジャッジ Judge ら（2002）は，ゴールドバーグ Goldberg, L. R. が唱えた性格特性とリーダーシップとの関係では，外向性，協調性（調和性），開放性がプラス面で，神経症的傾向がマイナス面で関連性があるとしている。

②リーダーシップの行動論

リーダーの行動に注目した理論について，第二次世界大戦後のアメリカでは，個人の特性よりも行動こそがリーダーを作り上げる要素であると考えられるようになり，さまざまな実証的研究が行われた。リーダーの行動的タイプについて，ホワイトとリピット White & Lippit（1960）による実験では，3つのタイプのリーダーシップ（民主的，専制的，放任的）のもとで15名の少年に作業をさせ，グループの雰囲気や作業量を調べた。その結果，民主的リーダーのもとでは作業の質は最も優れ，課題の達成のパフォーマンスは，民主的と専制的リーダーのもとで優れていたのに対して，民主的リーダーは，創造的に優れ，集団の雰囲気は友好的であることがわかった。一方，専制的リーダーは，攻撃的な雰囲気で支配的であった。放任的リーダーでは作業の質や量は最も低かった。

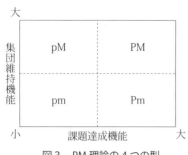

図3　PM理論の4つの型

また，2軸の行動的アプローチを手掛けたのはオハイオ州立大学のハルピン Halpin ら（1957）のグループである。リーダーの行動を，目的に向けてグループを組織化する「構造づくり」と，グループ内の調和をととのえる「配慮」の2要素から評価できるとした。これをリーダーシップの2要因論という。

この考え方を踏まえ，我が国では三隅（1966）が PM 理論を提唱した。PM 理論ではリーダーシップ機能を，課題達成機能としての P 機能（performance）と集団維持機能の M 機能（maintenance）の二つに大別している。P 機能を持ったリーダーは，所定の時間内に課題遂行を強く求める業績重視型のリーダーシップである。一方，M 機能を持った人間志向のリーダーは，可能な限り人間関係を大事にしそれにより成果を上げる。すなわち，M 機能を持ったリーダーは，メンバーを信頼・支持し，メンバーの立場を理解する，集団維持型のリーダーシップである。この二次元からなるリーダーシップを 2×2 で，4つのタイプに分類すると図3のようになる。

図に示す通り，PM 両機能が大の場合を PM 型とし，課題達成，目標の成就が強く，そのうえ集団内の人間関係，職場雰囲気にも配慮するリーダーである。次に，どちらか一方が強く，片方が弱い場合，pM 型，Pm 型とし，前者は課題達成を強く求めないで，むしろ集団の人間関係の維持に積極的に努めるリーダー，後者は課題達成，目標の成就を強く求めるのに対して，メンバー間の人間関係に配慮を示さないリーダーである。最後にいずれも小の場合が pm 型である。業績重視，人間関係の維持の配慮には程遠く，消極的なリーダーとみてよい。

③リーダーシップの状況論

これまでのリーダーシップ論は，個人の特性と行動からリーダーシップを捉えていた。しかし，同じ特性，行動でも置かれた状況次第で成果が異なるという観点から，状況対応的アプローチによるリーダーシップ論が唱えられるようになった。

フィードラー Fiedler（1964, 1967）は，リーダーの対人認知の特徴が集団の業績に効果を与えることから，リーダーシップの効果性について条件即応モデル（contingency model of leadership effectiveness）を提唱した。

第3章　組織における人間の行動

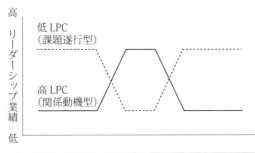

図4　フィードラーの条件即応モデル

　このモデルでは，まずリーダーのLPC得点（仕事をするのに最も苦手な仲間を評価する得点）から，リーダーを高LPC（苦手な人を高く評価する＝人間関係重視の関係動機型）と低LPC（成果を重視する課題動機型）のタイプに分類する。そして，①リーダーとメンバーの関係の良さ，②課題の構造化の程度（決まり切った手順で進む単純な業務から基本を踏まえ汎用性が高く，創意工夫を擁する複雑な業務まで），③リーダーの持つ地位勢力の３つの状況を変数としてリーダーのタイプと状況の組み合わせの有効性を調べたものである。図4に示した通り，どちらかのリーダーのタイプが常に業績を挙げるのではなく，状況によって有効なリーダーシップが異なるということを示した点で注目のモデルである。本モデルを検証するため多くの研究が積み重ねられているが，LPC尺度の信頼性，妥当性について多くの批判を受けていて検証は不十分である。

　また，ハウス House（1971）は「パス－ゴール理論」(path-goal theory)を提唱した。メンバーが目標（ゴール）達成をするにはうまく道筋が通ることが大事になるが，この道筋をパスという。リーダーの行動が果たして有効であるか否かの認知面に焦点を当てた考え方である。そのために課題構造化が高い状況では，部下から求められるリーダーシップ行動は配慮行動であるのに対して，低い課題構造ではメンバーからは構造づくりの行動が求められる。この仮説に関連して多くの実証的な研究がなされているが，支持あるいは不支持と明確な結論は出ていない。

45

3．リーダーシップに関する研究の新しい動きについて

　激しい企業間競争やグローバル化に向かって企業が勝ち抜くには，強力な組織を作り上げることが必要となる。そこで組織改革を実行できるリーダーの出現が求められるようになった。これがカリスマ的リーダーシップである。

　ハウス（1977）は，現状に変化をもたらす強いリーダーをカリスマ的リーダーシップとした。カリスマ的リーダーシップは，リーダーの資質よりもフォロアーのリーダーシップの認知と，それに影響を与えるリーダーの行動に影響を与えるものである。その構成要素としては，①部下への高い自己信頼度や自信がフォロアーのモデルになり得るという他者からの優位性などの個人的特性，②決断の速さなどの信頼度に関わる行動，③ストレスの強い状況などの状況的要因の3つが関わるとした。

　バス Bass（1985）は，バーンズ Burns（1978）が唱えた変革型・交流型リーダーシップと，カリスマ的リーダーシップの概念などを基に，変革型・交流型（取引）リーダーシップ・モデルを提唱した。リーダーシップ因子の測定のために多次元リーダーシップ質問票（Multifactor Leadership Questionnaire: MLQ）を作成し，73項目の因子分析結果から変革型リーダーシップと交流型リーダーシップと名付けた。「変革型リーダーシップは，必要な変化や革新を集団に引き起こすような積極的なリーダーシップである」，一方「交流型リーダーシップは，集団活動を安定的に導くようフォロワー，メンバーとの親密な交流に焦点を置くリーダーシップ」である。

　その後，バスはアボリオ Avolio（1994）と共同で実証的研究に取り組み，フルレンジ・リーダーシップ（full range leadership）論を提唱した。結論として，バスとアボリオは，効果的に対する非効果的，積極的に対して消極的，第三軸に頻度を設け三次元よりなるリーダーシップ論を展開した。

　リーダーシップ研究の歴史的な変遷は，まず最初に組織の内部，すなわち人間に焦点を当てた特性の研究から始まり，次に行動に焦点が当てられた。さらに，組織の外部，すなわち状況的要因を取り上げ発展してきた。そして，最後に触れているように今日的な社会，経済的環境の中では，組織の外部環境に焦点が当てられていることから，自身の問題と同時にフォロアーがどのようにリーダーを見ているかという認知の問題も重要となっている。そのためにカリスマ的リーダーシップの要素が強い変革型リーダーシップが，組織を構成するメンバーとの親密な関係に焦点を置く交流型リーダーシップよりも，その効果性と積極性が高く評

第3章 組織における人間の行動

価されている。

◆学習チェック表
□ 主な動機づけ理論について理解した。
□ 人間行動に影響を与える要因を整理することができた。
□ 動機づけ要因と衛生要因の違いについて説明できる。
□ リーダーの特性論,行動論,状況論について説明ができる。
□ リーダーシップに関する研究の新しい展開について,理解ができた。

より深めるための推薦図書

池田浩編(2017)産業と組織の心理学.サイエンス社.
鹿毛雅治編(2012)モティベーションをまなぶ12の理論.金剛出版.
Latham, G. P.(2007)Work Motivation. Sage Publications.(金井壽宏監訳,依田卓巳訳(2009)ワーク・モティベーション.NTT 出版.)
白樫三四郎編(2009)産業・組織心理学への招待.有斐閣.
田中堅一郎編(2011)産業・組織心理学エッセンシャルズ[改訂3版].ナカニシヤ出版.
外島裕・田中堅一郎編(2007)臨床組織心理学入門.ナカニシヤ出版.

文　献

Avolio B. J.(1999)*Full Leadership Development: Building the Vital Forces in Organizations*. Sage.
Bass, B. M.(1990)*Bass and Stogdill's Handbook of Leadership: Theory, Research, and Managerial Application*. 3rd Edition. Free Press.
Bass, B. M., & Avolio, B. J.(1994)*Improving Organizational Effectiveness Through Transformational Leadership*. Sage.
Burns, J. M.(1978)*Leadership*. Harper & Row.
Chemers, M. M.(1997)An Integrative Theory of Leadership. Lawrence Erlbaum Associates.(白樫三四郎訳編(1999)リーダーシップの統合理論.北大路書房.)
Csikszentmihalyi, M., & Csikszentmihalyi, I. S.(1988)*Optimal Experience: Psychological Studies of Flow in Consciousness*. Cambridge University Press.
Fiedler, F. E.(1964)A Contingency Model of Leadership Effectiveness. A*dvanes in Experimental Social Psychology*, 1; 149-190.
Fiedler, F. E.(1967)*A Theory of Leadership Effectiveness*. McGraw-Hill.(山田雄一監訳,1970)新しい管理者像の探求.産業能率短期大学出版部.)
Hackman, J. R., & Oldham, G. R.(1976)Motivation Through the Design of Work: Test of a Theory. *Organizational Behavior and Human Performance*, 16; 250-279.
長谷川直樹(2016)変革型・取引型リーダーシップ―バス・アボリオの所論を中心として.人文・社会科学研究,1; 1-21. 東京国際大学大学院.
長谷川直樹(2017)Full Range Leadership Theory に基づく実証研究の批判的考察―日本における理論の受容とその研究実績を中心に.人文・社会科学研究,2; 1-25. 東京国際大学大学院.
Haslam, S. A., Reicher, S. D., & Platow, M. J.(2011)*The New Psychology of Leadership: Identity, Influence and Power*. Psychogy Press.

Herzberg, F.（1966）*Work and the Nature of Man*. World Publishing.

Hoffman, E.（1996）*Future Visions*. Sage.（上田吉一・町田哲司訳（2002）マズローの人間論．ナカニシヤ出版．）

House, R. J.（1971）A Path-Goal Theory of Leader Effectiveness. *Administrative Science Quarterly*, 16; 321-339.

House, R. J.（1977）A 1976 Theory of Charismatic Leadership. In: Hunt, J. G. & Laron, L. L.（Eds.）, *Leadership: The Cutting Edge*. Southern Illinois U. Press, pp.189-204.

池田浩編（2017）産業と組織の心理学．サイエンス社．

Judge, T. A., Bono, J. E., Ileis, R., & Gerhardt, M. W.（2002）Personality and Leadership: A Qualitative and Quantitative Review. *Journal of Applied psychology*, 87; 765-780.

Locke, E. A. & Latham, G. P.（1984）*Goal Setting: A Motivational Technique that Works!* Prentice Hall.（松井賚夫・角山剛訳（1984）目標が人を動かす―効果的な意欲づけ技法．ダイヤモンド社．）

Maslow, A. H.（1953）*Motivation and Personality*. Harper & Row.（小口忠彦監訳（1971）人間性の心理学．産業能率短期大学出版部．）

McClelland, D. C.（1985）*Human Motivation*. Scott, Foresman.

McGregor, D.（1960）*The human side of enterprise*. McGraw-Hill.

三隅二不二（1966）新しいリーダーシップ―集団指導の行動科学．ダイヤモンド社．

三隅二不二（1984）リーダーシップ行動の科学［改訂版］．有斐閣．

Pinder, C. C.（1998）*Work Motivation in Organizational Behavior*. Prentice Hall.

白樫三四郎編（2009）産業・組織心理学への招待．有斐閣．

Stogdill, R. M.（1974）*Handbook of Leadership: A Survey of Theory and Research*. Free Press.

田中堅一郎編（2011）産業・組織心理学エッセンシャルズ［改訂3版］．ナカニシヤ出版．

White, R., & Lippitt, R.（1960）Leader Behavior and Member Reaction in Three "Social Climates". In: Cartwright, D. & Zander, A.（Eds.）, *Group Dynamics: Research and Theory*. 2nd Edition, 527-553. Harper.

山口裕幸・金井篤子編（2007）よくわかる産業・組織心理学．ミネルヴァ書房．

第4章　働くことと法

第4章

働くことと法

小島健一

> **Keywords**　労働法（労働契約法，労働基準法，労働安全衛生法等），強行規定，日本型雇用慣行，労働審判，労働力の減少・多様化，就業規則，三六協定，産業医，ストレスチェック，労働災害，安全・健康配慮義務，要配慮個人情報，均等・均衡待遇，障害者への合理的配慮，ハラスメント（セクハラ，マタハラ，パワハラ），メンタルヘルス，大人の発達障害，過労死，ブラック企業，臨検監督，働き方改革関連法，時間外労働の上限規制，ダイバーシティ＆インクルージョン

I　法を学ぶ意義

　我が国では，2017年現在，いまだ年間2万人を超える自殺者がおり，特に近年では，産業・労働の分野において，ストレス等に悩まされ，心の健康を害する労働者が多い。

　このような状況下，新たな国家資格として公認心理師が創設され，産業・労働の分野においても，労働者の心の健康を確保するために活躍することが大いに期待されている。

　産業・労働分野に関与する公認心理師は，心理に関する支援を必要とする労働者に対するカウンセリングを（i）当該労働者との契約に基づき提供する場合と（ii）当該労働者を雇用する使用者との契約に基づき提供する場合とがあり得るが，後者（上記（ii））の場合には，同時に，使用者[注1]（具体的には，企業等の法人の役

注1）労働基準法において「労働者」とは，「職業の種類を問わず，事業又は事業所（以下「事業」という。）に使用される者で，賃金を支払われる者」（同法9条）と定義されており，他の労働法でも，おおむねこの定義を準用しているか，同じ意味であると解されている。ここで，「使用される」とは，指揮命令下の労務の提供という意味である。一方，労働契約のもう一方の当事者については，「使用者」，「事業主」，「事業者」などと多様な語が用いられるが，おおむね，「その使用する労働者に対して賃金を支払う者」（労働契約法2条2項）という意味である。もっとも，行政取締法規の性格を持つ労働基準法等においては，「使用者」の語は，同法上の責任主体として現実の行為者まで含むように拡張されており，「事業主又は事業の経営担当者その他その事業の労働者に関する事項について，事業主のために行為をす

員や人事担当者，管理職等）に対するコンサルテーションを行うことがしばしば求められる。

　労働者と使用者は，「労働契約」（「雇用契約」ともいう）という契約関係にあり，この関係は「労働関係」とも呼ばれる。労働関係は，使用者が経営する事業の継続・発展のために，使用者は働く場所，道具，システム等を用意し，労働者は労働力を提供して使用者から賃金を得るという意味で，相互に依存・協力する関係である。しかし，同時に，使用者は，労働者を業務に配置し，評価し，昇進・昇格等を決定し（人事権），業務に関して労働者を指揮命令し（業務命令権），服務規律を定め，その違反に制裁を加える権限（懲戒権）を有するとされ，労働条件（労働時間，休日，賃金等），収益分配（昇給，賞与等），関係継続・切断（解雇等）等において，本質的に利害が対立する関係にある。

　また，労働者自身も，使用者の「職制」（職場の管理組織，職務分担，指揮命令等に関する制度）のもとで，他の労働者を指揮監督する権限を付与されると，使用者のために行動する責任を有することになる。

　このように複雑な権力構造と緊張関係にある労働関係であるが，しばしば"組織の論理"とでもいうべき内部的なルールと好悪の感情を含む人間関係により動いている現実があることも否定し難い。

　そのような中で労働者がストレスに対処し，心の健康を確保するためには，自らが置かれた状況を外部から俯瞰し，法的な観点から客観的に整理することも有効であり得る一方，労働者が，企業内で法がその通りに遵守されず，自らの権利が制限されていると感じてフラストレーションをためることもあり得ることである。公認心理師にとって労働関係を規律する法を理解することは，自分の身を守るためにはもちろん，労働者の置かれた状況とその心理を理解し，労使双方を有効に援助するために重要なことである。

　本章では，以下，我が国の労働関係の特色を踏まえ，どのような法や慣行があり，どのような課題に直面しているのか，敷衍することとする。

るすべての者をいう。」と定義されている。この「事業主」は，契約当事者としての「使用者」と同義である。「事業の経営担当者」とは，法人の理事，株式会社の取締役など事業経営一般について権限と責任を負っている者をいう。「事業主のために行為する者」とは，事業主のために労働条件の決定や労務管理を行い，または業務命令を発して具体的な指揮監督を行う者をいい，工場長，部長，課長，係長あるいは現場監督者などが該当し得る。一方，労働安全衛生法では，「事業者」の語が使われている。

第4章　働くことと法

■ II　労働法の生成・発展

1. 憲法のもとにある労働法

　戦後，日本国憲法（1946［昭和21］年5月公布）は，労働関係（使用者と労働者との関係）の基本原則，すなわち，(i) 勤労の権利と義務（憲法27条1項），(ii) 勤労条件の基準の法定（憲法27条2項），(iii) 労働基本権（団結権・団体交渉権・団体行動権）の保障（憲法28条）を宣言した。これらの基本原則は，同じく憲法25条1項に定められた基本的人権である「生存権」（健康で文化的な最低限度の生活を営む権利）を労働関係という文脈で具体化したものである。

　「労働法」と総称される，労働者を保護する一連の法律（労働組合法，労働基準法，職業安定法等）は，このような憲法上の労働関係の基本原則に沿って制定されている。

　労働関係には，その他の憲法規定も関係する。使用者には「営業の自由」（憲法22条1項）と「財産権の保障」（憲法29条）がある一方，労働者には「職業選択の自由」（憲法22条1項）がある。何より，労働関係においても，「個人の尊厳」（憲法13条。とりわけ「自己決定（人格的自律）権」）と，「法の下の平等」（憲法14条）が確保されるべきことを忘れてはならない。

2. 多様な性格を有する労働法

　労働契約（雇用契約）も契約関係の一つであるから，民法が適用され，契約自由の原則のもとにある。しかし，自由競争に任せていては，使用者と対等な交渉力を持たない労働者に「生存権」は確保されないおそれがある。そこで，労働法は，契約自由原則を修正し，法が定めるルールよりも労働者に不利である労使間の合意や使用者の行為の法的効力を否定することによって，労働者の実質的な保護を図っている（例えば，労働基準法，労働契約法）。このようなタイプの法の定めを「強行規定」という。

　さらに，労働法は，しばしば，以上のような民事法の特別法という性格にとどまらず，法の実効性を確保するため，行政による指導，勧告等の介入を根拠づけたり，法の違反に対する刑事罰を定めたりするなど，行政法や刑事法の性格も併有していることもある（例えば，労働基準法）。

　以下，解説するようにさまざまな労働法が制定されているが，裁判所（司法）による救済の根拠となる私法上の権利義務や，強制力のある法規範を創設するも

の（「ハードロー」）がある一方，努力義務にとどまる規定や，行政から告示や通達の形でガイドラインを示させることにより，当事者の自主的な取り組みを促すもの（「ソフトロー」）も増えている。

III 労働判例と労働契約法

1．労働判例の重要性

労働法を構成する個々の法律（「制定法」という）は，社会情勢に応じて法改正や新たな立法がされてはいるが，発生する紛争のすべてにタイムリーに対応できるわけではない。そこで，個別の紛争の妥当な解決を求められた裁判所は，自らの判断により，法律には明文化されていないルールを判決で示すことがある。

例えば，解雇権濫用法理（解雇は，客観的に合理的な理由を欠き，または，社会通念上相当であると認められない場合には，その権利を濫用したものとして無効となる，というルール）は，もともと，多数の裁判所の判断の積み重ねを経て判例法理として形成・確立したが，初めて法律に明文化されたのは 2003（平成15）年の労働基準法改正時であった（2007［平成19］年，労働契約法の立法にあたって同法に移された）。

また，法律の定め（「条文」）は一般的・抽象的であるから，それを個別の事案に適用する裁判所は，条文を解釈してその具体的な内容を明らかにしたり，条文に該当するか否かを判断する際に考慮する要素を示したりすることがある。

したがって，労働法を正しく理解するためには，成文法だけではなく，過去の裁判所の判断（「判例」）を調べる必要がある。特に最高裁判所の判例は，地方裁判所や高等裁判所に対して大きな影響力を持つことから，最も重要であるが，地方裁判所や高等裁判所の判決であっても（とりわけ，最高裁判所の判例がない場合），裁判所の判断傾向を知る上で，先例としての価値がある。

2．労働契約法の制定

このように，労働法においては，判例が重要な役割を果たしている。ところが，たとえ確立した判例法理であっても（したがって，裁判になれば，まず例外なくそのルールにより判断されるにもかかわらず），国民への周知が十分でなければ，紛争の予防や裁判外の解決への貢献は限定されてしまう。

そこで，2007年には，労働契約法が制定され，労働契約の基本原則を明らかにするとともに，従来からの判例法理の一部（解雇権濫用法理，就業規則の効力，

懲戒権濫用法理，出向命令権の濫用法理，安全（健康）配慮義務等）を成文化し，労働契約の成立・展開・終了に関する民事法の強行規定を定めた。

■ IV　雇用慣行の変遷と政策の現在

1．日本型雇用慣行の成立

新卒一括採用から定年まで続く「終身雇用」，右肩上がりの「年功賃金」，これらを支える「企業別組合」を三大要素とする「日本型雇用慣行」は，大企業や製造業を中心に，高度経済成長期（1955 年から 1973 年。年平均実質 GDP 成長率9.1％）に生まれ，石油価格の高騰に端を発する調整局面（第 1 次オイルショック（1973 年末）等）が希望退職や解雇によらずに乗り越えられたことを通じて，その後の安定成長期に定着した。

この過程で，裁判所は，解雇権濫用法理，整理解雇の 4 要件（ないし 4 要素）の法理，就業規則の合理的変更の法理など，今日の代表的な判例法理を確立させた。

日本型雇用慣行は，新規学校卒業者を定期採用し（新卒採用），さまざまな仕事を担当させて長期的に育成・活用し，特定の仕事がなくなっても社内での配置転換を試み，定年まで雇用を確保することを特徴とする（「メンバーシップ（就社）型」と言われる）。欧米型雇用慣行が，仕事ありきで，これに合致する能力・適性を持つ労働者を社外からも調達し，その仕事がなくなれば雇用もなくなることを原則とすること（「ジョブ（就職）型」と言われる）とは大きく異なる。

ただし，日本型雇用慣行は，大企業の男性正社員にはよく普及したものの，経営環境が厳しい中小企業では必ずしも普遍的なものではなかった。また，大企業においても女性労働者は，多くの場合，男性とは別の雇用区分で雇用され，結婚・出産を機に退職した後はパートタイマー等の非正規労働者としての雇用機会しかないのも現実であった。

2．日本型雇用慣行の動揺

1990 年代初期に「バブル経済」が崩壊すると，日本経済は，円高，不良債権，グローバル競争などの逆風を受け，物価も賃金も下がるデフレ経済に転じ，年平均実質 GDP 成長率 0.9％（1991 年〜 2011 年）と長期低迷することになった（後に，「失われた 10 年」，「失われた 20 年」などと呼ばれることになる）。特に1997 年の金融・証券不況から，希望退職募集による大量の人員削減，外資によ

る企業買収が相次ぎ，成果主義ブームを経て役割給（職責給）の導入による年功賃金の瓦解が進むなど，日本型雇用慣行は揺らぎ始めた。

この時期，企業は，正社員の新卒採用を抑制したため（「就職氷河期」と呼ばれる），要員を絞り込まれた正社員の仕事の負荷とストレスは強まり，その労働時間は高止まりを続けている。その一方で，若年男性を含む非正規雇用が増加・固定化し，低賃金と雇用不安が広がることになった。正規と非正規の合計のうち非正規の占める割合は上昇を続け，2014年から2017年には37％台で推移している。このように不安定化し，正規と非正規に分断された雇用情勢において，「格差社会」，「ワーキングプア」，「ブラック企業」等の新しい言葉も人口に膾炙するようになった。

このような背景のもと，労働法における中心的な課題は，かつての労働組合 vs 会社という図式で調整・解決される集団的労働関係から，多様化・属人化した個別的労働関係へと移行している。個別的労働関係に特徴的な紛争として，能力不足・成績不良等を理由とする解雇，セクハラ・パワハラ等のハラスメント，未払い残業代をめぐる紛争が増加するとともに，メンタルヘルス不調者の休復職をめぐる紛争や，脳・心臓疾患による過労死，うつ病等による過労自殺を代表例とする，労働者の心身の健康が直接・間接に関わる紛争が増加している。

このように増加する個別的労働関係に関する紛争を簡易・迅速な手続きによって早期に解決することを志向し，2006年から，地方裁判所において労働審判手続が実施されている。

労使協調を基本としてきた企業別労働組合は，個別的労働関係に関する紛争に十分に対応できているとはいえず，組織率は低下を続けているが，その一方で，合同労組，コミュニティ・ユニオンなどと称される地域労組が，労働者の駆け込み寺的機能（代理交渉機能）を果たしたり，非正規労働者を組織化したりするなどして，存在感を高めている。

近年では，大企業の正社員の長期雇用慣行は持続しているものの，その年功的処遇は後退し続けており，OJT[注2] を中心とする幅広い教育訓練から幹部候補の選抜的育成にシフトするなど，正社員の中での処遇差が拡大している上，勤務地や職種を限定した正社員の導入や非正規の無期雇用化により，正規と非正規の中間に位置する第3の雇用形態も生まれつつある（高橋ら，2017）。

注2）「OJT」とは，「On-The-Job Training」の略称である。実際の職務の現場において，業務を通して行う教育訓練のことをいう。部下が職務を遂行していく上で必要な知識やスキルを，上司や先輩社員などの指導担当者が随時与えることで，教育・育成する方法である。

3．労働力の減少・多様化と政府主導の改革

　男女雇用機会均等法の数次の改正を経て，女性正社員は確実に増加しており，また，急速に進む少子高齢化に対応した高年齢者雇用安定法の改正により，65歳までの定年延長または定年後再雇用が義務づけられ，労働者の高齢化も進んでいる。さらに，障害者雇用促進法の改正により，事業主には，2016年から，障害者の差別禁止と合理的配慮の提供義務が課され，2018年には精神障害者が法定雇用率算出の対象に加えられ，法定雇用率は上昇している。

　2012年末に復活した自民党・公明党の連立政権（第2次安倍内閣）は，労働政策を成長戦略の1つの柱と位置づけ，労働法分野での立法ラッシュを加速させている。その基調にあるのは，産業・労働市場の構造変化への対応（従前の雇用安定化政策（雇用維持支援）から「失業なき労働移動の推進」政策への転換）であり，さらに，「全員参加型社会」（後に，「一億総活躍社会」の標語に置き換えられた）の実現，すなわち，急速に進行する少子高齢化とそれによる人口・労働力の減少への対策である。

　とりわけ，首相の諮問機関である働き方改革実現会議が2017年3月に決定した「働き方改革実行計画」は，非正規雇用の処遇改善（「同一労働同一賃金」の導入）と長時間労働の是正（罰則付き上限規制の導入）という2つの柱に加え，テレワークや副業等の柔軟な働き方の環境整備，女性・若者の活躍支援，病気治療・子育て・介護等との両立支援，障害者の就労支援，高齢者の就業促進，外国人材の受入れ等，さまざまな懸案に対する雇用政策を包含し，労働参加の拡大と労働生産性の向上を政府主導で進めようとしている。

█ V　労働基準法

1．労働条件の最低基準

　労働基準法（1947［昭和22］年制定）は，労働時間，休日，休暇，賃金その他の労働条件の最低基準を定めており，刑事罰の裏付けがある行政取締法規という公法的性格に加え，強行規定として民事法的性格をも有している。すなわち，契約や就業規則によって定めた労働条件のうち，労働基準法が定める最低基準に違反する部分は無効となり，無効となった部分については同法上の最低基準が労働条件になる。

2. 就業規則の作成・変更

使用者は，常時10人以上の労働者を使用する事業場について，就業規則を作成し，労働基準監督署に届け出る義務を負う。労働基準法が定める労働条件の最低基準は労働条件の一部（最低賃金，労働時間，休憩，休日，年次有給休暇等）にとどまり，その他の労働条件の大部分は，事業主が就業規則により定めることになっている。

使用者は，就業規則の作成または変更にあたり，事業場の労働者の過半数を代表する労働者の意見を聴かなければならず，就業規則は，常時，職場に掲示または備え付けるなどの方法により，労働者に周知しなければならない。

就業規則は，労働者に周知され，その内容が合理的である限り，労使双方を拘束する。労働基準法が最低基準を定めている労働条件についても，就業規則が労働基準法の最低基準よりも労働者にとって有利な内容を定めている場合には，就業規則の定めが労働契約の内容となる。

このようにして定められた就業規則は，労働者の合意なくして変更し，労働条件を不利益に変更することは原則として許されない。もっとも，この合意がなくとも，変更後の就業規則を労働者に周知させ，その変更が合理的である限り，就業規則の既存の規定の変更や新たな規定の追加をすることも許される。

3. 労働時間・休日の規制

事業主は，その労働者を，休憩時間を除き原則として1日8時間，1週40時間を超えて労働させてはならない（「法定労働時間」）。また，事業主は，その労働者に対し，1週間あたり1日（または4週間あたり4日）の休日を与えなければならない（「法定休日」）。

事業主が法定労働時間を超えてまたは法定休日に労働者を労働させるためには，事業場の従業員代表との間で，時間外労働の上限時間等について労使協定を締結（「三六（さぶろく）協定」）し，労働基準監督書に届け出なければならない。

この「三六協定」が定めるべき時間外労働（「法定時間外労働」）の上限については，長らく，法律の定めはなく，厚生労働大臣の告示「時間外労働の限度に関する基準」により，1カ月45時間，1年間360時間等と定められていたが，同時に，臨時の特別な事情が生じる場合に備えて，1年に6カ月以内に限って，これらの上限時間を超えて労働者を労働させることができる「特別条項」の定めを置くことを許容していたので，事実上，青天井の時間外労働も可能であった。

第4章 働くことと法

しかし，2018（平成30）年6月に成立した「働き方改革を推進するための関係法律の整備に関する法律」（以下，「働き方改革関連法」という）により労働基準法が改正され，時間外労働に初めて法律上の上限が画されることになった（その詳細は，「XVIII.「働き方改革」と労働時間上限規制」で説明する）。

もっとも，労働基準法の労働時間，休憩および休日に関する規制が及ばない労働者がいる。その代表例が「管理監督者」（ただし，役職名ではなく，実態により判断される）である。

さらに，法の定める要件に該当する一部の労働者を対象にした事業場外労働みなし制や裁量労働制等，労働時間に関する規制を柔軟化する制度がある。

このような多くの例外があるため，労働災害と認定されたり，安全・健康配慮義務違反により事業主の損害賠償責任が問われたりするような高負荷の長時間労働であっても，労働基準法上は合法となってしまう構造的な問題がある。

しかしながら，そもそも，労働時間規制の主たる目的は安全・健康の確保にあるのであるから，使用者は，すべての労働者について，実際の労働時間を把握し，労働負荷の質と量，疲労・ストレスの蓄積等の実態にも留意し，健康被害の発生を防止することが求められている。「働き方改革関連法」による労働安全衛生法改正により，2019年4月以降，使用者は，管理監督者，裁量労働制適用者等を含むすべての労働者について，その労働時間を客観的方法により把握する義務があることが明確にされた。

4．年次有給休暇の権利

事業主は雇入れの日から6カ月間継続勤務し，全労働日の8割以上出勤した労働者に対して，最低10日の年次有給休暇を与えなければならない。その後，勤続年数が1年増すごとに，以下の表に従った日数の年次有給休暇を与えなければならない（週所定労働時間が30時間以上の労働者の場合）。

年次有給休暇をどのように利用するかは労働者の自由である。また，原則として，年次有給休暇は労働者の請求する時季（ここでは，「日」の意味）に与えなければならず，労働者が請求した時季に年次有給休暇を与えることが事業の正常な

表1　年次有給休暇数

勤務期間	6カ月	1年6カ月	2年6カ月	3年6カ月	4年6カ月	5年6カ月	6年6カ月
付与日数	10日	11日	12日	14日	16日	18日	20日

第1部　働くことを考える

運営を妨げる場合（例えば，年度末の業務繁忙期などに多数の労働者の請求が集中した場合）においてのみ，事業主は他の時季に変更することができる。

年次有給休暇は日単位で取得することが原則であるが，労働者が希望し，使用者が同意した場合であれば半日単位で与えることが可能である。また，労使協定により，5日分の範囲内であれば，時間単位で有給休暇を取得できるようにすることもできる。年次有給休暇の請求権は，前年度の未消化分については翌年に限り繰り越される。

まとまった日数の休暇を取ることは，疲労やストレスを解消し，その過度な蓄積を防ぐために重要である。ところが，2013年の1年間に企業が付与した年次有給休暇日数（繰越日数は除く）は，労働者1人平均18.5日，そのうち労働者が取得した日数は9.0日で，取得率は48.8％にとどまっている（厚生労働省平成26年就労条件総合調査結果）。

このように低調な有給休暇取得実態を改善すべく，「働き方改革関連法」による労働基準法改正により，2019年4月から，中小企業を含むすべての会社で，年間の有給休暇消化日数が5日未満の従業員については，5日に満ちるまで会社が有給休暇を取得するべき日を指定することが義務付けられた（有給休暇の強制付与）。

5．賃金に関する規制

事業主は，労働者に対して，都道府県労働局長の許可を得た場合を除き，最低賃金法に定められた最低賃金以上の賃金を支払わなければならない。

労働基準法では，賃金は，通貨でその全額を毎月一定の期日に労働者に対して直接支払わなければならない（通貨払，直接払，全額払，毎月1回以上一定期日払等のいわゆる賃金支払の諸原則）とされるなど，労働者の生活の糧である賃金が労働者に全額渡るよう定められている。

使用者が労働者に時間外・休日・深夜労働をさせた場合，通常の労働時間または労働日の賃金の計算額に一定の割増率を乗じた割増賃金を支払わなければならない。法定時間外労働および深夜労働にはそれぞれ2割5分以上の，法定休日の労働には3割5分以上の割増賃金を支払う必要がある。

さらに，時間外労働が1カ月60時間を超えた労働には，5割以上の割増賃金を払わなければならないこととされ，企業に重い負担を課すことによって労働者の健康確保を図っている（中小企業には施行が猶予されていたが，「働き方改革関連法」により，2023年4月から施行されることが決まった）。

第4章　働くことと法

■ Ⅵ　労働安全衛生法

1．労働安全衛生法

　職場の安全衛生に関する諸規定はもともと労働基準法に設けられていたが，労働基準法から分離独立する形で1972（昭和47）年に労働安全衛生法が制定された。

　労働安全衛生法は，労働基準法と相まって，労働災害の防止のための危害防止基準の確立，責任体制の明確化および自主的活動の促進の措置を講ずるなど，労働災害の防止に関する総合的計画的な対策を推進することにより，職場における労働者の安全と健康を確保するとともに，快適な職場環境の形成を促進することを目的としている。

　労働安全衛生法により，常時50人以上の労働者を使用するすべての事業場は，衛生管理者と産業医を選任しなければならず，衛生委員会を組織して月に1回以上の会議を開催しなければならない。

2．労働者の健康障害防止のための措置

　労働安全衛生法は，常時使用する労働者に対する雇入れ時の健康診断および年に1回の定期健康診断を実施し，その結果を労働者に通知することを事業者に義務付け，労働者に対しては，健康診断の受診義務を課している。

　事業者は，健康診断の結果，異常の所見があると診断された労働者については医師または歯科医師の意見を勘案して，必要に応じて，その労働者の実情を考慮して，就業場所の変更，作業の転換，労働時間の短縮，深夜業の回数の減少等の就業上の措置を講じなければならない。

　また，健康診断の結果，特に健康の保持に努める必要があると認める労働者に対して，医師または保健師による保健指導を受けさせるよう努めなければならない。この場合，保健指導として，必要に応じ日常生活面での指導，健康管理に関する情報の提供，健康診断に基づく再検査もしくは精密検査，治療のための受診の勧奨等を行うこととされている。

　事業者は，法定時間外労働と法定休日労働の合計が1カ月80時間を超える労働者について，その者の申し出により，医師による面接指導を行わなければならない（「働き方改革関連法」による改正により，2019年4月以降，1カ月100時間超という従前の基準から強化された）。

第1部　働くことを考える

　事業者は，面接指導の結果について医師の意見を勘案して，必要に応じて，労働者の就業場所の変更，作業の転換，労働時間の短縮，深夜業の回数の減少等の就業上の措置を講じなければならない。

　また，2015年12月から，常時50人以上の労働者を使用する事業場においては，労働者の心理的な負担の程度を把握するための検査（ストレスチェック）を1年に1回定期的に実施することが義務付けられた（第7章参照）。

　事業者は，面接指導の結果を踏まえた就業上の措置について医師の意見を勘案して，必要に応じて，就業場所の変更，作業の転換，労働時間の短縮，深夜業の回数の減少等の就業上の措置を講じなければならない。

　これらの機会に限らず，使用者にとって，健康上の懸念がある労働者について，産業医等の医師による面接を受けさせ，その意見を踏まえて就業上の措置を講じることは，使用者が後述の安全（健康）配慮義務を適切に果たすために極めて重要である。

VII　労災保険法

1．労災保険

　労働者が業務上負傷し，または疾病にかかった場合，事業主は，たとえ過失がなくとも，労働基準法に基づき療養のための休業期間につき平均賃金の60％を補償するなどの補償責任を負う。一方で，事業主は労働者（パートタイマー，アルバイト含む）を1人でも雇用した場合には労災保険に加入しなければならず，労働者災害補償保険法に基づく労災保険給付が行われることにより，事業主は労働基準法上の補償責任を免れる。

　業務災害の場合に支給される労災保険給付には，療養補償給付，休業補償給付，障害補償給付，遺族補償給付，葬祭料，傷病補償年金，介護補償給付，二次健康診断等給付がある。

2．業務災害の認定

　「業務災害」とは，労働者が労働契約に基づいて使用者の支配下において労働を提供する過程で，業務に起因して発生した労働者の負傷，疾病，障害または死亡をいう。労働者が使用者の支配下にある状態を「業務遂行性」といい，業務に起因することを「業務起因性」という。

　業務上の疾病における業務起因性については，労働基準法施行規則に定めがあ

第 4 章 働くことと法

るが，各疾病の発症条件等のすべてを詳細に明文化することはできないため，簡略な表現になっている。

そこで，厚生労働省は業務上の疾病に該当するか否かの認定基準を示している。

① 脳・心臓疾患の認定基準

例えば，過労死についてはどのような場合に業務上の疾病に該当するかの判断基準（「脳血管疾患および虚血性心疾患等［負傷に起因するものを除く］の認定基準」，以下「脳・心臓疾患の認定基準」という）が定められている。

脳・心臓疾患の認定基準では，（ⅰ）発症直前から前日までの間において，発生状態を時間的および場所的に明確にし得る異常な出来事に遭遇したこと（異常な出来事），（ⅱ）発症に近接した時期（発症前おおむね 1 週間）において特に過重な業務に就労したこと（短期間の過重業務），（ⅲ）発症前の長期（発症前おおむね 6 カ月）にわたって著しい疲労の蓄積をもたらす特に過重な業務に就労したこと（長期間の過重業務）の 3 つの要件のいずれかによる業務上の過重負荷を受けたことにより発症した脳・心臓疾患を，業務上の疾病として取り扱うこととしている。

上記（ⅲ）の長期間の疲労の蓄積については，発症前 1 カ月ないし 6 カ月にわたって 1 カ月当たりおおむね 45 時間を超える時間外労働（休日労働を含む。本段落において以下同じ）がある場合は業務と発症との関連性が強まる，発症前 1 カ月間におおむね 100 時間を超える時間外労働が認められる場合，あるいは，発症前 2 カ月ないし 6 カ月間にわたって 1 カ月あたりおおむね 80 時間を超える時間外労働が認められる場合には業務と発症との間の関連性が強い，などの目安が示されている。

② 心理的負荷による精神障害の認定基準

また，近年，仕事によるストレス（業務による心理的負荷）が関係した精神障害による労災請求が増えていることから，厚生労働省は，2011 年に「心理的負荷による精神障害の認定基準」を新たに定め，これに基づいて労災認定を行うこととしている。

この認定基準によれば，（ⅰ）対象となる精神障害を発病していること，（ⅱ）精神障害発病前おおむね 6 カ月の間に，業務による強い心理的負荷があったこと，（ⅲ）業務以外の心理的負荷や個体的な要因による発病ではないことの 3 つの要件をすべて満たす場合は，業務上の疾病と認められる。業務上または業務以外での

心理的負荷の評価は，具体的な出来事別にその心理的負荷の強度を定めた評価表に基づいて行われる。例えば近年多発するパワーハラスメント（パワハラ）は，「ひどい嫌がらせ，いじめ，又は暴行」の評価項目に該当し，部下に対する上司の言動が，業務指導の範囲を逸脱しており，その中に人格や人間性を否定するような言動が含まれ，かつこれが執拗に行われた場合，同僚等による多人数が結託しての人間性を否定するような言動が執拗に行われた場合，治療を要する程度の暴行を受けた場合などは心理的負荷強度が「強」とされる。

Ⅷ　安全・健康配慮義務

1. 安全・健康配慮義務

前節で述べた労働基準法上の補償責任（実質的には，労災保険に基づく支給による肩代わり）とは別に，当該労働災害について民法上の不法行為や債務不履行（安全・健康配慮義務違反）に基づき，被災した労働者等から事業主に対し損害賠償請求がなされることがある。

安全配慮義務とは，使用者が，労働契約に伴い，労働者がその生命，身体等の安全を確保しつつ労働することができるよう必要な配慮をする義務をいい，判例上認められてきた信義則上の義務であるが，2008（平成20）年に施行された労働契約法により明文化された。

安全配慮義務の内容としては，労働者の生命・身体に危険が生じないよう人的・物的環境を整備する義務のほか，労働者の健康に配慮する義務（健康配慮義務）も含まれると解されている。過労死や過労自殺の事案において，使用者の安全・健康配慮義務違反による損害賠償責任を認める裁判例が増加している。

2. 賠償範囲・過失責任

労災保険給付の場合は，精神的損害（慰謝料）は給付の範囲に含まれず，財産的損害について一部が補償されるのみで，給付額にも一定の制限があるのに対し，民法上の損害賠償額の算定における損害の範囲には，精神的損害（慰謝料）が含まれる。そのため，労災保険給付の請求とともに民事上の損害賠償請求がなされることが多い。この場合，使用者は労災保険給付が行われた限度で民事上の損害賠償を免れるなど，労災保険給付と民事上の損害賠償との間で一定の調整が図られている。

なお，民事上の損害賠償責任は，労働基準法上の補償責任（労災保険による保

第4章 働くことと法

険給付）とは異なり，事業主に過失（災害・疾病の予見可能性と結果回避可能性が存在することを前提として，当該結果を回避するための手続ないし最善の注意を尽くさなかったこと）がある場合に初めて認容されるのであり，また，労働者側にも過失があった場合には，事業主の責任が否定されたり，損害賠償額が減額されたりすることがある。

IX 健康情報の取扱い

1．個人情報保護法

情報化の急速な進展により個人の権利利益の侵害の危険性が高まったことや国際的な法制定の動向等を受けて，個人情報の保護に関する法律（以下「個人情報保護法」という）が2005（平成17）年に全面的に施行された。

個人情報データベース等（特定の個人情報をコンピューターまたは紙媒体で検索できるように体系的に構成したもの）を事業活動に利用している者（「個人情報取扱事業者」）は，個人情報の利用目的の特定，目的外利用の禁止，第三者提供の制限等の各種の義務が課されている。

また，個人情報保護法で保護される「個人情報」とは，「生存する個人に関する情報であって，当該情報に含まれる氏名，生年月日その他の記述等により特定の個人を識別できるもの」をいい，労働者の健康情報はこれに該当する。特に，「本人の人種，信条，社会的身分，病歴，犯罪の経歴，犯罪により害を被った事実その他本人に対する不当な差別，偏見その他の不利益が生じないようにその取扱いに特に配慮を要するものとして政令で定める記述等が含まれる個人情報」である「要配慮個人情報」は，一定の例外を除き，あらかじめ本人の同意を得なければ取得できない等の特則が設けられている。例えば，健康診断その他の検査の結果を内容とする記述は，上述の「政令で定める記述等」に含まれ，「要配慮個人情報」に該当し，厳格な管理が求められている。

2．労働者の健康情報の取扱い

事業者は労働者の安全・健康に配慮すべき義務（安全・健康配慮義務）を負うことから，当該義務を履行するために，労働者の健康情報を取得したり，利用したりする必要がある。

しかし，健康情報には，専門的な知識がなければ，その意味を正しく理解することが難しいものがある。健康情報に対する正しい理解を欠くために，重大な健

康リスクが見過ごされ，危険な就業を継続させてしまうことも，あるいは，過剰な反応を招いて，不必要な就業制限によって労働者が不利益を被ることも避けなければならない。

行政は，健康情報の取扱いに関係する数多くのガイドライン等を公表してきたが，これらがほぼ一様に示してきたのが，以下の4原則である（三柴，2018）。

①情報の取扱いに際しての本人同意
②産業医等，衛生管理者等による情報の集中的管理
③産業医等，衛生管理者等から使用者への情報提供に際しての情報の加工
④衛生委員会等での取扱いルールの策定

さらに，2018年6月に成立した「働き方改革関連法」による改正で労働安全衛生法に新設された条項に基づき，厚生労働省は，「労働者の心身の状態に関する情報の適正な取扱いのために事業主が講ずべき措置に関する指針」（2018年9月）を公表した。同指針は，すべての企業に，労使の協議により，労働者の健康情報の取扱いのあり方について取扱規程を策定し，労働者に広く周知させることを求めている。

X 母性保護と女性労働者への支援

1．母性保護の必要性

労働法上の女性労働者に対する考え方のうち，妊娠・出産に関する母性保護は，元来，一生を通じてすべての女性に影響を与える女性の体に備わった妊娠，出産，保育の機能（母性）が，労働によって妨げられることのないよう，労働の一定の制限を権利として保障することであった。

近年では，妊娠中または出産後も働き続ける女性が増加しており，働きながら子どもの出産・育児をすることができる環境を整備するという意味においても，重要性が増している。

2．女性労働者への支援

母体や胎児の健康を守るため，労働基準法は，産前6週間（多胎妊娠の場合は14週間）・産後8週間の休業の付与，妊婦の請求による軽易業務転換，妊産婦等の危険有害業務の就業制限，妊産婦の請求による時間外労働，休日労働・深夜労働の制限，1歳未満の子を育てる女性の請求による1日2回各30分の育児時間

第4章 働くことと法

の付与，生理休暇の付与等，さまざまな母性保護のための規定を設けている。

また，男女雇用機会均等法では，女性が保健指導又は健康診査を受けるための時間の確保，医師等からの指導事項を守ることができるようにするための措置（通勤緩和，休憩配慮，症状に対する措置等）が求められている。

このような母性保護を進める一方，女性労働者には，男女差別，セクシュアルハラスメントなどの社会的な課題が存在している。

これらの課題に対処するため，男女雇用機会均等法では，雇用管理の各ステージにおける性別を理由とする差別の禁止，妊娠・出産等を理由とする不利益取扱いの禁止，セクシュアルハラスメント対策等について定めている。

この他にも，妊娠中，産前・産後の女性労働者は，体調や精神面の変化が生じ，心身ともに不安定になりがちであり，十分な注意とケアが必要であるから，法規制が及んでいない場面においても積極的な支援が得られることが望ましい。

XI 育児・介護休業法

1．育児・介護のための就業支援

近年，少子高齢化が進み，子育てや介護のための時間を確保するとともに，女性の活躍の場を確保することの重要性が高まっている。そこで，1995（平成7）年に育児休業，介護休業等育児又は家族介護を行う労働者の福祉に関する法律（以下「育児・介護休業法」という）が制定され，子育てや介護などの家庭の状況によって時間的制約を抱えている労働者（特に女性労働者）のワーク・ライフ・バランスを実現することが試みられている。

2．休業・休暇の取得

労働者は，男女を問わず，1人の子について1回に限り，子が1歳に達する日までの連続した期間を特定して育児休業を取得できる。父母の労働者がともに育児休業を取得する場合は，子が1歳2カ月に達する日まで育児休業を取得でき（パパ・ママ育休プラス），保育所に入れない等の場合には，最長2歳に達するまで，育児休業を延長できる。育児休業中の賃金は，原則として無給となるが，雇用保険法（1974［昭和49］年制定）によって，休業を開始してから休業期間が通算して180日に達するまでの間は休業する前の賃金の67％，それ以降は50％が育児休業給付金として支払われる。

また，労働者は，要介護者1人につき，要介護状態になるごとに通算93日を

限度として3回まで介護休業を取得できる。ここでいう要介護状態とは，負傷，疾病または身体上もしくは精神上の障害により，2週間以上の期間にわたり常時介護を必要とする状態をいう。介護休業中の賃金は，育児休業中の賃金と同様に原則として無給であるが，雇用保険制度から休業する前の賃金の67％が介護休業給付金として支払われる。

長期間の休業の他にも，労働者は，育児・介護のため短期間の休暇を取得することができ，小学校就学する前の子を養育する労働者や介護その他の世話を行う労働者は，1年に5日（子・対象家族が2人以上の場合は10日）まで，看護休暇・介護休暇を取得することができる。

3．事業主が講ずべき措置

この他にも，育児・介護をする労働者を支援する観点から，3歳に満たない子を養育する労働者が子を養育するため，または要介護状態にある対象家族を介護する労働者がその家族を介護するため事業主に請求した場合には，事業主は所定労働時間を超えて労働させてはならない。また，これらの労働者に関しては，所定労働時間を短縮したり，フレックスタイム制や始業・終業時刻の繰上げ・繰下げなどの措置を講じたりしなければならない。

これと同様に，小学校に就学するまでの子を養育する労働者が養育するため，または要介護状態にある対象家族を介護する労働者がその家族を介護するため事業主に請求した場合には，事業主は1カ月14時間，1年150時間を超えて時間外労働をさせてはならない。この請求については，1回の請求で1カ月以上1年以内の期間を指定し，この請求は何回でもすることができる。また，同様にこれらの労働者が事業主に請求した場合には，事業主は午後10時から午前5時の深夜において労働させてはならない，1回の請求で1カ月以上6カ月以内の期間を指定し，この請求は何度でもすることができる。

これらの労働者の権利を保障するため，事業主は，労働者が育児・介護休業法に定める措置を求めたことまたは実行したことを理由に，解雇その他不利益な取扱いをしてならない。また，職場で行われる育児・介護休業等に関する言動によって育児・介護休業者等の就業環境が害されないよう，事業主は，就業規則などでハラスメントが発生した場合の方針を明確化し，その周知・啓発を行ったり，相談窓口を作って労働者の相談に対応するための体制を整備したりするなど，ハラスメントの防止のための体制のみならず労働者の意識の醸成を進めるよう留意しなければならない。

第4章　働くことと法

◼ XII　非正規労働者の保護

1．正社員との格差是正

　パート・アルバイト，契約社員・嘱託，派遣社員などの非正規労働者は，不況時には真っ先に人員削減の対象にされやすく，実際，2008年のリーマン・ショックの際には派遣社員を派遣する派遣元との契約を解除する「派遣切り」が横行するなど，その雇用は不安定である。企業としても，不況が深化し，市場の不安定さを受けて，人件費が安く，雇用調整のしやすい非正規労働者を増やす傾向にある。もっとも，パートタイム労働者，高齢の嘱託雇用者，専門技能を磨く派遣労働者など，非正規雇用を自ら選択している者もいるため，労働者の選択肢を広げている側面も否定はできない。

　そこで，非正規労働者の多様性は維持しつつ，非正規労働者の処遇を改善するための諸施策が講じられるようになってきた。

2．均等・均衡待遇ルールの強化

　「働き方改革関連法」によりパートタイム労働法や労働者派遣法が改正され，「同一労働同一賃金」の考え方のもと，以下のように，非正規労働者の待遇について正規労働者（正社員）の待遇との均等・均衡を強く求めるルールが法定されるに至った。

　「均等待遇」とは，職務の内容や責任の程度，異動や転勤の有無またはその範囲が同じであれば，正社員，契約社員，パート，アルバイトといった雇用形態にかかわらず，その待遇は同じにしなければならないという意味である。

　一方，「均衡待遇」とは，職務の内容や責任の程度，異動や転勤の有無またはその範囲などに差があるとするならば，その差の程度に応じた待遇の差にしなければならないということである。

　働き方改革関連法による改正では，すでに正社員に比して不合理な待遇は禁止されているパートタイム労働者や有期契約労働者の労働条件について，これをより強化し，基本給，賞与，各種手当，福利厚生，教育訓練等の個々の待遇ごとに，その性質，目的に照らして適切と認められる事情を考慮して不合理な待遇かどうかを判断することが明確化されている。

　また，有期契約労働者については，正社員と職務内容や職務内容・配置の変更範囲が同一の場合には，事業者は均等待遇を確保することが義務化された。

67

第1部　働くことを考える

派遣労働者についても，派遣先労働者との均等・均衡な待遇，あるいは同種業務の他の一般的な労働者の平均的な賃金と同等以上の賃金であることなどを満たす労使協定による待遇のいずれかを確保することが義務化されることとなった。

短時間労働者，有期雇用労働者および派遣労働者と正社員との待遇差がある場合には，事業主は，その待遇差を設けている理由を説明しなければならないとされ，説明義務の範囲が拡大されている。

これらの改正は，大企業では 2020 年 4 月から施行され，中小企業では 2021 年 4 月から施行される。もっとも，改正法の施行前から，正社員との待遇差が違法であることを主張する非正規労働者による訴訟が次々と提起されており，待遇差を違法と判断する判決が相次いでいるため，企業は早急な是正を迫られている。

■ XIII　定年制と高年齢者雇用安定法

1．労働力の減少と高齢化への対応

合計特殊出生率の低下が進む一方，医療技術の進歩などから平均寿命が伸長し，死亡率の低下が進むことによって，急激な少子高齢化社会へと向かっている我が国において，1975 年頃から，公的年金の支給開始年齢を長期的・段階的に 65 歳に引き上げる方針が政府で決定され，これに対応して，65 歳までの雇用の場を確保することが，大きな目標となっていた。これに対して，我が国の長期雇用慣行では，年功序列的な処遇を採用している企業が大多数を占めていたため，この当時，主流であった 55 歳定年制からの定年延長を一挙に進めることは困難であった。そこで，定年延長政策や定年後再雇用政策が段階的に進められた。

2．定年延長と継続雇用

まず，1994（平成 6）年の高年齢者雇用安定法改正により，60 歳を下回る定年は禁止され，さらに 2004 年の同法改正では，(i) 65 歳以上への定年の引上げ，(ii) 定年後も 65 歳まで引き続き雇用する制度（以下「継続雇用制度」という）の導入，(iii) 定年の定めの廃止のいずれかの雇用確保措置を講じることを企業の義務として定めた。

2012 年には，「全員参加型社会」の労働力政策が進められ，事業主に対し，希望者全員につき 65 歳までの雇用を確保すべき義務を課した。例外は，心身の故障のため業務に堪えられないと認められること，勤務状況が著しく不良で引き続き従業員としての職責を果たし得ないこと等，就業規則に定める解雇事由または

第4章　働くことと法

退職事由に該当する場合だけである。

　その他，継続雇用制度においては，賃金について，継続雇用される高年齢者の就業の実態，生活の安定等を考慮し，適切なものとなるよう努めなければならず，短時間勤務制度や隔日勤務制度など，高年齢者の希望に応じた勤務が可能となる制度の導入に努めることなどが事業主に運用指針上求められている。しかし，現実には，労働環境が変わっていないにもかかわらず，賃金が減少することが多く，一方では体力の低下等により今までの労働環境では働くことが困難になってしまうこともあり，今後も，高年齢者の就業の意識や状況を踏まえて，高年齢者を活かす雇用システムを検討し続ける必要がある。

XIV　障害者雇用促進法

1．障害者雇用の推進

　障害者の職業の安定を図ることを目的として，1960（昭和35）年に障害者雇用促進法が制定されたことを端緒に，我が国の障害者の雇用促進法制は，雇用義務，雇用率，雇用納付金の制度を中心として発展してきた。

　特に近年では，国際的にも障害者の社会参加・平等の促進の機運が高まるとともに，我が国でも障害者の就労意欲が高まっており，障害者が障害のない労働者と同様に，その能力と適性に応じた労働環境を得られるとともに，障害者が職業を通じて，自立した生活を送ることができるよう，雇用対策が進められるようになった。

　このような状況下，2013（平成25）年には障害者雇用促進法が改正され，より一層障害者雇用が推進されている。

2．法定雇用率・差別禁止・合理的配慮提供義務

　障害者雇用促進法により，従業員が一定数以上の規模の事業主には一定の障害者雇用率（「法定雇用率」）に相当する人数の障害者を雇用することが義務づけられている。法定雇用率の算定基礎に含まれる障害者は，身体障害者および知的障害者に加えて，2018年4月以降，精神障害者も含まれるようになり，法定雇用率は大幅に上昇している。2018年4月以降，民間企業の法定雇用率は2.2％であるが，2021年4月までに2.3％に引き上げられることになっている。

　障害者の法定雇用率を満たさない企業は一定の納付金を納めなければならず，この納付金は法定雇用率を超えて障害者を雇用する企業に支払う調整金や障害者

を雇用するために必要な施設設備費等の助成金に充てられている(障害者雇用納付金制度)。

また,2016年4月以降,雇用の分野における障害を理由とする差別的取扱いの禁止や,障害者が職場で働くに当たってその能力を発揮することを妨げる障壁を除去するための合理的配慮を提供すること(具体的にはスロープなどの物理的設備の環境整備,手話通訳者やジョブコーチなどの人的支援など)が事業主に義務づけられている。

XV 職場のハラスメントとメンタルヘルス対策

1. 職場のハラスメント

およそ人にとって働くことは,人格の表現であり,人格を涵養する豊かな営みのはずであるが,労働者は,その従属的地位ゆえか,ときに,職場において他人の人格の尊厳を脅かす言動に及ぶことがある。それゆえ,他人の人格的利益(身体的自由,自己決定権,名誉感情,プライバシー等)を侵害する行為である「ハラスメント」は,職場でこそ起きやすく,また,職場でこそ防止すべきものである。

我が国では,女性の社会進出に伴って,まず,セクシュアルハラスメント(セクハラ)の防止の機運が高まり,男女雇用機会均等法の1996(平成8)年改正によって事業主に配慮義務が課され,これは,2006(平成18)年改正によって措置義務へと強化された。事業主が講ずべき措置は,厚生労働大臣が定める指針(セクハラ指針)で具体的に示されている。すなわち,①事業主方針の明確化・周知・啓発,②相談と適切な対処のための体制整備,③事後の迅速かつ適切な対応,④プライバシー保護と不利益取扱い禁止の周知・啓発である。セクハラとは,「相手の意に反する性的言動」と説明されることが多いが,セクハラ指針は,さらに具体化し,セクハラを(i)対価型:職場において,労働者の意に反する性的な言動が行われ,それを拒否するなどの対応により解雇,降格,減給などの不利益を受けることと(ii)環境型:性的な言動が行われることで職場の環境が不快なものとなったため,労働者の能力の発揮に悪影響が生じること,と定義している。

女性のみならず男性も,セクハラの被害者になり得るが,さらに,2017(平成29)年に改正されたセクハラ指針では,LGBT(レズビアン,ゲイ,バイセクシュアル,トランスジェンダー)などの性的少数者も,セクハラ被害から守られるべき,事業主の措置義務の対象であることが明確にされた。

相手の意に反しなければ,セクハラにはならないとはいえ,性的な言動の受け

第4章 働くことと法

止め方，感じ方は人それぞれであり，世代によっても異なる。職場でのハラスメントは，内心で不快感や嫌悪感を抱いても，人間関係の悪化や雇用上の不利益などを懸念して，抗議・抵抗や会社への申告を控えることが少なくないことに留意すべきである。

　また，2016（平成28）年の男女雇用機会均等法と育児・介護休業法の改正では，マタニティハラスメント（マタハラ）についても，事業主にセクハラ対策と同様の措置義務が定められ，厚生労働大臣の指針も出された。マタハラとは，働く女性が，妊娠・出産・育児をきっかけに，職場で精神的・肉体的な嫌がらせを受けたり，妊娠・出産・育児などを理由とした解雇や雇い止め，自主退職の強要で不利益を被ったりするなどの不当な扱いを受けることである。マタハラを起こす背景には，性別役割分業の意識（「男が外で働いて，女が家事育児を担う」）や長時間労働を是とする意識（「長時間労働ができて一人前」），産休・育休などの制度利用を良く思わない職場風土，妊娠に関する無知（「病気・けがは不可抗力だが，妊娠は自分が望んだことでしょう」「妊娠は病気じゃない」）などがあると言われている。

　一方，近年，職場における「いじめ・嫌がらせ」や「パワーハラスメント（パワハラ）」といわれる事象が労働問題として顕在化し，厚労省都道府県労働局に寄せられる相談は急増しており，2012年以降，「いじめ・嫌がらせ」が相談件数のトップであり続けている。政府の「職場のいじめ・嫌がらせ問題に関する円卓会議ワーキング・グループ」が2012年にまとめた報告は，「職場のパワーハラスメント」を「同じ職場で働く者に対して，職務上の地位や人間関係などの職場内の優位性を背景に，業務の適正な範囲を超えて，精神的・身体的苦痛を与える又は職場環境を悪化させる行為」と定義し，その類型として，①身体的な攻撃（暴行・傷害），②精神的な攻撃（脅迫・名誉棄損・侮辱・ひどい暴言），③人間関係からの切り離し（隔離・仲間はずし・無視），④過大な要求（業務上明らかに不要なことや遂行不可能なことの強制，仕事の妨害），⑤過小な要求（業務上の合理性なく，能力や経験とかけ離れた程度の低い仕事を命じることや仕事を与えないこと），⑥個の侵害（私的なことに過度に立ち入ること），があるとしている。

　いよいよ，2019年5月，事業主にパワハラ防止のための措置を義務づける労働施策総合推進法改正案が国会で可決成立し，2020年4月（見込み）から施行されることになった（ただし，中小企業では2022年4月（見込み）まで努力義務）。同法は，パワハラを「職場において行われる優越的な関係を背景とした言動であって，業務上必要かつ相当な範囲を超えたものによりその雇用する労働者

71

第1部　働くことを考える

の就業環境が害されること」と定義し，その防止のために事業主が講じなければならない措置の具体的内容は，厚生労働大臣の指針により示されることになっている。同指針の中では，性的指向・性自認に関するハラスメント（「SOGIハラ」）や性的指向・性自認の望まぬ暴露（「アウティング」）も，防止すべきこととして明記される見込みである。

国際的には，2019年6月，国際労働機関（ILO）年次総会において，「仕事の世界における暴力とハラスメントの撤廃に関する条約」が採択された。同条約は，ハラスメントを直接禁止する法律の制定を求めているため，我が国でも条約批准に向けて，さらに法規制を強化する議論が進むことが予想される。

もっとも，現行法のもとでも，職場におけるハラスメントは，民事上，加害労働者の被害労働者に対する不法行為に基づく損害賠償責任や，企業の被害労働者に対する労働契約上の職場環境整備義務や安全・健康配慮義務の違反に基づく損害賠償責任が問われるものであり，実際，そのような訴訟も頻発している。

ハラスメントは，直接の被害にあった労働者の心身に悪影響を及ぼし，メンタルヘルス不調などの心身の健康被害の原因となることが多く，とりわけ，被害労働者の自殺という最悪の結果を招けば，企業と加害労働者は莫大な損害賠償責任を負うことになりかねない。長時間労働による精神障害や過労自殺の陰にもパワハラが伏在していることが多いと言われている。

また，ハラスメントは，直接の被害にあった労働者だけではなく，周囲の労働者にとっても心理的ストレスを与え，労働環境の悪化を招き，優秀な人材も流出しやすくなるなど，組織にさまざまな悪影響を及ぼす。企業は，ハラスメントを大きな経営リスクとして捉え，その防止，早期発見，迅速適切に対応することが求められている（第9章参照）。

2．メンタルヘルス対策

メンタルヘルス不調者の増加や過労自殺の悲劇を防ぐため，企業がその規模の大小にかかわらず，メンタルヘルス対策に本腰を入れることが急務であることは間違いがない。しかし，経営の本旨に従って業務と人事を適切に管理し，法令に従った安全衛生管理，違法な長時間労働の防止，ハラスメントの防止など，法が求める企業の当然の義務を履行するために必要な体制を構築して運用する他に，特別に行うべきメンタルヘルス対策があるわけではない。「職場は働く場所」であるのが大原則であって，メンタルヘルス不調を理由として，乱れた勤怠や不十分な労務提供を漫然と受け入れることは求められていない。

第4章 働くことと法

　WHO憲章の前文における「健康」の定義（「健康は単に疾病がないとか虚弱でないということではなく，身体的，精神的，そして社会的にも完全に良好な状態である」）の通り，健康は，「病気でないこと」とイコールではない。職場のメンタルヘルス対策も，うつ病等の精神疾患に関する健康教育・発症予防（一次予防），早期発見・早期治療（二次予防），機能回復・職場復帰支援（三次予防）に限られず，より広く，労働者の生活と人生の充実，企業の生産性向上と存続・発展に寄与するために，労働者一人ひとりと企業という組織全体の両方の心の健康レベルを引き上げる取り組みとして捉え，労使共に，職場が過度に医療化することがないように留意する必要がある。

　職場のメンタルヘルス対策は，職場のハラスメントを防止することと，それでも起きてしまったハラスメントに適切に対処する取り組みと表裏一体である。ハラスメントは，誰もが，加害者にも被害者にもなり得る，と言われる。被害労働者が，ハラスメントによって低下した心の健康レベルを回復するための支援を必要とするのはもちろん，加害労働者の方も，そもそもハラスメントに及んだ時点で，すでに心の健康レベルを低下させていることが度々あり，さらに，ハラスメントが発覚し，調査を受け，人事異動や懲戒処分の対象とされることによって心の健康レベルを低下させることから，やはり支援を必要としている。

　また，近年は，明らかに業務の適正な範囲の注意指導や業績評価，人事措置であるにもかかわらず，パワハラを受けたと主張して，執拗に，相手方の懲戒処分や異動を要求し，あるいは，自身が希望する部署への異動を要求する労働者も増えている。その背景として，当該労働者に現在の職場や仕事への不適応が見られることは珍しくない。

　したがって，職場のメンタルヘルスとハラスメント対策は，車の両輪として，個人と組織の双方の成長と適応を促進することを目指さなければならない。産業精神保健の向上のために公認心理師の貢献が期待される所以である。

3．大人の発達障害の増加

　職場のハラスメントとメンタルヘルス対策において，今日，欠くべからざるのは，大人の発達障害に関する知見と経験であろう。発達障害とは，自閉症スペクトラム障害や注意欠如多動性障害，学習障害等の諸疾患の総称であるが，現時点の医学においては，生まれつきの脳機能の特性（諸能力の極端な凸凹）であると認識されており，薬物療法による治療はできないか，その効果は限定的である。

　自閉症を除けば，発達障害に関する知見は比較的新しいことから，現在の大人

世代は,たとえ発達障害があったとしても認識されず,その特性に合わせた教育や訓練を受けることなく,あるいは,十分な挑戦や経験の機会を与えられないまま成長した人が多い。そのため,大学に入ったり,仕事に就いてから,場合によっては管理職になってから,その生きづらさに直面し,求められる業務を十分に遂行できなかったり,良好な人間関係を築けなかったりして不本意な職業キャリアに陥ったり,そのストレスゆえにうつ病や双極性障害等の二次障害を発症したりして苦労していることがある。また,発達障害の特性があると,どちらかと言えば,ハラスメントの被害者になりやすいが,管理職になると,ハラスメントの加害者として糾弾されることもある。

　発達障害は,誰でも多かれ少なかれその特性を持っているという意味で,スペクトラムであり,軽度やグレーゾーンを含めれば,発達障害の特性を持つ人は,他の精神疾患とは異なって,相当に大きな割合に及ぶ。仕事と個性・能力が上手く適合し,不足しがちな成功体験を積めば,かけがえのない貢献を期待できる戦力になる。企業は,発達障害に対する合理的配慮を,多様な労働者から潜在能力を引き出し,組織的な仕事に包摂するための"技法"として意識し,磨きを掛けることが賢明な人事方針であろう。

XVI　過労死・過労自殺の動向と対策

　1980年代後半から,過重労働による疲労の蓄積による脳・心臓疾患やそれを原因とする死亡(「過労死」という)が,さらに,2000年頃から,過重なストレスによるうつ病等の精神疾患やそれを原因とする自殺(「過労自殺」という)が社会問題化し,労災保険の業務上災害の認定申請や,使用者に対する安全配慮義務違反に基づく損害賠償請求が増加した。

　脳・心臓疾患に係る労災の支給決定件数は,2002年に300件を超えて以降,200件台後半～300件台で推移している。また,精神障害に係る労災の支給決定件数は,2014年以降400件台で推移している。このような状況下,過労死等防止対策推進法が2014(平成26)年に制定され,国として過労死等の防止のための対策に取り組むことが明確になった(第7章参照)。

第4章　働くことと法

XVII　「ブラック企業」問題と労働監督行政

1.「ブラック企業」

　ブラック企業とは，違法または悪質な労働条件で働かせ，違法な長時間労働，残業代不払い，パワーハラスメント，極端に離職率が高いなどの特徴がある企業のことをいう。労働組合の中央組織・連合のシンクタンク「連合総研」が定期的に実施している調査によると，企業に勤めている人のうち，4人に1人が「自分の勤め先が『ブラック企業』にあたる」と思っており，20〜30代の男性では3人に1人にのぼるとされている。

　労働者をいわば「使い潰す」ブラック企業では，労働者の心身の健康に一切の配慮をしないため，労働者保護のため，特に積極的な施策が講じられる必要がある。

2.労働行政による監督

　労働基準監督署では，事業所への立ち入り，資料の提出を求め，関係者に尋問を行う臨検監督を実施している。これは原則として予告なく実施される。臨検監督には，労働基準監督署自らの監督方針に従って計画的に行う「定期監督」に加えて，退職者を含む労働者等から違反実態の申告を受けて行う「申告監督」がある。近年では，労働者本人からではなく，過重労働を心配する家族からの申告も増えている。

　また，厚生労働省は，2015年から，違法な長時間労働が常態化している企業の企業名を公表する制度をスタートさせていたが，電通事件の社会問題化を機に，2017年5月から，「『過労死等ゼロ』緊急対策」として，同省と都道府県労働局の各ホームページに「労働基準関係法令違反に係る公表事案」（通称「ブラック企業リスト」）を掲載して，企業名や違反内容を公表するようになった。毎月，公表企業が追加され，ブラック企業リストへの掲載期間は，公表日からおおむね1年間とされている。

　このリストに掲載されるのは，以下の場合である。

　　①労働基準法，労働安全衛生法，最低賃金法等の疑いで検察官送致（いわゆる「送検」）された場合
　　②いまだ送検されておらず行政指導（是正勧告）の段階であっても，違法な長時間労

75

働や過労死等が複数の事業場で認められて経営トップが都道府県労働局長から指導を受けるに至った場合

　上記①は，企業規模を問わず，中小企業であっても，違法残業や残業代不払いなどで送検されれば，企業名を公表される。これに対して，上記②では，複数の事業場を有する社会的に影響力の大きい企業が対象とされており，中小企業は除かれている。

　また，監督強化のため，厚生労働省は，2017（平成29）年に，「過重労働特別対策室」（通称「かとく」）を設けて全国広域捜査の指導調整にあたるとともに，各都道府県の労働局に「過重労働特別監督監理官」を配置するなどして，有効に監督指導するための情報共有と一元的組織を確立した。

　現在では，全国の労働基準監督署は「労働基準行政情報システム」という専用回線でつながれ，各事業場に対する臨検監督の結果や労働者等からの申告の処理状況を蓄積するデータベースによって，労働基準監督署管轄を超えた情報共有ができるようになっている。これにより，複数の事業場を持つ企業であっても，すべての事業場での法違反状況が行政当局に把握されることになる。

　さらに，労働基準監督署内の労災担当部署と監督担当部署との情報共有と連携が強化されており，過労死等が発生し，労働者本人や遺族から労働基準監督署に対し労災申請（労働災害の認定請求）が出された場合，原則として1カ月以内にその事業場の臨検監督が実施されることになっている。

XVIII　「働き方改革」と労働時間上限規制

1．時間外労働の上限規制

　前述の通り，従前は，時間外労働の上限について，法律上の定めがなく，厚生労働大臣の告示「時間外労働の限度に関する基準」があるにすぎなかったが，働き方改革関連法では，時間外労働の上限について，法律上新たに，原則として1カ月45時間，1年360時間であることが定められ，三六協定（労使協定）の「特別条項」によって年6回を上限として延長できる場合であっても，時間外労働の上限は1年720時間であり，単月で1カ月100時間（休日労働を含む）未満，かつ，2〜6カ月の平均で1カ月80時間（休日労働を含む）以下でなければならないこととされた。

　この上限規制は，大企業については2019年4月から施行されているが，中小

第4章 働くことと法

企業については 2020 年 4 月から施行されることになっている。なお，自動車運転業務，建設事業，新技術・新商品等の研究開発，医師等には上限規制の猶予，特例，適用除外等がある。

2．勤務間インターバル規制

長時間労働の是正に関する施策としては，もっぱら賃金の時間外割増率の引き上げが議論されてきた。しかし，これはあくまで企業の自制を求めるアプローチに過ぎず，労働者の心身の健康確保に直結しておらず，労働者の健康により直接的にアプローチするべく労働時間そのものに対して上限を設定することが求められたのである。

もっとも，労働時間の上限があったとしても，労働者に対して，短期間に休みなく過重労働を課すことにより，心身への多大な被害を与えるおそれがある。特に，24 時間対応を求められる業界では，交替勤務や深夜労働など不規則な労働が課せられていることも多く，健康被害につながりやすいという実態がある。

このような状況を受けて，働き方改革関連法では，事業主は，前日の終業時刻と翌日の始業時刻の間に一定時間の休息の確保に努めなければならないとされた（勤務間インターバル規制）。

XIX　雇用平等とダイバーシティ＆インクルージョン

1．雇用差別の多様化

憲法 14 条（法の下の平等），労働基準法 3 条（均等待遇の原則）に基礎を置く雇用差別禁止の要請は，性別，年齢，障害による差別，非正規労働者か正社員かという雇用形態を理由とする差別など，時代の変化による社会の多様化に伴い，多様化・複雑化し，その質も変化している。

近年の労働改革では，政府主導の働き方改革においても，急速に進行する少子高齢化社会とそれによる人口・労働力の減少への対策として，ワーク・ライフ・バランスの確保が求められている。特に，柔軟な働き方の環境整備，さまざまな人材の活躍支援，私生活と仕事の両立など，労働参加の拡大が推進されている。

このような背景のもと，多様な人材を受け入れ，それぞれのライフスタイルに合わせた労働環境を整備しようとしている企業では，雇用差別の課題にも変化が生じるようになっている。

2．ダイバーシティ＆インクルージョン

　近年，企業では，女性や外国人など幅広い人材を活用し，従来はマイノリティになっていた人材を積極的に採用・登用し，企業においてその個人の文化的背景や個人的特質，さらには価値観やライフスタイル，組織観などの心理的傾向をも取り入れること（ダイバーシティ）によって，企業価値を高める活動が取り組まれている。

　もっとも，個々人のバックボーンの違いなどから軋轢が生じてしまうことも否定できない。特に価値観などが異なる人材が集まる労働環境においては，無意識下でストレスが溜まりやすい。例えば，外国人労働者を雇用した場合，日本人労働者と外国人労働者の互いの文化や言葉，仕事への考え方の違いがストレスとなり，働き始めの外国人労働者などは特に心理的被害を受けやすい。また，育児や介護のため，短時間勤務をしたり，突発的に欠勤したりしなければならない労働者の中には，周囲からの目や関係性を気にするあまり，心理的な圧迫を感じている者も多い。

　このようにダイバーシティを進めるだけでは，皺寄せを受けた他の従業員に不公平感が生じ，その原因となっている労働者を排除しようとするなど，職場内に新たな雇用差別が生まれることすらある。

　そこで，ダイバーシティのみならず，これらのマイノリティ人材を活かすため，組織内に存在する多様な人材を包摂して，対等に関わりあいながら，全ての従業員が，ありのままで組織に受け入れられていると感じられ，アイデアや経験をオープンにすることをためらわず，持てる力の100％を発揮し，相互に影響を与え合うことができる組織文化を形成すること（インクルージョン）が目指されるようになっている。テレワーク等の遠隔勤務や在宅勤務等へと働き方の選択肢を広げ，企業風土改革を通じて労働者の価値観を変え，受容性を高めるために，事業者は積極的に対策を講じていくことが求められている。

第 4 章　働くことと法

◆　学習チェック表
☐　主要な労働法について理解した。
☐　働き方改革関連法の主なポイントを挙げることができる。
☐　安全・健康配慮義務と合理的配慮提供義務について説明できる。
☐　企業が取り組むべき職場のハラスメント対策とメンタルヘルス対策への心理職の貢献について考察した。
☐　労働基準監督署による監督行政の重点を理解した。
☐　労働力の減少・多様化が職場にもたらす影響について考察した。
☐　労働者が労働法を知ることの意義について説明できる。

より深めるための推薦図書

菅野和夫（2017）労働法［第 11 版補正版］. 弘文堂.

鳥飼重和・小島健一監修（2017）社長のための残業時間規制対策. 日経新聞出版社.

吉岡利之（2017）今さら聞けない人事制度の基礎 48 話.（公財）日本生産性本部生産性労働情報センター.

池田智子編著（2016）産業看護学. 講談社.

今野晴貴（2012）ブラック企業―日本を食いつぶす妖怪. 文藝春秋.

高尾総司（2014）健康管理は社員自身にやらせなさい―労務管理によるメンタルヘルス対策の極意. 保健文化社.

川島聡・飯野由里子・西倉実季・星加良司（2016）合理的配慮―対話を開く，対話が拓く. 有斐閣.

佐藤恵美（2018）もし部下が発達障害だったら. ディスカヴァー・トゥエンティワン.

牧内昇平（2019）過労死―その仕事，命より大切ですか. ポプラ社.

　　文　　献
三柴丈典（2018）労働者のメンタルヘルス情報と法―情報取扱い前提条件整備義務の構想. 法律文化社.
高橋康二，堀有喜衣，浅尾浩ほか（2017）日本的雇用システムのゆくえ. 独立行政法人労働政策研究・研修機構.

第1部 働くことを考える

第5章

ワーク・ライフ・バランスとキャリア形成

金井篤子

> **Keywords** ワーク・ライフ・バランス，仕事と生活の調和（ワーク・ライフ・バランス）憲章，過労死，キャリア形成，キャリア教育

I ワーク・ライフ・バランス

1．ワーク・ライフ・バランスとは

　近年，政府による働き方改革の動きの中で，「ワーク・ライフ・バランス」というキーワードはほぼ定着してきた感がある。2007（平成19）年5月24日に発表された男女共同参画会議仕事と生活の調和（ワーク・ライフ・バランス）に関する専門調査会による『「ワーク・ライフ・バランス」推進の基本的方向中間報告〜多様性を尊重し仕事と生活が好循環を生む社会に向けて〜』では，ワーク・ライフ・バランスを「老若男女誰もが，仕事，家庭生活，地域生活，個人の自己啓発など，さまざまな活動について，自らが希望するバランスで展開できる状態」と定義している。これは例えば，男だから仕事だけ，とか，女だから家庭だけ，ということではなく，もしその人が仕事を5割で家庭を5割にしたいと思えば，男性でも女性でもそのことが実現するような社会づくりという意味が込められていると考えられる。

　しかし，ワーク・ライフ・バランスについて，先に政策を展開しているイギリスの貿易産業省では，「年齢，人種，性別にかかわらず，誰もが仕事とそれ以外の責任，欲求とを調和させられるような生活リズムを見つけられるように，就業形態を調整すること」と定義している（町田，2006）。この定義では，「就業形態を調整すること」と明記されていることが特徴的である。つまり，ワーク・ライフ・バランスは，仕事領域の調整によって実現するということが強調されているということである。従来の仕事生活における働き方が，人間らしく生きるための家庭や地域などの生活領域を阻害し，場合によっては，その犠牲の上に成り立っ

第5章　ワーク・ライフ・バランスとキャリア形成

ているという認識のうえで，働き方の転換を求めているといえよう。これらのことから，産業心理臨床の立場からは，いかに職場の環境を調整するかという点に力点が置かれなければならないことがわかる。

2．我が国におけるワーク・ライフ・バランス導入の背景

①少子化の問題

　我が国でワーク・ライフ・バランスが提唱されるにいたった要因としては主に次の2つが挙げられる。まず1つは，少子化の問題である。1989年の出生率が1966年の丙午を下回り，1.57ショックと呼ばれ，労働力の減少だけではなく，国力の低下が危惧された。これに対して，主に女性の仕事と子育てとの両立を支援するとともに，父親の子育て参加を促進する方向での施策が打たれてきている。1991（平成3）年には育児休業法（男女ともが育児休業を取得できる），1997（平成9）年には雇用機会均等法の改正より女性の働く環境の整備，1999（平成11）年には「育児をしない男を，父とは呼ばない」というポスターにより父親の育児参加を呼び掛け，2003（平成15）年には次世代育成支援対策推進法により子育てを支援したが，出生率はさらに低下し続け，2005年には1.26となった。そして，2007（平成19）年骨太の方針にワーク・ライフ・バランスが盛り込まれた。先の定義はその際に検討されたものである。その後，2010（平成22）年に「イクメンプロジェクト」がスタートし，話題となった。2016年には出生率は1.44となり，やや回復したが，十分でないことは明らかである。

②職場のメンタルヘルスの問題

　ワーク・ライフ・バランスが提唱されるにいたったもう1つの要因としては，働きすぎから生じる職場のメンタルヘルスの問題が指摘できよう。1980年代前半から，過労死の問題が顕在化し，その後は過労死，過労自殺問題として社会問題化した。過労死，過労自殺の実態として，脳・心臓疾患などの労災認定数を見てみると，2016年の脳・心臓疾患の労災認定数は260件（うち死亡107件），精神疾患の労災認定数は498件（うち死亡84件）であった。しかし，申請数はそれぞれ825件と1,586件であり，実際にはさらに多いと考えられる。過労死，過労自殺の多くは正社員の中年期男性だが，女性，若年者，非正規雇用の過労死認定も増えている。2016年には電通の新入社員が過労自殺し，2017年に労災が認定されたことにより改めて問題化していることは記憶に新しい。過度な仕事領域への関与は健康を損ない，さらに死という最悪の結果を引き起こすことについ

第1部　働くことを考える

ての認識が必要である。政府の動きとしては，2016（平成28）年に「働き方改革実現会議」を設置し，2018（平成30）年7月働き方改革法案が公布された。

3．仕事と生活の調和（ワーク・ライフ・バランス）憲章

「仕事と生活の調和（ワーク・ライフ・バランス）憲章」および「仕事と生活の調和推進のための行動指針」は，2007年に関係閣僚，経済界・労働界・地方公共団体の代表などからなる「官民トップ会議」において策定され，さらに2010年に新たな合意が結ばれたものである。

この「憲章」では，その前文において，「我が国の社会は，人々の働き方に関する意識や環境が社会経済構造の変化に必ずしも適応しきれず，仕事と生活が両立しにくい現実に直面している。誰もがやりがいや充実感を感じながら働き，仕事上の責任を果たす一方で，子育て・介護の時間や，家庭，地域，自己啓発などにかかる個人の時間を持てる健康で豊かな生活ができるよう，今こそ，社会全体で仕事と生活の双方の調和の実現を希求していかなければならない。仕事と生活の調和と経済成長は車の両輪であり，若者が経済的に自立し，性や年齢などにかかわらず誰もが意欲と能力を発揮して労働市場に参加することは，我が国の活力と成長力を高め，ひいては，少子化の流れを変え，持続可能な社会の実現にも資することとなる。そのような社会の実現に向けて，国民一人ひとりが積極的に取り組めるよう，ここに，仕事と生活の調和の必要性，目指すべき社会の姿を示し，新たな決意の下，官民一体となって取り組んでいくため，政労使の合意により本憲章を策定する」と述べられている。そのうえで，仕事と生活の調和が実現した社会について，「国民一人ひとりがやりがいや充実感を感じながら働き，仕事上の責任を果たすとともに，家庭や地域生活などにおいても，子育て期，中高年期といった人生の各段階に応じて多様な生き方が選択・実現できる社会」であると定義し，①就労による経済的自立が可能な社会，②健康で豊かな生活のための時間が確保できる社会，③多様な働き方・生き方が選択できる社会を目指す。また，関係者が果たすべき役割として，労使を始め国民による積極的取り組み，国や地方公共団体による支援を挙げている。また，「行動指針」では，2020年までに，フリーター数約178万人→124万人，週労働時間60時間以上の雇用者の割合10.0%→5%，年次有給休暇取得率47.4%→70%，第1子出産前後の女性の継続就業率38.0%→55%，男性の育休取得率1.23%→13%などの具体的な目標値などを提示した。

第5章 ワーク・ライフ・バランスとキャリア形成

4．ワーク・ライフ・バランスの支援に向けて

ところで，一口にワーク・ライフ・バランスといっても，現状はそれほど簡単なことではない。特に仕事と家庭を両立させようとすると，そこに，ワーク・ファミリー・コンフリクトという葛藤が生じる場合がある。妻が専業主婦の男性，共働きの男性，共働きの女性の3群でワーク・ファミリー・コンフリクトを比較した結果（金井篤子，2002），やはり，共働きの女性群のワーク・ファミリー・コンフリクトが最も高くなったが，一方，仕事関与や家庭関与とワーク・ファミリー・コンフリクトとの関連を検討したところ，共働き男性群では，図1に示さ

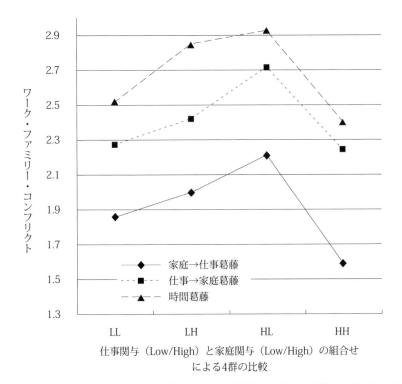

注：LLは仕事関与，家庭関与ともに低い群，LHは仕事関与は低く家庭関与の高い群，HLは仕事関与が高く，家庭関与の低い群，HHは仕事関与，家庭関与ともに高い群を示す。家庭→仕事葛藤は家庭での要求が仕事での達成を阻害する葛藤，仕事→家庭葛藤は仕事での要求が家庭での達成を阻害する葛藤，時間葛藤は仕事と家庭とで時間がないなど，忙しさから来る葛藤をそれぞれ測定した。いずれも，得点が高いほどその傾向が強いことを示す。

図1　仕事関与と家庭関与から見たワーク・ファミリー・コンフリクト（共働き男性群）
（金井篤子，2002）

れるように，①仕事関与と家庭関与の両方が高い群がもっともワーク・ファミリー・コンフリクトが低く，②仕事関与が高く，家庭関与が低い群がもっともワーク・ファミリー・コンフリクトが高くなった。すなわち，共働き男性は共働きであるがゆえに，家庭と仕事の両方に直面せざるを得ない状況にいると考えられるが，その場合，仕事と家庭の両領域に適度な関与を持つこと，すなわち，ワークとライフのバランスを取ることがもっともメンタルヘルス上好ましいと考えられる。

5．精緻化された分業の弊害

　一方，共働きの女性，妻が専業主婦の男性には，このような関連が見られず，個人の関与の程度にかかわらず，共働き女性はワーク・ファミリー・コンフリクトが高く，妻が専業主婦の男性のワーク・ファミリー・コンフリクトは低かった。これはいまだ伝統的性役割観の影響が強く，家庭内で分業が行われているためと考えられる。

　ワーク・ライフ・バランスを考える際には，伝統的性役割観の存在を無視することはできないが，しかし，「分業」により，いろいろ問題が生じたり，かえってリスクに対応できないことはすでに明らかとなっている。例えば，産業界においては，組み立てラインなどにおける分業による効率化は，産業の発展に大いに貢献したが，一方，高度に精緻化した分業が働く人間の歯車化を生み出し，人間性を剥奪したことは周知の事実である。同様に，家庭で伝統的性役割観に基づき，完全に分業していれば，夫がリストラされたときには，すぐに経済的な問題に直面するし，家庭で子どもが不登校になった場合などは，その背景に父親不在の問題が指摘されることも多い（妙木，1997）。

　分業が精緻化することにより，本来生きている私たちが経験すべき，他領域のさまざまな経験が剥奪された結果，自分の今関わっている領域以外の領域へのイマジネーションが欠如し，総体としての人間性を失ってしまうのである。金井篤子（2007）はこれを「精緻化された分業の弊害」と名付けている。すなわち，ワーク・ライフ・バランスの試みは，精緻化された分業から，人間性を取り戻す試みであるともいえるのである。産業心理臨床においては，ワーク・ライフ・バランスは支援のための非常に重要な概念の一つと考えることができる。

第5章　ワーク・ライフ・バランスとキャリア形成

II　キャリア形成

1．キャリアとは

①キャリアの語源

　キャリア（career）の語源は cart, chariot（荷車や戦車），あるいは，cararia（荷車や戦車が通過する道，わだち）とされる。経歴，生涯，生き方などと和訳されるが，最近ではキャリアということが多い。「荷車」「戦車」という語源には，何かを積んで運ぶ，移動するというイメージがあり，「道」や車輪の跡「わだち」という語源には，後ろを振り返れば来た道は続いており，前を向けばこれから行く道がこれもまた続いているというように，途中で途切れることなくつながる一本の道のイメージがある。これらから，キャリアは，身に付いた知識やスキルとともに，過去から現在に至り，そして未来につながっていくといったイメージを伴う。

　キャリアには少なくとも以下の4つの使い方がある（Hall, 1976）。まず，キャリア組，ノンキャリア組という言い方があるように，①昇進や昇格によって職業上の地位が上昇すること，次に，キャリア・ウーマンといったように，②医師，法律家，教授，聖職者などの，伝統的に評価されてきた専門的職業，③ある人が経験した仕事（職業）の系列，④職業に限らず，生涯を通じてのあらゆる役割や地位，ないし身分の系列，の4つである。①や②の使い方ではキャリアは一部の人にしかないことになるが，③や④の使い方では，キャリアは働いている人すべて，また，たとえ働いたことのない人にも，すべての人にあると考えることができる。

②ライフ・キャリアの虹

　スーパーSuper（1980）は，この職業に限らないキャリアをライフ・キャリアと呼んでいる。彼は，労働者としての役割の他に，子ども，学生，余暇享受者，市民，家庭人の役割を合わせて，人生における主な6つの役割を取り上げ，「ライフ・キャリアの虹（Life-Career Rainbow）」として表している（Super, 1990 図2）。図2は，ある人のライフ・キャリアの虹であり，図中の影の部分はその人がその時点において費やした時間とエネルギーの量を示している。

第1部 働くことを考える

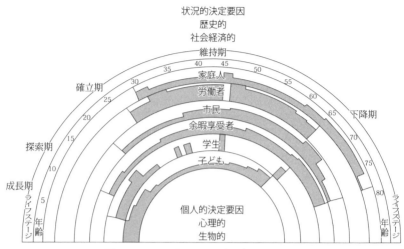

図2 ライフ・キャリアの虹（Super, 1990）

表1 キャリアの5つの特徴（金井篤子，2003）

特 性	特 徴
①系列性	個々の職業や経験を指すのではなく，その連なりを指す。
②生涯性	その連なりは，一生涯に渡る。
③因果と意味性	個々の職業や経験の連なりは個人によって，過去・現在・未来の時間軸上で意味づけられている。
④独自性	たとえ同じ職業，同じ系列を体験していても，その意味合いは個人により異なり，個々人に独自である。
⑤普遍性	キャリアは特別な人だけのものではなく，誰もが所有し，普遍的である。

③職業的キャリア

　ライフ・キャリアの虹でもわかるように，キャリアは人生全体を基盤として展開することへの理解は重要である。しかし，職業的キャリア（スーパーのいう労働者の役割）がこのライフ・キャリアの大きな核になることは間違いない。これについて，例えば，シャインSchein（1978）は「（職業的）キャリアとは生涯を通しての人間の生き方・表現である」と言っている。

　他に，金井壽宏（2002）は「成人になってフルタイムで働きはじめて以降，生活ないし人生（life）全体を基盤にして繰り広げられる長期的な（通常は何十年にも及ぶ）仕事生活における具体的な職務・職種・職能での諸経験の連続と，（大きな）節目での選択が生み出していく回顧的意味づけ（とりわけ，一見すると連続

性が低い経験と経験の間の意味づけや統合）と，将来構想・展望のパターン」と述べている。ここで強調されるのは，①組織内キャリアが人生の連続線上にあること，②職務などの経験の連続であること，③キャリアの節目での選択があること，の3点である。特に，節目の場面で自分なりのキャリアを選択することを金井壽宏（1999）はキャリア・デザインと呼んでいる。また，金井篤子（2003）は，これらのキャリアの特徴を表1のようにまとめている。

2．キャリア形成の理論

キャリア形成に関しては，特に産業革命以後多く論じられてきた。

①特性論的アプローチ

パーソンズ（Parsons, 1909）は，「職業指導の父」と呼ばれ，19世紀初頭，世界で最初の職業指導機関を開設した。当時アメリカ社会では，それまでの第一次産業から工業・商業などへの産業構造の変化に伴い，都市に労働者が集中したが，労働力として地方から駆り集められた若年層のうち，仕事にうまく適応できなかった者たちがそのまま浮浪者となり，町がスラム化するという状況が生まれていた。これに対し，パーソンズは適切な職業ガイダンスにより，青少年の適切な職業選択を促進して彼らの職業生活の確立を図れば，ひいては社会全体が改善されると考えたのである。職業ガイダンスでは，①自分自身（能力，適性，興味，希望，才能，欠点など）をはっきり知ること，②職業および職業に就くために必要な能力について理解すること，③自分自身と職業との間の関係を正しく推論することの必要性を論じた。ここから，職業に適合する個人の特性を明確化するウイリアムソン（Willamson, 1965）の特性研究などが展開した。

②発達段階理論

キャリア形成に関して，多くの発達段階の理論が論じられてきた。この理論の特徴として，生涯をいくつかの年齢段階に区切り，その段階における達成されるべき固有の課題と，達成されなかった場合の心理社会的危機，あるいは達成に伴う心理社会的危機を提示する。当該段階の固有の発達課題の達成・不達成は，その後の段階に何らかの影響を及ぼすと考えられている。

発達段階理論で代表的なものを見てみると，スーパー（Super, 1957）は，①成長期（受胎から14歳）②探索期（15歳から25歳）③確立期（25歳から45歳）④維持期（65歳まで）⑤下降期（65歳以降）の5段階を示している（図2）。ま

た，ミラーとフォーム（Miller & Formm, 1951）は，①就業準備期②初等就業期（14歳頃初めてのパートタイムや夏休みのアルバイト）③試行就業期（16歳から25歳正規の労働市場への参入，35歳まで一つの安定した地位が決定するまで）④安定就業期（35歳から60歳）⑤引退期（60歳ないし65歳に始まる）と，これも5段階を提唱している。

　これに対し，シャイン（Schein, 1978）は，特に組織内キャリアに焦点を当て，①成長・空想・探求（0歳〜21歳）②仕事世界へのエントリー（16歳〜25歳）③基本訓練（16歳〜25歳）④キャリア初期の正社員資格（17歳〜30歳）⑤正社員資格，キャリア中期（25歳以降）⑥キャリア中期危機（35歳〜45歳）⑦キャリア後期（40歳から引退まで）⑧衰えおよび離脱（40歳から引退まで）⑨引退の9段階を示した。

③その他のアプローチ

　その他，パーソナリティの六角形モデルのホランド（Holland, 1985），社会的学習理論を発表しているクランボルツ（Krumboltz, 1996），プロティアン・キャリアのホール（Hall, 1976），バウンダリーレス・キャリアのアーサーら（Arthur & Rousseau, 1996），キャリア意思決定理論のジェラッド（Gelatt, 1989），トランジッション（転機）について論じたブリッジズ（Bridges, 1980），シュロスバーグら（Schlossberg et al., 1995），統合的将来設計（Integrative Life Planing）を提唱したハンセン（Hansen, 1997），キャリア構築理論のサビカス（Savickas, 2006）などの理論家が理論を提出している。このように多くの理論の積み上げがあるものの，十分説明されていない部分や実証的に確認されていない部分も多く，今後のさらなる理論構築とその検証が期待されている。

3．キャリア・カウンセリング

①キャリア・カウンセリングとは

　キャリアの問題が注目されるにつれ，この問題を支援しようとするキャリア・カウンセリングの動きが出てきている。我が国では，2016（平成28）年に創設されたキャリアコンサルタント登録制度に2018年2月現在で3万3千人が登録をするなど，展開を見せている。

　キャリア・カウンセリングとは，渡辺・ハー（2001）によると，1）大部分が言語を通して行われるプロセスであり，2）カウンセラーとカウンセリィは，ダイナミックで協力的な関係の中で，カウンセリィの目標をともに明確化し，それ

第5章　ワーク・ライフ・バランスとキャリア形成

表2　個人のキャリア開発志向のアセスメントのための質問項目（金井篤子, 2007を一部改変）

①クライエントの現状（主訴に近いところから順に）
- クライエントの現在の仕事の具体的な内容
- 仕事の具体的な手順, 工程
- 職場の様子（チームの人数や構成, 同じフロアにある部署の名前や全体の人数, 雰囲気）
- 勤務する会社の業態, 社会的位置づけなど
- 仕事の組織内における位置づけ（組織図的な位置づけと重要性といった位置づけの両方を含む）
- その仕事を遂行するうえで必然性のある部署および人物（上司や同僚, 取引先の人物などを含む）
- クライエントを取り巻く人物の具体的な特徴や印象

②クライエントの現状を含むキャリア（内的・外的キャリア）
- その仕事や会社を選んだ理由（必要な場合は生育歴をさかのぼって聴く）
- 現在の仕事に就くまでの職歴

③クライエントのキャリア上の今後の希望（短期的・中長期的パースペクティブ）
- その仕事での今後の希望
- その会社での今後の希望
- ライフ・キャリア上の今後の希望（必要な場合は生育歴をさかのぼって, 小さいころに思っていたこと, いつかやりたかったこと, などを聴く）

④家族（例えば, 配偶者や子ども, 親）はクライエントの現状をどう考えていると思うか。

に向かって行動していくことに焦点を当て，3）自分自身の行為と変容に責任をもつカウンセリィが，自己理解を深め，選択可能な行動について把握していき，自分でキャリアを計画しマネジメントするのに必要なスキルを習得し，情報を駆使して意思決定していけるように援助することを目指して，4）カウンセラーがさまざまな援助行動をとるプロセスである。改正職業能力開発促進法第二条5（2016 [平成28] 年4月1日施行）では，キャリアコンサルティングと称しており，労働者の職業の選択，職業生活設計又は職業能力の開発および向上に関する相談に応じ，助言および指導を行うことをいうとされている。これが先に述べたキャリアコンサルタント登録制度である。

②キャリア・カウンセリングの方法

　金井篤子（2003）は，キャリア・カウンセリングの3つのステップとして，1）キャリア開発志向の明確化，2）キャリア・ストレッサーの明確化，3）複数キャリアの統合（将来を見込み，かつ現実的な），キャリア・カウンセラーが持っているべき3つの視点として，1）自己責任による選択と決定，2）パースペクティブと変化への自己効力感，3）複数領域の複数キャリアへの適度な，しかし積

極的な関与を挙げている。また，表2は個人のキャリア開発志向のアセスメントのための質問項目を示したものである。こういった質問項目を積み重ねて，個人の志向を丁寧に聞き取ることが必要である。

4．キャリア教育とは

　学校現場におけるキャリア教育も産業心理臨床の重要なテーマである。2011（平成23）年に中央教育審議会において取りまとめられた答申「今後の学校におけるキャリア教育・職業教育の在り方について」において，キャリアについては，「人が，生涯の中でさまざまな役割を果たす過程で，自らの役割の価値や自分と役割との関係を見いだしていく連なりや積み重ね」とし，キャリア教育について，「一人一人の社会的・職業的自立に向け，必要な基盤となる能力や態度を育てることを通して，キャリア発達を促す教育」としている。そして，「幼児期の教育から高等教育まで，発達の段階に応じ体系的に実施」することと，「さまざまな教育活動を通じ，基礎的・汎用的能力を中心に育成」することが強調されている。ここで，基礎的・汎用的能力とは，①人間関係形成・社会形成能力，②自己理解・自己管理能力，③課題対応能力，④キャリアプランニング能力の4点を指す。現在はこの答申に沿って，各学校現場でキャリア教育が展開されており，中央教育審議会における「新しい学習指導要領等が目指す姿」の中でも，さらなる充実の必要性がうたわれている。

◆学習チェック表
☐　ワーク・ライフ・バランスの必要性について理解した。
☐　ワーク・ライフ・バランス施策について理解した。
☐　キャリアの定義や理論について理解した。
☐　キャリア・カウンセリングについて理解した。
☐　キャリア教育について説明できる。

より深めるための推薦図書
　金井篤子編（2016）心の専門家養成講座8　産業心理臨床実践—個（人）と職場・組織を支援する．ナカニシヤ出版．
　山口裕幸・金井篤子編（2007）よくわかる産業・組織心理学．ナカニシヤ出版．
　山口智子編（2014）働く人びとのこころとケア—看護職・対人援助職のための心理学．遠見書房．
　渡辺三枝子編（2007）[新版]キャリアの心理学—キャリア支援への発達的アプローチ．ナカニシヤ出版．

第 5 章 ワーク・ライフ・バランスとキャリア形成

文　　献

Arthur, M. B. & Rousseau, D. M.（1996）*The Boundaryless Career*. Oxford University Press.
Bridges, W.（1980）*Transitions*. Addison-Wesley.（倉光修・小林哲郎訳（1994）トランジッション―人生の転機．創元社．）
Gelatt, H. B.（1989）Positive Uncertainty: A New Decision-making Framework for Counseling. *Journal of Counseling Psychology*, 36; 252-256.
Hall, D. T.（1976）*Careers in Organizations*. Scott, Foresman.
Hansen, L. S.（1997）*Integrative Life Planning: Critical Tasks for Career Development and Changing Life Patterns*. Jossey-Bass.
Holland, J. L.（1985）*Making Vocational Choices*. 2nd Edition. Prentice-Hall.（渡辺三枝子・松本純平・舘暁夫訳（1990）職業選択の理論．雇用問題研究会．）
金井壽宏（1999）経営組織．日本経済新聞社．
金井壽宏（2002）働くひとのためのキャリア・デザイン．PHP 新書．
金井篤子（2002）ワーク・ファミリー・コンフリクトの規定因とメンタルヘルスへの影響に関する心理的プロセスの検討．産業・組織心理学研究，15; 107-122.
金井篤子（2003）キャリア・カウンセリングの理論と方法．In：蔭山英順監修，森田美弥子・川瀬正裕・金井篤子編：21 世紀の心理臨床．ナカニシヤ出版，pp.212-227.
金井篤子（2007）ワーク・ライフ・バランスへの取り組み．In：伊藤裕子編：現代のエスプリ 485　男女共生社会をめざす心理教育．至文堂，pp.56-68.
金井篤子（2007）産業場面におけるカウンセリングのアセスメント．In：森田美弥子編：現代のエスプリ（別冊）臨床心理査定研究セミナー．至文堂，pp.115-126.
Krumboltz, J. D.（1996）A Learning Theory of Career Counseling. In: Savickas, M. & Walsh, B.（Eds.）, *Handbook of Career Counseling Theory and Practice*. Davies-Black.
クランボルツ Krumboltz, J. D.（2005）予期せぬ出来事から得る「偶然」を，自らのキャリアへと最大限に活用しよう［第 6 回慶應義塾大学キャリアラボ・シンポジウムより］．人材教育，10; 18-21.
町田敦子（2006）特集ワーク・ライフ・バランス―欧米の動向とわが国への示唆．*Business Labor Trend*, 370; 2-5.
Miller, D. C. & Formm, W. H.（1951）*Industrial Sociology*. Harper.
文部科学省中央教育審議会（2011）答申「今後の学校におけるキャリア教育・職業教育の在り方について」．http://www. mext. go. jp/b_menu/shingi/chukyo/chukyo0/toushin/1301877. htm（2018 年 5 月 1 日閲覧）
文部科学省中央教育審議会（2015）「新しい学習指導要領等が目指す姿」．http://www. mext. go. jp/b_menu/shingi/chukyo/chukyo3/siryo/attach/1364316. htm（2018 年 5 月 1 日閲覧）
妙木浩之（1997）父親崩壊．新書館．
内閣府男女共同参画会議仕事と生活の調和（ワーク・ライフ・バランス）に関する専門調査会（座長 佐藤博樹東京大学社会科学研究所教授）（2007）「ワーク・ライフ・バランス」推進の基本的方向中間報告―多様性を尊重し仕事と生活が好循環を生む社会に向けて．
Parsons, F.（1909）*Choosing a Vocation*. Houghton Mifflin.
Savickas, M. L.（2006）The Theory and Practice of Career Construction. In: Brown, S. D. & Lent, R. W.（Eds.）, *Career Development and Counseling: Putting Theory and Research to Work*. John Wiley & Sons, pp.42-70.
Schein, E. H.（1978）*Career Dynamics: Matching Individual and Organizational Needs*. Addison Wesley.（二村敏子・三善勝代訳（1991）キャリア・ダイナミクス．白桃書房．）
Schlossberg, N. K., Waters, E. B., & Goodman, J.（1995）*Counseling Adults in Transition: Linking*

第1部　働くことを考える

Practice with Theory. 2nd Edition. Springer.

Super, D. E.（1957）*The Psychology of Careers*. Harper.（日本職業指導学会訳（1960）職業生活の心理学．誠信書房.）

Super, D. E.（1980）A Life-span: Life-space Approach to Career Development. *Journal of Vocational Behavior*, 16; 282-298.

Super, D. E.（1990）A Llife-span: Life-space Approach to Career Development. In: Brown, D., Brooks, L., & Associates, *Career Choice and Development: Applying Contemporary Theories to Practice*. 2nd Edition. Jossey-Bass.

若林満（1988）組織内キャリア発達とその環境．In：若林満・松原敏浩編：組織心理学．福村出版，pp.230-261.

渡辺三枝子・E.L. ハー（2001）キャリアカウンセリング入門―人と仕事の橋渡し．ナカニシヤ出版.

Williamson, E. G.（1965）*Vocational Counseling*. Mcgraw-Hill.

92

第6章 産業臨床心理学の視点から

種市康太郎

Keywords　産業臨床心理学，職業性ストレスモデル，ワーク・エンゲイジメント，コーピング，ストレスチェック，多職種連携・協働

I 産業臨床心理学とは

　産業臨床心理学とは「産業・労働分野における臨床心理学」「産業・労働分野における心理臨床」という意味でここでは用いる。その意味では，産業臨床心理学と産業心理臨床は，ほぼ同義と考えてよい。

　産業臨床心理学（あるいは産業心理臨床）は，「働く」ことに関連した心理的支援を目的としている。金井（2016）は産業心理臨床を定義するにあたって，「働く」ことは多くの人にとって人生の大部分を占める事柄であり，「働く」ことは人生，すなわち「生きる」ことと大きく重なっているから，産業心理臨床は「働く」ことを通じて「生きる」ことを支援することであると述べている。

　産業臨床心理学が関与する活動について，図1に示した。これらの多くは本書第2部で述べられる各活動に重なっている。つまり，労働者個人だけでなく，労働者が所属する組織や職場環境も対象となる。また，扱う内容もストレスや疾病などから，動機づけ，生産性，キャリアなどの健康・ポジティブな領域までが含まれる。したがって，産業臨床心理学は公衆衛生学，臨床心理学，精神医学，産業組織心理学，経済学，経営学などの各学問分野と密接に関係する。また，働くことを対象とし，組織や会社全体を対象とすることから，従来の心理臨床の技法をそのまま用いようとしても上手くいかない場合もある。

　産業臨床心理学の知見は，公認心理師などの心理職だけでなく，医師・保健師・看護師などの他の産業保健スタッフ，さらには人事・労務スタッフなども活用できる。また，その知見を応用・実践するにあたって心理職は，他領域との連携を意識する必要がある。

第1部 働くことを考える

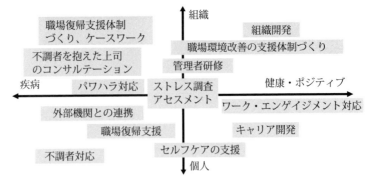

図1　産業臨床心理学が関与する活動

　類似の学問分野に，産業保健心理学（Occupational Health Psychology）がある。産業保健心理学は，労働生活の質の向上，および，労働者の安全，健康，安寧（well-being）の促進を目的とした心理学の応用分野と定義されている（Sauter et al., 1999）。

　産業保健心理学が扱う対象や内容も多岐にわたり（島津，2017），産業臨床心理学とも内容的に大きく重なっているといえる。違いを挙げれば，産業保健心理学は心理学の応用領域の一分野と位置づけられるのに対して，産業臨床心理学は，産業領域の心理臨床実践そのものを扱っているといえる。しかし，産業保健心理学も職場の諸問題の解決を目指しているし，産業臨床心理学においても実践内容を対象に研究を行うこともある。それらの点では共通しているといえる。

II　職業性ストレスモデル

　1960年代頃から，健康影響を予測する職業性ストレスに関する理論・モデルが作られている。

1．役割ストレスモデル

　これは，職場のストレッサーを役割葛藤（role conflict）と役割のあいまいさ（role ambiguity）の二側面から捉えたモデルである（Kahn et al., 1964）。役割葛藤とは，仕事上のある役割期待の圧力に応じることが，別の圧力に応じることを困難にさせるような，二組以上の圧力の同時発生と定義される。例えば，上司からもっと部下に仕事を急がせろと言われるが，部下からはこれ以上は仕事ができませんと言われる中間管理職のような状況である。

第6章　産業臨床心理学の視点から

一方，役割のあいまいさとは，仕事上の役割の遂行（または非遂行）がもたらす結果についての情報が存在しない，または情報が適切に伝達されていない状態である。仕事の目的があいまいで，見通しが立たないなどの例が考えられる。カーンら（Kahn et al., 1964）の調査により，役割葛藤および役割のあいまいさは，仕事に関する緊張の増加，満足感や自信の低下に影響を及ぼすことが明らかにされた。

2．仕事の要求度－コントロールモデル

　従来，仕事の要求度が高い状況，すなわち，仕事のペース・量・時間，仕事の集中度などが厳しい状況において健康問題は生じやすいと考えられてきた。しかし，このモデルを作成したカラセックKarasek（1979）は，職種によって仕事の要求度が健康問題に与える影響が異なることを調べ，重要なのは仕事のコントロール（裁量権があることや，知識や技術を使える範囲の広さ）であると考えた。
　このモデル（図2）では，（a）要求度が高く，コントロールも高い「積極群」，（b）要求度は低く，コントロールは高い「リラックス群」，（c）要求度は低いが，コントロールも低い「消極群」，（d）要求度は高く，コントロールは低い「ハイ・ストレイン（high-strain）群」の4つに分類し，（d）が最も心理的緊張が強まりやすく，心疾患などの身体疾患や精神的不健康のリスクが高いことを明らかにしている。その後，職場における社会的支援（social support）の要因が追加され，「仕事の要求度－コントロール－サポートモデル（Job demands-control-support model）」というモデルが提唱された。このモデルでは，要求度が高く，コントロールが低く，職場のサポートが少ない場合（Iso-Strain群という）に最も疾患リスクが高いとされている。

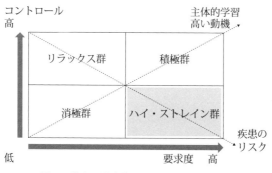

図2　仕事の要求度－コントロールモデル

3. ERIモデル

シーグリスト Siegrist (1996) によって考案された努力－報酬不均衡モデル (Effort-Reward Imbalance Model : ERIモデル) では，職業生活において費やす努力（仕事の要求度，責任，負担を総合したもの）に比して，そ

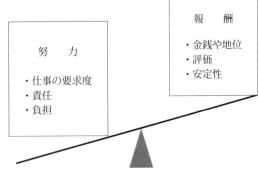

図3　努力－報酬不均衡（ERI）モデル

こから得られるべき，もしくは得られることが期待される報酬（経済的報酬，心理的報酬，キャリアに関する報酬）が少ない場合，すなわち，高努力／低報酬状態であることが最もストレスフルと想定される（図3）。簡単にいえば，「やっても報われない」状況がストレスを生むということである。この度合いは，努力－報酬比（ERI比）として計算され，疾患リスクを予測するために用いられる。これに，「オーバーコミットメント（仕事に没入しやすい特性）」が加わると，さらに疾患リスクが高まると考えられている。

4．NIOSH職業性ストレスモデル

NIOSH職業性ストレスモデル（Hurrell & McLaney, 1988）とは，米国国立職業安全保健研究所（NIOSH）によって作成されたモデルであり，仕事のストレッサー，ストレス反応，修飾要因（個人要因，仕事外の要因，緩衝要因）を包括的に捉えた職業性ストレスモデルである（図4）。仕事のストレッサーには「量的労働負荷」「仕事のコントロール」「技能の低活用」「役割葛藤」「役割の曖昧さ」など13尺度が含まれていて，これまでに多くの研究で検討されてきた職業性ストレス要因を網羅的に集めて作成したモデルといえる。

5．仕事の要求度－資源モデル

仕事の要求度－資源モデル（Schaufeli & Bakker, 2004）は，健康上の問題（健康障害）だけでなく，ワーク・エンゲイジメントを予測するために作成されたモデルである（図5）。ワーク・エンゲイジメントとは，仕事から活力を得て「いきいき」とした状態であり，「活力」「熱意」「没頭」の3つの要素から構成される。これは，バーンアウト（燃え尽き）と対になる概念である。エンゲイジメントの

第6章 産業臨床心理学の視点から

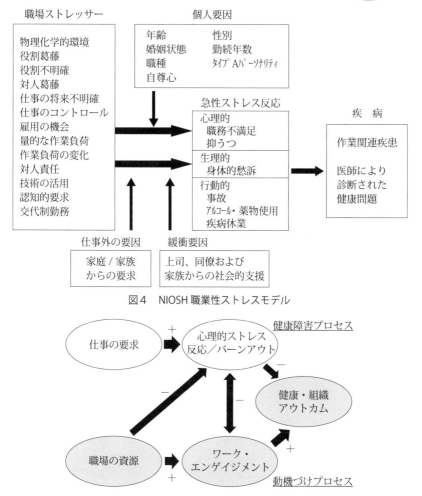

図4 NIOSH 職業性ストレスモデル

注）矢印の＋－は先のものに与える影響の方向性を意味する。＋は増加，－は減少に寄与する。

図5 仕事の要求度－資源モデル

高い従業員は，心身の健康が良好で生産性も高いことが明らかにされている。
「仕事の要求度－資源モデル」では，「健康障害プロセス」と「動機づけプロセス」の2つプロセスを想定している。「健康障害プロセス」は，仕事の要求度（仕事のストレス要因）→ストレス反応→健康・組織アウトカムの流れを指し，これまでの職業性ストレスモデルと同様のものである。一方，仕事の資源→ワーク・エンゲイジメント→健康・組織アウトカムの流れは，「動機づけプロセス」と言われる。

ワーク・エンゲイジメントを高める要因として取り上げられているのが仕事の資源と呼ばれるものであり，これは，作業や課題に関するもの（裁量権，仕事の意義など），チームや人間関係に関するもの（上司や同僚の支援など），組織のあり方に関するもの（経営陣との意思疎通など）の3つの水準に分けることができる。仕事の資源の向上は，ワーク・エンゲイジメントの向上だけでなく，ストレスの低減にもつながると考えられている。つまり，仕事の資源の充実が，健康の増進と生産性の向上とを両立させる鍵となる。

6．心理学的ストレスモデルとストレス・コーピング

職場限定のモデルではないが，心理学的ストレスモデルの代表的なものの一つとして，ラザルスとフォルクマン Lazarus & Folkman（1984）のモデルを紹介する。このモデルでは，認知的評価（cognitive appraisal）とコーピング（coping, 対処）がストレスの個人差を生じさせると考えられている（図6）。認知的評価は，現在の状況が個人の信念・価値・目標などを脅かすものといえるかどうか（一次的評価）と，その状況に対処可能かどうか（二次的評価）の2つから構成される。明日が締切の会計処理があり，終わらなければ会社に損害を与える場合には一次的評価では「脅威」と評価されるが，資料も準備できていて，時間も十分にあれば，二次的評価は「対処可能」と判断される。

個人の資源に負荷を与える，あるいは，その資源を超えると評定された外的・内的要請を処理するために行う認知的・行動的努力がコーピングである。コーピングは，問題そのものに対するコーピングである問題焦点型コーピングと，問題によって生じた情動に対するコーピングである情動焦点型コーピングとに分かれる。それ以外に，認知的か行動的か，積極的か消極的かなどの軸で分類される。

認知的評価とコーピングは，同じような職場の状況に置かれても，なぜ人によって健康障害に違いが生じるのかを説明するものとして有用である。これまでの職業性ストレスモデルには取り入れられていない視点であるため，最後に説明した。

図6　Lazarus & Folkman（1984）の心理学的ストレスモデル

第6章　産業臨床心理学の視点から

III　ストレスチェックの活用——職場ストレスモデルを背景に

1．ストレスチェック制度で用いられる調査票

　ストレスチェック制度（第7章参照）においては，職業性ストレス簡易調査票（57項目が標準版だが，数種類の版がある）が推奨されている。この調査票は，仕事のストレス要因，心身のストレス反応，ストレス反応に影響を与える要因（ソーシャルサポート，満足度）の三者から構成される（図7）。この構成は，前節4のNIOSHモデルに近い。本人が希望すれば医師面接を受けさせなければならない「高ストレス者」は，これらの三者の得点の組み合わせで決定される。

　ストレスチェック制度では，各個人の結果が示され，それがセルフケアのために活用される（島津・種市，2016）。また，組織全体や各部署の平均値が示され，それらは職場の環境改善や管理職者のコンサルテーションなどにも活用される（種市，2018）。

2．ストレスチェックのセルフケアへの活用

　ここでは，医師面接ではなく，本人が図7のストレスチェックを契機に自発的に相談に赴いたと仮定して，職業性ストレス簡易調査票の読み方と伝え方を説明

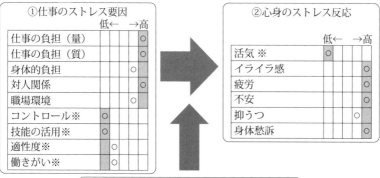

図7　職業性ストレス簡易調査票の概略と個人結果の例

99

する。

　職業性ストレス簡易調査票の読み方においては，まず，全体評価を説明する。高ストレス者であるかどうか，さらに，仕事のストレス要因，心身のストレス反応，ストレス反応に影響を与える要因の高低から，その個人の置かれている状況と結果としての心身の不調について予想されることを伝える。セルフケアにおける「ストレスへの気づき」は，職場でどのような状況にあり，負担を抱えているか，すなわち，職場のストレス要因（ストレッサー）への気づきからはじまる。

　労働者個人が結果の説明に納得するとは限らない。納得しなかった場合には，「ご自分ではどのように感じていらっしゃるんですか」と自身の受け止め方について聞き取ることで，労働者個人の理解を進めることができる。図7のように，すべてのストレス要因が高いと評価されている場合には，本人が最も感じているストレス要因から聞くことで状況が理解しやすくなる。

　その上で，本人の対処状況について質問する。ここでの聞き取りの背景には，前節6で述べた心理学的ストレスモデル，特にストレス・コーピングの理論が活用できる。その回答から，本人が十分に対処できているのか，負担を感じながらも何とか就業を継続できているのか，困難な状況なのかを読み取ることができる。

3．組織のアセスメントとコンサルテーションへの活用

　企業や組織全体，あるいは，各部署の集団分析結果は，職場の環境改善に活用できる。これは管理職者個人へのコンサルテーションにも使用できるし，管理職者を対象とするラインケア研修においても使用できる。

　ストレスチェックの調査票として推奨される職業性ストレス簡易調査票の標準版（57項目）には，職場のストレス要因や心身の不調など，ネガティブな項目が多く，「組織のここが悪い」と問題に注目がいきやすい。結果，原因探し，犯人探しになりやすい。また，管理職者自身も自分が責められるのではないかと感じ，身構えたり，非協力的だったりすることが多い。まずは，目的を丁寧に説明し，管理職者自身にとってもメリットがあることを説明する。

　次に，大まかな状況を説明する。その際，仕事のストレス判定図（図8，加藤，2000）を用いるとわかりやすい。ストレス要因の図は，前節2の仕事の要求度－コントロールモデルが背景にあるので，モデルの説明を行ってから結果を説明する。ここでの健康リスクとはオッズ比を100倍したものである。

　その後のコンサルテーションでは，次の5ステップを踏むと，管理職者に対して比較的協力的に職場の環境改善について考えてもらいやすい（種市，2018）。

第6章　産業臨床心理学の視点から

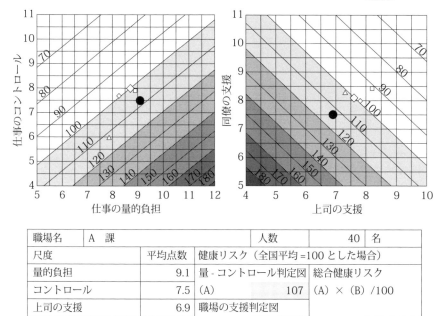

図8　職場のストレス判定図の例

①集団分析結果の数値の意味を理解し，自部署の結果を読み取ってもらう。②自部署の仕事上のストレスの特徴を読み取る。③これまで取り組んだストレス対策について振り返ってもらい，評価する。④今後取り組みたい対策について，選んでもらう。⑤改善対策の計画を具体的に立てる。一番のポイントは「原因を探し，悪いところを直すために改善策を講じる」のではなく，「今までやってきたことの中で良かったことを意識し，続けてもらう」という態度で臨むことである。

このように，前節で述べた職業性ストレスモデルの知識は，個人や組織の心理支援に役立てることができる。

IV　多職種との連携

産業・労働分野においては，さまざまな職種が関わって活動を行っている（種市・割澤，2018）。心理支援だけではなく，産業保健全体に関わっている職種で，特に連携・協働が必要な職種をまとめて図9に示した。順に説明する。

第1部　働くことを考える

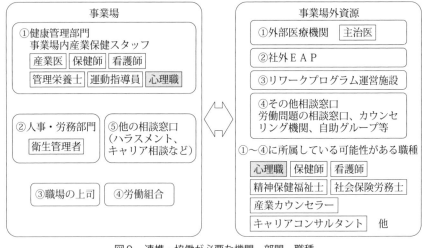

図9　連携・協働が必要な機関，部門，職種

1．事業場内の産業保健スタッフ

　事業場内の産業保健スタッフには産業医，保健師，看護師，衛生管理者などが含まれる。

①産業医：産業医は，事業場において労働者の健康管理等について，専門的な立場から指導・助言を行う医師のことである。産業医の専門は精神科や心療内科とは限らず，専門分野はさまざまある。また，大企業などでは常勤産業医を置かなければならないが，中小企業では嘱託での産業医（月に一度など，限られた時間で産業医業務を行う）の場合が多い。常時50人以上の労働者を使用する事業場では選任義務がある。産業医の職務は，健康診断，面接指導，作業や作業環境の管理，健康管理，健康教育，健康相談など幅広く，労働者の健康管理全般に関わる。メンタルヘルスの問題はその一部にすぎない。

②衛生管理者：事業場において，労働環境の衛生的改善と疾病の予防処置等を担当し，事業場の衛生全般の管理をする。衛生管理者も，常時50人以上の労働者を使用する事業場では選任義務がある。衛生管理者は，労働環境の衛生的改善と疾病の予防処置等を担当するが，それだけを行っているわけではなく，人事や労務の業務を担当する社員が兼任していることが多い。

③産業看護職：産業領域の保健師および看護師である。産業看護職は法的に専任義務はないが，産業保健を担う重要な役割を担っている。産業看護職は，健康障害の予防や，健康の保持増進，安全と健康に関する好ましい職場風土づくりなどに関わる。病院の一般的な看護職とは仕事の内容が大きく異なる。

　この他にも，大企業では，産業医として，内科などを専門とする医師の他に精

第 6 章　産業臨床心理学の視点から

神科医が雇用される場合もある。また，管理栄養士，運動指導員，作業環境の専門家などが含まれることがある。

2．事業場における主要部門との連携・協働

次に，事業場において連携・協働が必要となる部門や人を説明する。関わる者の多くはその企業で雇用されている従業員でもある。

① 人事・労務部門：人事・労務部門は，採用，人員配置，評価，勤怠管理，教育研修，社会保険や福利厚生手続き等が業務である。大学生であれば，採用などに注目しがちであるが，例えば，社員の不祥事などが生じた時も人事部門が対応にあたることが多い。メンタルヘルスでは，例えば，職場復帰支援などを行う時には，その会社での就業規則や「職場復帰支援プログラム」が鍵になることが多い。その作成や運用を担うのが人事・労務部門である。
② 職場の上司：職場の上司も従業員の心理支援を考える上では重要な連携・協働相手になり得る。なぜなら，例えば職場復帰支援を考える際には，職場での受け入れ体制や，復帰後のフォローなどの役割を担ってもらう必要があるからである。その他，心理職が管理者研修などでメンタルヘルスに関する知識や部下への対応方法を伝えることで，働きやすい職場づくりを実現してもらうことも不可能ではない。
③ 労働組合：企業・組織によっては労働組合が組織されている場合がある。従業員のメンタルヘルスに関する問題はその従業員の雇用の問題に関係することもある。また，ハラスメントの問題など，職場での悩みは労働組合に持ち込まれることも多い。労働組合の中心的役割を担う労働組合の役員は，日頃から従業員の悩みを聞いていて，職場の状況をよく把握している場合がある。

3．事業場外資源との連携・協働

企業・組織によっては，事業場外の資源を活用している場合もある。

① 外部 EAP（Employee Assistance Program）：外部の EAP 機関においても心理職，精神保健福祉士，産業カウンセラーなどが関わり，事業場から委託契約を受けて相談業務等を行っている。（EAP については第 8 章を参照のこと）
② 外部医療機関：外部医療機関としては精神科・心療内科などの病院・診療所が考えられる。従業員が外部医療機関に通院・入院している場合，当該機関との連携・協働が必要になる。
③ リワークプログラム：リワークプログラムとは，継続的に施設に通うことで生活リズムなどを整えると同時に，施設において軽作業やグループワークなどを行いながら，職場復帰に向けた準備を行うプログラムと定義できる。これらには，外部医療機関や社外 EAP 機関などが運営するものがあり，休職者の状態に関する情報を得るためには，リワークプログラムを運営する機関との連携・協働が必要となる。

第1部　働くことを考える

その他には，労働問題の相談窓口，外部カウンセリング機関，自助グループ等が考えられる。

4．連携にあたっての留意点

①心理職が置かれた立場と，見え方を意識する

心理職は，企業・組織の健康管理部門に置かれることもあれば，人事・労務部門に置かれることもある。また，事業場外の医療機関にいる場合もある。

その心理職が事業場外の医療機関にいる場合，得られるのは従業員の話だけであるから，自ずと従業員寄りの見方になる。一方，心理職が人事・労務部門に置かれている場合には，その上司の話や，職場の情報も入ってくるので，従業員の話は相対的に見えてくる。つまり，従業員が「上司が評価してくれない」と言っても，上司から見れば「そもそも遅刻が多い彼は評価に値しない」と思われているというような，両者の意見が聞こえてくるということである。中立を保つとは言うは易し，行うは難しである。

その時に，心理職が置かれている立場を意識することが重要である。事業場外にいれば，従業員寄りになりやすいが，本当にその話だけで考えてよいのだろうか。人事・労務部門にいれば，本人の気持ちに沿えないように感じることがあるが，それで本人の支援ができるのだろうか。そう考えた場合に，自分の立場だけで支援するのでなく，他の立場に属する産業保健スタッフや心理職と連携・協働し，補い合うことが必要になるのである。

②その職場で重視していること，スタッフの得意・不得意を意識する

企業・組織においては，心理職は他の産業保健スタッフよりも遅れて参入することが多い。その職場には元から重視していた課題，例えば，肥満対策，安全対策，禁煙対策などがある。それらの重視している課題を軽視して，心理職が自分の専門性を主張すると，話がかみ合わないばかりか，対立する。連携・協働は相手の思いを理解することからはじまる。重視している課題の背景を理解し，心理職ができることを考え，提案することが連携・協働の第一歩である。

また，産業保健スタッフには得意・不得意がある。個人面接は得意であるが，社員研修は苦手という産業保健スタッフにとって，率先して研修を担う心理職は頼もしく映るだろう。産業保健スタッフを一つのチームと例えるなら，心理職はそのチームに新たに加わった新参者である。チームメンバーの得意・不得意を理解することで，そのチームの強みや弱点，補うべき点がわかる。そこに貢献でき

第6章 産業臨床心理学の視点から

るように努力する。そのようにしてはじめて，心理職は産業保健チームにとって有用な存在として評価されるだろう。

◆学習チェック表
- □ 産業臨床心理学の特徴を理解した。
- □ 代表的な職業性ストレスモデルを説明できる。
- □ 職業性ストレス簡易調査票の概要を説明できる。
- □ 職場のストレス判定図と職業性ストレスモデルの関係を説明できる。
- □ 心理職が連携を必要とする職種・部門を説明できる。

より深めるための推薦図書

金井篤子編（2016）産業心理臨床実践．ナカニシヤ出版．
島津明人編著（2017）産業保健心理学．ナカニシヤ出版．
川上憲人（2017）基礎からはじめる職場のメンタルヘルス―事例で学ぶ考え方と実践ポイント．大修館書店．

文　献

Hurrell, J. J. Jr. & McLaney, M. A. (1988) Exposure to Job Stress: A New Psychometric Instrument. *Scandinavian Journal of Work, Environment & Health*, 14 (Suppl 1); 27-28.
Kahn, R. L., Wolfe, D. M., Quinn, R. P., Snoek, J. D., & Rosenthal, R. A. (1964) *Organizational Stress: Studies in Role Conflict and Ambiguity*. John Wiley.
金井篤子編（2016）産業心理臨床実践．ナカニシヤ出版．
Karasek, R. A. (1979) Job Demands, Job Decision Latitude, and Mental Strain: Implications for Job Redesign. *Administrative Science Quarterly*, 24; 285-308.
加藤正明（2000）労働の場におけるストレス及びその健康影響に関する研究報告書（労働省平成11年度「作業関連疾患の予防に関する研究」）．
Lazarus, R. S. & Folkman, S. (1984) Stress, Appraisal, and Coping. Springer Publishing Company.
Sauter, S. L., Hurrel, J. J. Jr., Fox, H. R., Tetrick, L. E., & Barling, J. (1999) Occupational Health Psychology: An Emerging Discipline. *Industrial Health*, 37; 199-211
Schaufeli, W. B. & Bakker, A. B. (2004) Job Demands, Job Resources and Their Relationship with Burnout and Engagement: A Multi-sample Study. *Journal of Organizational Behavior*, 25; 293-315.
島津明人編著（2017）産業保健心理学．ナカニシヤ出版．
島津明人・種市康太郎（2016）産業保健スタッフのためのセルフケア支援マニュアル―ストレスチェックと連動した相談の進め方．誠信書房．
Siegrist, J. (1996) Adverse Health Effects of High-effort/Low-reward Conditions. *Journal of Occupational Health Psychology*, 1; 27-41.
種市康太郎（2018）ストレスチェックの研修・コンサルテーションへの活用．産業ストレス研究，25; 235-238.
種市康太郎・割澤靖子（2018）第6章　産業・労働領域．In：鶴光代・津川律子編：シナリオで学ぶ心理専門職の連携・協働．誠信書房，pp.124-153.

第1部　働くことを考える

第7章

産業保健の視点から

島津明人・小田原幸

Keywords　産業保健，メンタルヘルス，労働安全衛生法，メンタルヘルス指針，4つのケア，ストレスチェック制度，過重労働，自殺対策

I　産業保健制度

産業保健とは，職場で働く人々の心身の健康を扱う研究および実践活動であり，生産性向上のための労働力の保全，労働者の健康の保持増進，快適な作業環境の形成を目的としている。

我が国では，戦後間もなく，労働基準法が制定・施行され，結核，赤痢，珪肺，重金属中毒などの防止，危害の防止，有害物の製造禁止，安全衛生教育，健康診断などの規定が定められた。昭和30年代には，急激な経済発展による職業性疾病や労働災害が多発し，後追い的に法改正が進められた。しかし，これらの後追い的な対応では困難が生じたことから，労働基準法の安全衛生に関する規定や労働安全衛生規則などを集大成した労働安全衛生法が1972（昭和47）年に制定，施行された。この労働安全衛生法のもと，各事業場では労働衛生の3管理と安全衛生教育が積極的に進められるようになった。

労働衛生における3管理は，作業環境管理，作業管理，健康管理の3つの視点から構成されている。作業環境管理には，有害因子の把握，有害性の把握，職場の適正化が含まれている。作業管理には，保護部の点検および管理，作業に関する姿勢・強度・速度・頻度・時間，人間工学，手工具の配置などが含まれる。健康管理には，健康診断，個人的健康リスクの把握，保健指導，栄養指導，心理相談，運動指導，健康相談，適正配置，保健統計などが含まれる。

産業保健におけるメンタルヘルス対策は，これまで労働安全衛生の枠組みで位置づけられ，メンタルヘルス不調への対応やその予防を中心に行われてきた。しかし，近年では，社会経済状況の変化やポジティブ心理学の流れを踏まえ，ワーク・エンゲイジメント（島津，2014）のようなメンタルヘルスのよりポジティブ

第7章　産業保健の視点から

な側面にも注目した対策が行われるようになってきた。

II　産業保健に関する施策と法令

1．メンタルヘルスに関する施策と法令の概要

　我が国の労働衛生は，社会状況の変化に応じて変遷を遂げてきた。本節では職場のメンタルヘルス対策に関する施策と法令の概要を紹介する（表1）。各施策や法令の詳細については，厚生労働省が作成したポータルサイト「こころの耳」に情報がまとめられているので，参照されたい（http://kokoro.mhlw.go.jp/guideline/）。

① THP指針

　労働安全衛生法に，メンタルヘルス関連の事項が初めて明確な形で盛り込まれたのは，1988（昭和63）年の改正によってであり，労働者の心身両面にわたる総合的な健康の保持増進を図ることが，事業者の努力義務とされた。そのための活動は，「事業場における労働者の健康保持増進のための指針」で示され，トータル・ヘルスプロモーション・プラン（THP）という呼称もつけられた。

② 快適職場指針

　1992（平成4）年の労働安全衛生法の改正では，「事業者が講ずべき快適な職場環境の形成のための措置に関する指針」（快適職場指針）が公表され，すべての労働者が疲労やストレスを感じることの少ない職場づくりが，事業者の努力義務となった。また，快適な職場づくりに向けた取り組み内容が，具体的に示された。快適職場指針では，物理化学的環境に関する事項が大半を占めたが，心理的ストレス対策として，疲労やストレスを軽減するための休憩室，相談に応じることのできる相談室などの確保も盛り込まれた。

③ 心理的負荷による精神障害等に係る業務上外の判断指針

　業務による心理的負荷を原因として精神障害を発症し，あるいは自殺したとして労働災害の請求が行われる事案が増加したことを踏まえ，1999（平成11）年に「心理的負荷による精神障害等に係る業務上外の判断指針」が示された。これにより，業務上により精神障害を発症，あるいは自殺した労働者に対する労働災害補償が行われるようになった。この指針は数回改正され，2011（平成23）年には「心理的負荷による精神障害の認定基準」が示された。これに伴い，上述し

第1部　働くことを考える

表1　職場のメンタルヘルス対策に関する主な施策と法令

施策の名称	経緯，目的
労働安全衛生法	1972（昭和47）年に制定された労働者の安全と衛生についての基準を定めた日本の法律。職場における労働者の安全と健康を確保するとともに，快適な職場環境の形成と促進を目的とする。
事業場における労働者の健康保持増進のための指針（THP）	1988（昭和63）年に策定。事業場において事業者が講ずるよう努めるべき労働者の健康の保持増進のための措置（以下「健康保持増進措置」という。）が適切かつ有効に実施されるため，当該措置の原則的な実施方法について定めた。
事業者が講ずべき快適な職場環境の形成のための措置に関する指針（快適職場指針）	1992（平成4）年に策定。すべての労働者が疲労やストレスを感じることの少ない職場づくりが，事業者の努力義務となった。快適な職場づくりに向けた取り組み内容が，具体的に示された。
心理的負荷による精神障害等に係る業務上外の判断指針	1999（平成11）年に策定。精神障害の労災請求件数の大幅な増加に伴い審査の迅速化や効率化を図るために制定された。
事業場における労働者の心の健康づくりのための指針	2000（平成12）年に策定。職場のメンタルヘルス対策の実施方法について総合的に示したもの。心の健康の保持増進を目的とする初めての施策。
労働者の心の健康の保持増進のための指針（メンタルヘルス指針）	2006（平成18）年に策定。事業場において事業者が講ずる労働者の心の健康の保持増進のための措置（以下「メンタルヘルスケア」）が適切かつ有効に実施されるよう，ケアの原則的な実施方法について定めたもの。
ストレスチェック制度	2014（平成26）年に策定。50人以上の事業場において従業員に対して「心理的な負担の程度を把握するための検査」，いわゆるストレスチェックを実施することが義務づけられた。メンタルヘルス不調の未然防止である一次予防の強化が目的。

た判断指針は廃止された。

④事業場における労働者の心の健康づくりのための指針

　2000（平成12）年，職場におけるメンタルヘルス対策の実施方法について総合的に示した「事業場における労働者の心の健康づくりのための指針」が策定された。この指針は，職場における心の健康の保持増進を目的とする初めての施策である。この指針の特徴として，次の3点が挙げられる。

　1）メンタルヘルス不調の一次予防（未然防止）が重視されたこと
　2）「心の健康づくり計画」による組織的な対策が求められたこと
　3）「4つのケア」などの具体的な推進方法が提示されたこと

　これらの特徴は，事業場におけるメンタルヘルス対策を，一部の専門家に任せるのではなく，事業場の全員が役割を持ちながらシステムとして取り組むことを示している。

第7章　産業保健の視点から

　本指針では「メンタルヘルス不調」という概念が用いられているが，ここでは精神および行動の障害に分類される精神障害や自殺だけでなく，ストレスや強い悩み，不安など，労働者の心身の健康，社会生活および生活の質に影響を与える可能性のある精神的および行動上の問題を幅広く含む点に留意する必要がある。

⑤労働者の心の健康の保持増進のための指針（メンタルヘルス指針）
　2006（平成18）年の労働安全衛生法の改正に伴い「労働者の心の健康の保持増進のための指針」（メンタルヘルス指針）が策定され，本指針に沿ったメンタルヘルス対策を行うことが事業者の努力義務となった。本指針は，2000年に出された「事業場における労働者の心の健康づくりのための指針」とほぼ同様の内容である。しかし，職場復帰支援，個人情報保護，衛生委員会などによる調査審議に関する項目が追加された点が異なっている。
　本指針はその後，後述するストレスチェック制度を含めたメンタルヘルス対策の積極的推進を盛り込んだ改正が，2015（平成27）年11月に行われている。

⑥ストレスチェック制度
　2014（平成26）年6月の改正労働安全衛生法により，50人以上の事業場における「心理的な負担の程度を把握する検査」（ストレスチェック）の制度が義務化された。本制度の主な目的は，メンタルヘルス不調の一次予防であり，高ストレスと判定され，本人が希望した者に対する医師による面接指導が事業者に義務化されるとともに，ストレスチェックの結果を集団分析し，分析結果をもとに職場改善を図る取り組みが，努力義務となった。

2．過重労働による健康障害への対策

①過重労働対策
　2005（平成17）年11月の労働安全衛生法の改正（2006［平成18］年4月施行）により，その第18条および労働安全衛生規則第22条に規定されている衛生委員会の調査審議事項に，「長時間にわたる労働による労働者の健康障害の防止を図るための対策の樹立に関すること」および「労働者の精神的健康の保持増進を図るための対策の樹立に関すること」が含められた。衛生委員会は，労働者の衛生に関する事がら全般を調査・審議する場であり，労働者数50人以上のすべての事業場で，月に一度の開催が義務づけられている。
　2005年の改正では，長時間労働者に対する医師による面接指導も義務づけられ

第1部　働くことを考える

た（第66条の8）。いわゆる過重労働による健康障害の防止を図る取り組みである。2008（平成20）年4月からは，それまで実施が猶予されていた50人未満の事業所においても長時間労働を行う労働者への医師面接が行われることになった。

　この医師面接では，脳・心臓疾患のリスクとともに，メンタルヘルス面，特に気分障害圏の不調に関する評価を行われなければならず，必要に応じて，専門医の受診勧奨や就業上の配慮もなされることになっている。その背景には，1980年代以降，長時間労働をはじめとする過重労働が循環器疾患の発症だけでなく，メンタルヘルス不調にも影響を及ぼすことが指摘されている点が挙げられる。

②過労死等防止対策推進法

　過労死は，1980年頃から社会問題化されているが，それ以前から，日本の職場環境の問題点が指摘されてきた。2013年には，人権を保障する多国間条約の履行状況を審査する国連の社会権規約委員会が，日本政府に対して長時間労働や過労死の実態に懸念を示したうえで，防止対策の強化を求める勧告を行った。これを受けて，2014（平成26）年6月に過労死等防止対策推進法が公布され，同年11月に施行された。

　この法律の目的は，過労死などに関する調査研究によって過労死などの防止対策を推進し，仕事と生活のバランスをとり，健康で充実して働き続けることのできる社会の実現を目指すことにある。その背景には，近年，我が国で過労死などが多発し大きな社会問題となっていること，過労死などが遺族や家族だけでなく社会にとっても大きな損失であること，などが挙げられる。この法律において「過労死等」とは，業務における過重な負荷による脳血管疾患もしくは心臓疾患を原因とする死亡，業務における強い心理的負荷による精神障害を原因とする自殺による死亡，業務における過重な負荷または強い心理的負荷による脳血管疾患，心臓疾患もしくは精神障害と定義されている。

③過労死等の防止のための対策に関する大綱

　過労死等防止対策推進法に基づき2015（平成27）年7月には「過労死等の防止のための対策に関する大綱」が定められ，調査研究，啓発，相談体制の整備，民間団体の活動に対する支援の4つの対策を重点的に実施することが示された。これにより，事業者は，時間外・休日労働の削減，有給休暇の取得促進，労働時間などの設定の改善，労働者の健康管理に関する措置の徹底などの措置を講じる努力が必要となった。

2018（平成30）年7月には，この大綱の変更（いわゆる「新大綱」）が閣議決定され，以下の5つのポイントが提示された。

1）新たに「過労死等防止対策の数値目標」を設定。
2）「国が取り組む重点対策」において「長時間労働の削減に向けた取組の徹底」「過重労働による健康障害の防止対策」「メンタルヘルス対策・ハラスメント対策」を明記。
3）調査研究における重点業種等として，建設業，メディア業界を追加。
4）勤務間インターバル制度を推進するための取組や，若年労働者，高年齢労働者，障害者である労働者等への取組を新たに記載。
5）「職場におけるハラスメント」の予防・解決のための取組を記載。

3．職場における自殺の予防と対策

①自殺対策基本法

　自殺は，個人的問題だけでなく，その背景にさまざまな社会的要因があることから，総合的な対策の確立が求められる。我が国では，2006（平成18）年に自殺対策基本法が制定され，2016（平成28）年4月1日に改正自殺対策基本法が施行された。改正自殺対策基本法では，自殺対策の理念の明確化と地域自殺対策推進の強化が盛り込まれた。

　自殺対策基本法の目的は，自殺対策を総合的に推進して自殺の防止を図ること，自殺者の親族などに対する支援の充実を推進する点にある。この法律の基本理念として，自殺対策は，生きることの包括的な支援として，生きる力を基礎として生きがいや希望を持って暮らせるよう，その妨害要因の解消と環境の整備と充実が挙げられる。また，自殺は個人的な問題ではなく複合的な要因を背景に発生すると考え，社会的な取り組みの必要性が述べられている。さらに，自殺の事前予防（プリベンション prevention），自殺発生の危機への対応（インターベンション intervention）および自殺あるいは自殺未遂の事後対応（ポストベンション postvention）の各段階に応じた効果的な対策が，関係者相互の密接な連携の下に実施される必要がある。ここでの関係者には，国，地方公共団体，医療機関，事業主，学校，自殺の防止などに関する活動を行う民間の団体など，多岐にわたる点が特徴である。

②自殺総合対策大綱

　自殺総合対策大綱は，自殺対策基本法に基づき，政府が推進すべき自殺対策の

第1部　働くことを考える

指針として定めるものである。2007（平成 19）年 6 月に最初の大綱が策定された後，2008（平成 20）年 10 月に一部改正，2012（平成 24）年 8 月に初めて全体的な見直しが行われた。その後，2016（平成 28）年の自殺対策基本法の改正や我が国の自殺の実態を踏まえ，2017（平成 29）年 7 月に「自殺総合対策大綱〜誰も自殺に追い込まれることのない社会の実現を目指して〜」が閣議決定された。

　見直し後の大綱では，地域レベルの実践的な取り組みの更なる推進，若者の自殺対策，勤務問題による自殺対策の更なる推進，自殺死亡率を先進諸国の現在の水準まで減少させ，2026 年までに 2015 年比 30％以上減少させることを目標として掲げている。自殺の総合対策においては，「誰も自殺に追い込まれることのない社会の実現」を基本理念としている。同大綱では，自殺はその多くが追い込まれた末の死であること，年間自殺者数は減少傾向にあるが，非常事態はいまだ続いていること，地域レベルの実践的な取り組みについて PDCA サイクル（Plan［計画］－ Do［実施］－ Check［評価］－ Act［改善］）を通じて推進することを示している。

■ Ⅲ　産業保健におけるメンタルヘルス対策

1．メンタルヘルス対策の考え方と進め方

①意義と目的

　職場においてメンタルヘルス対策を行う意義と目的は，以下の 3 点にある。

　1）健康の保持増進

　労働安全衛生法では，事業者は労働者の健康の保持増進を図るために必要な措置を継続的かつ計画的に講ずるよう努めなくてはならないとされている。したがって，職場におけるメンタルヘルス対策は，労働者の健康の保持増進を図るうえで重要な活動となる。

　2）労働生活の質の向上と事業場の活力の向上

　職務満足感，働きがい，生産性をはじめとする労働生活の質の向上には，良好な心の健康が不可欠である。職場のメンタルヘルス対策は，労働者の労働生活の質を向上させ，ひいては事業場全体の生産性や活性化につながることが期待される。

　3）リスクマネジメント

　メンタルヘルス上の問題により，作業効率の低下，事故の発生，長期休業の発生などが生じた場合における労働力の損失は大きい。したがって，メンタルヘル

第7章　産業保健の視点から

ス対策は，企業の生産性および安全の確保におけるリスクマネジメントとしても推進する意義がある。

②メンタルヘルス対策の考え方

　労働者のストレス要因は，職業生活だけでなく，家庭生活や地域生活などさまざまな領域に存在している。そのため，心の健康づくりでは，労働者自身が，自らのストレスに気づき，そのストレスに対処するセルフケアが重要になる。しかし，職場のストレス要因は，労働者自身の努力だけでは低減・除去できないものもあり，労働者の心の健康づくりを推進するには，事業者によるメンタルヘルスケアの積極的推進が必要である。

　事業者は，後述するストレスチェック制度を含めた事業場におけるメンタルヘルス対策を積極的に推進することを表明するとともに，衛生委員会などにおいて十分に調査審議を行い，「心の健康づくり計画」を策定する。対策の実施に際して，後述する「4つのケア」が継続的かつ計画的に行われるよう関係者に対する教育研修・情報提供を行い，「4つのケア」を効果的に推進し，職場環境などの改善，メンタルヘルス不調への対応，休業者の職場復帰のための支援などを円滑に行う。

　事業者は，メンタルヘルス対策を推進するに当たって，1）心の健康問題の特性，2）労働者の個人情報の保護への配慮，3）人事労務管理との関係，4）家庭・個人生活などの職場以外の問題，の4点にも留意する必要がある（労働者の心の健康の保持増進のための指針，2015［平成27］年改正）。

③心の健康づくり計画

　メンタルヘルス対策は，中長期的視野に立って，継続的かつ計画的に行うことが重要であり，その推進に際しては，事業者が労働者の意見を聞きつつ事業場の実態に則した取り組みを行う必要がある。このため衛生委員会などにおいて十分調査審議を行い，「心の健康づくり計画」を策定する。

　メンタルヘルス指針では，以下の7点を計画に盛り込むことが述べられている。

1）事業者がメンタルヘルスケアを積極的に推進する旨の表明に関すること
2）事業場における心の健康づくりの体制の整備に関すること
3）事業場における問題点の把握及びメンタルヘルスケアの実施に関すること
4）メンタルヘルスケアを行うために必要な人材の確保及び事業場外資源の活用に関すること

113

第1部　働くことを考える

　5）労働者の健康情報の保護に関すること
　6）心の健康づくり計画の実施状況の評価及び計画の見直しに関すること
　7）その他労働者の心の健康づくりに必要な措置に関すること

　心の健康づくり計画の実施に際しては，ストレスチェック制度の活用や職場環境などの改善を通じて，メンタルヘルス不調を未然に防止する「一次予防」，メンタルヘルス不調を早期に発見し，適切な措置を行う「二次予防」およびメンタルヘルス不調となった労働者の職場復帰支援などを行う「三次予防」が円滑に行われる必要がある。

④4つのケア
　職場のメンタルヘルス対策においては，次の4つのケアを継続的かつ計画的に行うことが重要である（表2）。
　1）セルフケア
　労働者自身がストレスに気づき，気づいたストレスに対処するための知識と方法を身につけ，実施することをいう。ストレスへの気づきを促すために，ストレスチェック制度によるストレスチェックの実施を活用できるが，ストレスチェックとは別に，随時，セルフチェックを行う機会を提供することも効果的である。
　2）ラインによるケア
　管理監督者，すなわち上司が，部下のメンタルヘルス対策のために行う活動のことをいう。管理監督者は，部下である労働者の状況を日常的に把握しており，また，個々の職場における具体的なストレス要因を把握し，その改善を図ることができる立場にある。そのため，管理監督者には，職場環境などの把握と改善，労働者からの相談対応を行うことが求められている。
　3）事業場内産業保健スタッフなどによるケア
　事業場内産業保健スタッフなどは，セルフケアやラインによるケアが効果的に実施されるよう，労働者や管理監督者を支援する。事業場内産業保健スタッフなどは，心の健康づくり計画やその実施，メンタルヘルスに関する個人の健康情報の取扱い，事業場外資源とのネットワークの形成など，メンタルヘルス対策において中心的役割を果たす。
　事業場内産業保健スタッフなどの定義には，産業医など，衛生管理者など，保健師など，心の健康づくり専門スタッフ，人事労務管理スタッフ，事業場内メンタルヘルス推進担当者が含まれている。心の健康づくり専門スタッフには心理職

第7章　産業保健の視点から

表2　職場のメンタルヘルス活動における4つのケア
（厚生労働省，2012を基に作成）

心の健康づくり計画の策定
↓

4つのケア	
セルフケア	・ストレスやメンタルヘルスに対する正しい理解 ・ストレスへの気づき ・ストレスへの対処
ラインによるケア	・職場環境などの把握と改善 ・労働者からの相談対応 ・職場復帰における支援，など
事業場内産業保健スタッフ などによるケア	・具体的なメンタルヘルスケアの実施に関する企画立案 ・個人の健康情報の取扱い ・事業場外資源とのネットワークの形成やその窓口 ・職場復帰における支援，など
事業場外資源によるケア	・情報提供や助言を受けるなど，サービスの活用 ・ネットワークの形成 ・職場復帰における支援，など

も含まれていることから，公認心理師も心の健康づくり専門スタッフとして位置づけられると考えられる。

4）事業場外資源によるケア

　メンタルヘルス対策を行う際，事業場が有する問題や求めるサービスに応じて，専門的な知識を有する各種の事業場外資源の支援を活用することが有効である。また，労働者が事業場内での相談を望まない場合にも，事業場外資源を活用することが効果的である。ただし，事業場外資源を活用する場合は，メンタルヘルス対策に関するサービスが適切に実施できる体制や，情報管理が適切に行われる体制が整備されているかなどについて，事前に確認することが望ましい。

⑤メンタルヘルス対策の3側面

　職場のメンタルヘルス対策は，一次予防，二次予防，三次予防の3側面に分けることができる。日本を含め各国での職場のメンタルヘルス活動は，まず三次予防から始まった。三次予防では，メンタルヘルス不調になった人たちのスムーズな職場復帰と再発予防を目的とした活動を行う。

　二次予防では，メンタルヘルスの不調を早期に発見し，早期に対応することで重症化を防ぐ活動を行う。例えば，健康診断やストレスチェックなどでメンタル

第1部　働くことを考える

表3　事業場でのメンタルヘルス活動の例（島津，2017 より）

一次予防　―社員と組織の活性化―
　1）メンタルヘルス教育・研修の実施：管理監督者研修，リーダークラス研修，新入社員研修
　2）ストレスチェックの実施によるセルフケアと職場環境改善
　3）健康に関わる情報の提供
二次予防　―相談体制の確立―
　1）相談ルートの確立：電話・面談・メールによる相談対応（産業医・看護職・臨床心理士）
　2）健康診断：長時間勤務者面談などからの早期発見・早期介入
　3）外部専門機関（カウンセリング・治療）の紹介とフォローアップ
　4）緊急時（自傷他害の恐れのあるケースへの対応）および災害時のこころのケアに関する体制の確立
三次予防　―職場復帰と職場適応への支援―
　1）傷病休職者の支援プログラム確立：フローおよびマニュアルの確立（人事部門・関連部署との連携）
　2）人事部門・職場・健康管理部門の連携体制（院自部門と健康管理部門との定例会合の設置）
　3）外部専門機関（カウンセリング・治療）との地域連携

ヘルスの不調を見つけ，事後フォローや治療につなげることが挙げられる。近年では，ストレスチェックを利用した二次予防を行う事業所が増えてきた。ここでは，1）自覚するストレスの症状の内容やその程度をチェックリストで尋ね，2）高ストレス状態と判断された人たちを専門職（産業医，保健師，看護師，臨床心理士・公認心理師など）が面談し，3）必要性に応じて継続的な対応や医療機関（精神科，心療内科など）での治療につなぐ，といった流れが一般的である。

　一次予防では，メンタルヘルスの不調を未然に防ぐとともに，メンタルヘルスの増進を図る活動を行う。日本での一次予防対策は，2000（平成12）年に「事業場における労働者の心の健康づくりのための指針」が出されたことにより，大きく前進した。

　一次予防には大きく分けて2つのアプローチがある。1つは，個人に向けたアプローチ，もう1つは，組織に向けたアプローチである。個人に向けたアプローチはセルフケアとも言われ，従業員一人ひとりがストレスにできるだけ早く気づき，ストレスと上手につきあうための対処能力の向上を目的としている。組織に向けたアプローチには，管理監督者教育と職場環境改善の2つが含まれる。管理監督者教育では部下に対するサポート力の向上を，職場環境改善では，働きやすくストレスの少ない職場づくりを，主な目的としている。

　表3は，事業場でのメンタルヘルス活動の全体像の例を示したものである。こ

第7章 産業保健の視点から

のように，事業場ではその特徴や状況に応じて，一次予防，二次予防，三次予防にまたがる多面的な活動を行うことが求められている（島津，2017）。

2．ストレスチェック実施によるメンタルヘルス対策

ストレスチェック制度の目的は以下のように説明されている。

1）本人にストレスチェックの結果を通知して自らのストレスの状況について気づきを促し，個々の労働者のストレスを低減させる。
2）検査結果を集団ごとに集計・分析し，職場におけるストレス要因を評価し，職場環境の改善につなげることで，ストレスの要因そのものを低減する。
3）ストレスの高い者を早期に発見し，医師による面接指導につなげることで，労働者のメンタルヘルス不調を未然に防止する。

ストレスチェックは，常時50人以上の労働者を使用する事業場で1年ごとに1回の頻度で行うことが義務付けられている（50人未満は努力義務）。

ストレスチェックに用いられる検査には，①職場における心理的な負担の原因

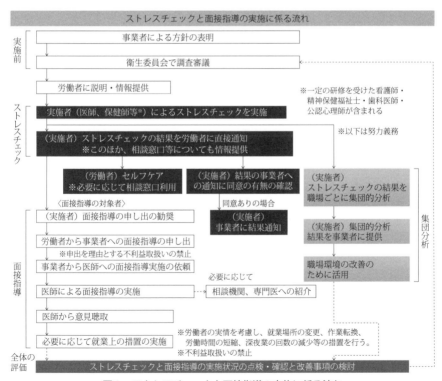

図1　ストレスチェックと面接指導の実施に係る流れ

（いわゆるストレッサー），②心身の自覚症状（ストレス反応），③他の労働者（上司や同僚）による支援（ソーシャルサポート）に関する項目を含むこととされる。ストレスチェックに使用する標準的な調査票として，旧労働省の，研究班によって作成された「職業性ストレス簡易調査票」がある。

　図1は，ストレスチェクと面接指導についての流れを示したものである。「実施前の準備」「ストレスチェック実施」「面接指導」「集団分析」の4つが主な構成要素である。本制度では，事業者がストレスチェックの実施後に労働者個人に対して結果をフィードバックするとともに，適切なセルフケアを促すことが推奨されている。また，ストレスチェックで高ストレス者と選定された労働者が希望した場合，事業者は医師による面接指導を行わなければならない。なお，事業者は，ストレスチェック結果の集団分析を行い，職場環境の改善につなげ，ストレス要因の低減に努めることが求められているが，現段階では努力義務に留まっている。

◆学習チェック表
□　産業保健に関する施策と法令の概要を説明できる。
□　職場のメンタルヘルス対策における4つのケアについて説明できる。
□　職場のメンタルヘルス対策の3側面（一次予防，二次予防，三次予防）について説明できる。
□　ストレスチェック制度の概要を説明できる。

より深めるための推薦図書

廣尚典（2013）［要説］産業精神保健．診断と治療社．
川上憲人（2017）基礎からはじめる職場のメンタルヘルス―事例で学ぶ考え方と実践ポイント．大修館書店．
厚生労働省　こころの耳　http://kokoro.mhlw.go.jp/
大西守・廣尚典・市川佳居編（2017）［新訂版］職場のメンタルヘルス100のレシピ．金子書房．
島津明人編著（2017）産業保健心理学．ナカニシヤ出版．

　　文　　　献
厚生労働省　こころの耳　施策概要・法令・指針・行政指導通達．http://kokoro.mhlw.go.jp/guideline/（2018年5月21日閲覧）
厚生労働省（2012）職場における心の健康づくり．http://www.mhlw.go.jp/new-info/kobetu/roudou/gyousei/anzen/dl/101004-3.pdf
島津明人（2014）ワーク・エンゲイジメント―ポジティブ・メンタルヘルスで活力ある毎日を．労働調査会．
島津美由紀（2017）職場のメンタルヘルス対策のステークホルダーと多職種連携．In：島津明人編著：産業保健心理学．ナカニシヤ出版，pp.89-102．

第 2 部
働く人への支援

第8章

従業員支援プログラム（EAP）

市川佳居

🔑 *Keywords*　EAP，従業員支援プログラム，復職支援，ストレスチェック，労働者の心の健康の保持増進のための指針，4つのケア

1　EAPとは

　EAPとはEmployee Assistance Programの頭文字をとったもので，従業員支援プログラムとも呼ばれている。家庭問題，メンタルヘルス，アルコール，ストレス，ワーク・ライフ・バランスなど従業員が抱えるさまざまな問題の解決を支援するプログラムとしてアメリカの先進的な企業を中心に導入されたのが始まりである。日本においても，職場における，メンタル不調者が増加する中，1990年代半ばより，EAPプログラムを導入する企業が増え，現在では過労自殺や労働者へのストレス対策として，多くの企業・団体で導入されている。

　EAPの目的は，個々の社員が抱える心理社会的な問題の解決を支援し，職場のパフォーマンスを向上させることにある。会社のベストパフォーマンスは個人が十分に能力を発揮し，組織が健康に機能している時に出すことができる，という考えがEAPの基本となっているからである。具体的には，企業や団体がEAP会社と契約を結んで，社員のメンタルヘルスケアを委託し，問題を抱えた社員はEAPカウンセラーに連絡し，カウンセリング，心理療法，医師の紹介などを受けられる仕組みになっている。対面カウンセリング回数は顧客企業との契約によって，従業員一人につき年間5回まで，10回までなどの規定がある。電話相談は上限が決まっていない場合が多い。

　従来のメンタルヘルス対策とEAPサービスの違いは次の3点である。

　①従来のメンタルヘルスは病気の治療に焦点を当てているが，EAPは社員のメンタルヘルスの維持，向上に焦点を当て，結果として社員の生産性や業績向上を目指して

いる。
② 社員の自発的な相談を受け持つだけでなく，問題のある部下を抱える上司に対しても相談を受け付け，上司の紹介を受けた部下が相談に来るということを積極的に行う。
③ 従来のメンタルヘルス対策が個人に対しての働きかけであるのに対し，EAPは組織に対する働きかけをして総合的な問題解決に関わる。

　従来のメンタルヘルス対策では，精神疾患などの症状が出ている人を治療することが目的だった。したがって，病気の症状が治まり，家庭や趣味の場でうまく適応していれば，職場で不適応を起こしていても，治療完了としている。一方，EAPでは，その人の病気が回復したかどうかに加えて，職場における生産性や業績維持あるいは向上という点に注目する。EAPカウンセラーは，精神科的治療を終えた後も，その人が本来の能力を発揮して成果を出していけるように，コミュニケーションのとり方や行動を，どう変えたらいいかということなどをコーチングする。ストレスが多い職場においては，休職していた社員が職場復帰しても，すぐに再発するケースが少なくなく，上司や人事部門との連携をとりながら，業務を徐々に増やしていくなどの職場へのコンサルテーションを行い，再発予防のための支援をする。

II　EAP技法の特徴

　EAP技法の大きな特徴は，マネジメント・コンサルテーションと呼ばれるもので，問題のある部下，何か悩みを抱えていて業績が落ちている部下などをもつ上司に対して行うコンサルテーションのことである。このような部下にEAPのカウンセリングを受けて早期に問題解決をするように助言しても，本人が必ずしも自発的に相談に行くとは限らない。本人は自分には何も問題はないと考えていたり，誰にも相談したくないと思っている場合が多々ある。このようなときに，上司や人事担当者（会社側）がEAPに相談に行って問題解決を図って欲しいと考える社員をEAPへ相談に向かわせるための方法が，マネジメント・コンサルテーションである。
　EAP技法のもう一つの特徴はプロバイダーネットワークの存在である。いくら経験のあるカウンセラーでもあらゆる問題を解決できるわけでなく，それぞれ専門性がある。EAP会社は自社内でカウンセラーを抱えるだけでなく，全国の私設相談室カウンセラー（プロバイダー）と業務提携を結び，クライアントの居住地

や必要とするサービスの内容によって，プロバイダーを紹介する。プロバイダーはEAP会社の出先機関のような役割を果たし，EAP会社から依頼されたアセスメント，カウンセリング，レポートの作成などを行う。EAPに関するニーズが高まる中，プロバイダーネットワークの一環としての心理職による私設相談室の発展がEAPの成功にとって重要である。

III　EAPの定義とEAPコアテクノロジーについて

　EAP技法のベースになっているのは，国際EAP協会（EAPA）によるEAPの定義とEAPのコアテクノロジーである。ここではその全文を紹介する。

〈EAPの定義とEAPコアテクノロジー〉
　EAPの定義
　　EAPは組織と個人へサービスを提供する。その範囲は幅広く組織への戦略的問題から社員とその家族個々人への個人的な問題を扱う。職場のプログラムとしてEAPを提供するスタイルは多様であり，その組織のサイズ，事業内容，ニーズによって異なる。

　　一般的にEAPは専門家によって次の2つのサービスが提供される。

　　1．職場の生産性，健全な運営の維持及び向上，またその組織ニーズの提言をする。
　　2．人間の行動とメンタル上の健康に関する専門家のノウハウを通じてサービス行う。

　　より具体的には，EAPは組織ごとにEAPプログラムをデザインすることをサポートし，①生産性に関わる提言を行い，②従業員をクライアントとして個人的な問題の整理や解決を援助する。個人的な問題は，健康（ウエルネス），メンタル，家族，経済問題（借金など），アルコール，薬物，法律，感情，ストレス，など仕事の結果に影響を及ぼしうるさまざまな問題を意味する。
　　EAPのコアテクノロジーとは，EA専門家（EAPコンサルタント）の最低限実施しなければならない項目を示している。その項目は，その組織の生産性に関わる問題やクライアント従業員の仕事に影響を及ぼしうる問題に個別に提言するアプローチを指す。そのコアテクノロジーは，下記の8項目である。

　　1）コンサルテーションを通じて組織のリーダー（管理職，主任，組合代表）が問題のある社員への関わり方，職場の改善について，あるいは社員のパフォーマンス向上に有効な援助（サポート）や訓練を行う。
　　2）EAP利用促進を活発に推進する。対象者は従業員，その家族，そして，組織

（課，グループなど）である。
3）個人的な問題により業務遂行に支障が出そうな従業員に対して，守秘義務を守り，タイムリーに問題の確認／アセスメントサービスを実施する。
4）業務遂行に影響の出ている従業員に対して建設的直面化，動機づけ，短期的介入を提供する。
5）診断，治療についてはリファーを行い，援助，ケースモニター，フォローアップを行う。
6）顧客組織に対して効果的かつ継続的にプロバイダーネットワークを構築する援助を行う。その援助には治療機関，サービス機関との効果的な関係づくりと契約方法を含む。
7）問題行動（アルコール，薬物，精神疾患，感情問題など）に関して医療保険などでカバーできるように顧客組織や従業員にコンサルテーションを行う。
8）組織の業績や個人の仕事ぶりに関わる効果の評価，見直しを行う。

IV 任意相談 vs マネジメント・リファー

　従業員が EAP を利用する場合には 2 通りある。まったくのその個人の任意で来る場合は任意相談である。EAP コンサルタントは相談に来た従業員に短期的コンサルテーションを行い，問題解決を手伝う。もう 1 つの方法は，マネジメント・リファーと呼ばれているものである。上司が行動面で気になる部下への対処について EAP に相談し，部下の問題がストレスなど EAP で支援できることに起因している場合，上司が部下に EAP に相談に行くことを勧める方法である。この場合，まず上司は EAP と会ってマネジメント・コンサルテーションを受ける。このステップで，上司は部下の問題解決のための動機づけの方法や EAP へのスムーズな紹介方法への助言をもらう。マネジメント・コンサルテーションには上司の他に人事担当者が加わることがある。

V 労働者の心の健康の保持増進のための指針と EAP

　厚生労働省は，「労働者の心の健康の保持増進のための指針」（メンタルヘルス指針，2006［平成 18］年 3 月策定，2015［平成 27］年 11 月 30 日改正）を定め，職場におけるメンタルヘルス対策を推進している。この指針の中で，職場のメンタルヘルスケアについて 4 つのケアを継続的に行うことが重要としている。この 4 つのケアとは，「セルフケア」，「ラインによるケア」，「事業場内産業保健スタッフなどによるケア」および「事業場外資源によるケア」である（第 7 章参照）。

第8章 従業員支援プログラム（EAP）

また，事業主は，①心の健康計画の策定，②関係者への事業場の方針の明示，③労働者の相談に応ずる体制の整備，④関係者に対する教育研修の機会の提供など，⑤事業場外資源とのネットワーク形成などを行うべきとされている。EAPは，4つのケアの最後の「事業場外資源によるケア」の重要な担い手であり，企業とメンタルヘルス相談の契約を結び，従業員がプライバシーが守られた場所で安心して相談できる体制を提供する。また，ラインによるケア，事業場内産業保健スタッフなどによるケアに関しても，EAPは管理者や産業保健スタッフに従業員のメンタルヘルスケアについてのコーチングを行ったり，ケース運びに関してスーパービジョンをしたりして，支援する。

VI EAPの各種サービス

EAPの主なサービス内容としては，1．個人カウンセリング（対面・電話・メール／Web），2．管理職へのコンサルテーション，3．研修，4．医療機関，弁護士などの専門家への紹介，5．復職支援プログラム，6．出張カウンセリング，7．ストレスチェックがある。

1．個人カウンセリング

EAPの個人カウンセリングでは，職場の業績に影響を与えるような個人的な問題解決を助けるために，専門家が従業員またはその家族にカウンセリングを提供する。相談内容は，職場関連と個人関連に大きく分かれる。職場関連とは，出勤するのがつらい，上司の問題で悩んでいる，仕事への自信の喪失，転職などのキャリアの問題，部下の問題の悩みなどである。個人関連の悩みとは，夫婦や子どもの問題，職場以外の対人関係の対処，借財の悩み，などである。カウンセリング提供の形としては，対面カウンセリング，電話カウンセリング，メール／Webカウンセリングがある

社内にEAPを普及するうえで知っておくべき重要な点として，EAPのカウンセリングは短期カウンセリング（ブリーフ・カウンセリングとも呼ぶ）を基本にしているということである。企業が費用を払ってEAPを社員に利用してもらうのは，心の中に抱えている問題を速やかに解決して，会社での生産活動に貢献してもらうためであり，なるべく短期間で問題解決をする手法が推奨されている。短期カウンセリングは現在抱えている課題を解決することを目標とし，その目標を達成するためのカウンセリング方法や必要とされる期間やセッション数について

クライアントとカウンセラーが話し合うことから始まる。問題を解決するためにしばしばカウンセラーはクライアントに宿題を出す。日記を書いて感情をモニターする，学んだコミュニケーションを実践する，リラクゼーション方法を発見する，などセッションの外でも実践することによって，クライアントは実際のカウンセリングを有効活用し，早く効果を得ることができる。

　社員が重篤な精神障害を患っている場合，短期カウンセリングで解決しない場合もあるが，その場合も目標を「長期的治療を安定して得られる医療機関を見つける」，「家族や地域資源から十分な支援を得られるようにサポート体制を整える」などの短期ゴールを立てる。カウンセラーが一生クライアントに付き添うことは非現実的であるので，EAPではあくまでも現実の枠組みの中で可能で，クライアントには長期的なメリットのある目標を達成することに焦点を合わせるのである。

　ではここで①対面，②電話，③メール／Webのカウンセリングの流れを説明する。企業文化や事業所のロケーションによって，従業員に向くカウンセリングの形式は異なるので，それぞれの企業にあった形式を選ぶことが重要である。

①対面カウンセリング

　対面カウンセリングはEAPの基本ともいえるプログラムで，公認心理師，精神保健福祉士，国際EAP協会認定EAPコンサルタント（CEAP），産業カウンセラーなどによって行われる。

　従業員がEAP提供会社のフリーダイヤルに電話をすると，インテークが行われ，問題の概要のヒアリングが行われる。自殺リスクやハラスメントがあり，緊急度の高い問題を持つケースは，すぐにシニアレベルのカウンセラーが電話口に出てきて，リスク回避のためのカウンセリングや医療機関や会社との連携などの積極的な介入が行われる。緊急度がそれほど高くはない場合，問題の概略のヒアリングが行われ，相談内容の種類によって，メンタルヘルス相談，育児相談，介護相談，借財相談，法律相談などに分類され，その後，その問題の解決の専門知識を持ったカウンセラーがカウンセリングを開始する

　1回目の面談では，EAPカウンセラーは，相談に来た従業員に対してまずアセスメントを行う。アセスメントとは，相談者の問題を明確にするための面接である。本人の話をよく聴き，広範囲な質問によって，本人を取り巻く社会，家族，心理，身体的要因など，さまざまな要因の相互作用の結果，今起きている現象を捉える。そして，数回にわたってカウンセリングとコンサルテーションを行い，さまざまな個人的な問題の解決を手伝う。特別な心理療法などが必要な場合には

第8章　従業員支援プログラム（EAP）

専門のカウンセラーを紹介し，医療機関での治療が必要な場合は，医師を紹介する。必要に応じて社会福祉士などの専門家を紹介する。

相談者の氏名や相談内容は秘密事項として扱われ，職場や人事部に知られることはない。面談の場所は，EAP会社の直営のカウンセリングセンターおよび提携先のカウンセリングセンターの2種類がある。

②電話カウンセリング

EAPの電話相談とは，従業員やその家族がEAP会社の電話番号にかけると，公認心理師，精神保健福祉士など専門スタッフが相談にのってくれるプログラムである。電話はフリーダイヤルで，携帯電話からもかけられるのが基本である。いつでもどこからでもかけられる電話相談は，仕事が忙しくて時間がない人には，大変便利である。

電話相談には，1回の相談で終わるものと，継続して同じカウンセラーに電話相談を受けられる継続型がある。1回きりの相談の場合，フリーダイヤルにすぐに専門カウンセラーが出て，相談を受け，1回でできる範囲内の問題解決に至るのが特徴である。問題が複雑で1回の電話相談では解決しない場合，例えば，医療機関での治療が必要な場合などは，すぐに，専門機関への紹介を行う。ただし，2回目以降かけても同じカウンセラーが出たり，引き継ぎがされている保障はなく，相談者は気軽に相談できる一方，難しい問題解決を期待することはできない。電話相談の時間が，24時間サービスのEAP会社もある。育児相談，介護相談，などは，カウンセラーによる聞き取りが行われ，相談者が問題解決を行う道筋を立ててあげる一方，社会資源を紹介し，活用方法について助言をする。借財相談や法律相談の場合は，借財カウンセラー，法テラスなどを紹介して専門家につなぐ。

②メール／Webカウンセリング

メールカウンセリングとは，悩みをメールなどの文章で送り，カウンセラーから助言がメールで返信される仕組みである。悩みのメールを送ってから24時間以内，あるいは72時間以内に返信が来る，などのルールに沿って使用する。Webカウンセリングとは，チャット機能などを使用して，カウンセリングを行う方法である。顔や声も聞こえないという匿名性が強いため，対面や人目を気にする日本人には心理的に使いやすいというメリットがあるようである。メール／Web相談は，インターネットのセキュリティ管理者が見ることができるなど，情報保持の問題の限界を理解して使用する必要がある。また，顔が見えたり，声が聞こえ

たりしないため，カウンセラーは限られた情報量に基づいて助言をしているという限界がある。なお，Web カウンセリングには Web カメラを使用して，お互いに顔を見ながら行う遠隔のカウンセリングの方法もある。この場合は対面に近い環境でカウンセリングを行うことができる。

2．管理職へのコンサルテーション

　部下の調子が悪いのだが，どう対応したらよいのだろうか，うつ病の部下がいて職場でぼんやりしているのだが，声をかけたら逆に症状を悪化させてしまうのではないか，など，部下への対応で困っているという上司は多いはずである。EAP コンサルタントは，こうした部下の対応をどうしたらいいか悩んでいる上司の相談を受け付ける。このサービスは，EAP による管理職へのコンサルテーション，マネジメント・コンサルテーション，ラインケアサポートなどと呼ばれている。管理職へのコンサルテーションを行う EAP 専門家は EAP コンサルタントと呼ばれ，通常のカウンセリングのスキル以上に，コンサルテーションの知識・スキルを持っている。資格としては，公認心理師，精神保健福祉士などに加え，CEAP-I（シープアイ）という国際 EAP 協会認定 EAP コンサルタントの資格を持っている場合がベストである。

　EAP コンサルタントは管理職である上司へのコンサルテーションで，まず，上司が部下の問題の整理を行うことを支援する。その場合，「うつ病である」などの診断名は避け，客観的に職場で問題になっている行動を話し合う。うつ病であっても，治療をしっかりと受けていれば全く困らず社会生活をすることができる。その場合は会社にとっては本人がうつ病であることは問題にはならない。であるから，上司として注意を払うべきなのは，メンタルヘルスの診断ではなく，それがどのように職場の行動問題として顕在化しているかの見極めなのである。

　上司に観察してもらいたい職場で問題になる行動の例としては，下記がある。①仕事の質やスキルの低下，②出勤状況の変化：遅刻＆早退の増加，長い昼休みや休憩，病欠，欠勤が目立つ，③態度の変化や感情の起伏，④同僚との人間関係に変化が見られる，⑤判断力の低下・時間や物品の無駄遣い，⑥対立，人間関係が泥沼化，危険人物扱いされる。

　EAP コンサルタントは，上司と整理した問題に基づいて，この部下の問題を解決して到達したいゴールを，勤務状態の改善，同僚とのチームワーク向上，顧客対応の改善などのように決める。この部下の問題を解決するために，部下が EAP コンサルタントの相談を受けることが妥当であると上司が判断した場合には，ど

第 8 章 従業員支援プログラム（EAP）

のようにその部下に，相談を受けるようにもっていくか，その方法を考える。上司が部下に EAP コンサルタントへの相談を勧めるのは，実は簡単なことではない。「君は精神状態が不安定だから，EAP に相談しなさい」と言われて，傷つかず，素直に EAP に相談に来る部下がどれだけいるであろうか。「余計なお世話」「私は病気ではない」「上司にそんなふうに見られていたとはショックだ」という反応が返ってくることもある。スムーズに部下に EAP を勧めるノウハウ，スキルを管理職に指導するのが，管理職へのコンサルテーションのポイントといえる。

例えば下記のようなシナリオづくりをする。

　上司から部下へ：
「最近あなたの職場での行動が以前と違っていて心配である（出勤状況，ミスが増えたなどの具体例を付け加える）。会社と契約している EAP 機関があるのだけれど，EAP に電話をかけると心理学の専門家が，プライバシーを守った形で話を聞いてくれて，体や心の問題の相談にのってくれる。必要であれば，カウンセリングしてくれたり医師を紹介してくれたりするそうだ。今，困っている問題をここに相談してみたら解決の糸口が見つかると思うんだけれどどうであるか」

　上司が部下に EAP を勧める際には，プライバシーが保て，周囲に話の内容が聞こえない場所で部下と一対一で会ってもらう。部下に EAP を勧める方法は一つではない。部下の状況に応じて，EAP コンサルタントが上司のシナリオづくりを手伝い，場合によっては予行練習をする。EAP コンサルタントが上司役になり，上司に部下の役を演じてもらって，ロールプレイなどの予行演習を行って本番に備える方法は部下を上手に EAP につなげるうえで，大変効果的である。

　メンタルヘルスの問題を抱える従業員，パワハラ的発言の多い従業員，顧客や業者に対して失礼な口の聞き方をする従業員，何度言っても遅刻の多い従業員，週末元気なのだが平日はうつ病になる自称「新型うつ」の従業員など，業務上問題のある従業員に対して，どのように対応したらいいのか，困っている管理職は少なくない。このような部下は，本人は問題意識を持っていないために，本人自ら相談に行くということはまずない。であるが，実は，こうした問題行動の中には，ストレスやうつ，家族の問題，心身症，不安障害，出社拒否症候群，ハラスメント被害，トラウマ，パーソナリティ障害など，さまざまな心理的，精神的な問題が隠れている場合が多いのである。業務上の問題として現れているのは氷山の一角といえる。こうした従業員に対して，管理職がどう対応したらいいか，コンサルテーションをするのも，EAP コンサルタントの役割である。上司が部下を

第2部 働く人への支援

スムーズにEAPの相談サービスに橋渡しすることができれば，そのあとの展開は，任意相談と同様である。部下の相談内容や抱えている悩みなどの秘密は守られる。上司からの問い合わせがあっても，報告はしない。ただし，本人の了解があれば，相談の進み具合（利用している事実や利用回数，日程など）や，それによる業務影響のみについて上司に報告することはある。

3. 研　修

EAPの利用を促進するために研修は効果的である。研修を受けることによって，従業員は自分や部下の問題の相談方法を知り，また，EAPカウンセリングやコンサルテーションの概要がわかり，自分も相談しよう，と思うようになる。このように，メンタルヘルスの予防および早期発見・早期解決のために，社員教育は重要である。最近では，メンタルヘルスだけでなく，ハラスメント予防，介護セミナーなどの研修もEAP会社によって提供されている。一方，健康な社員をもっと健康でパフォーマンスを伸ばすための研修として，モチベーション向上研修，ポジティブシンキング，職場のエンゲージメント，チームビルディング，レジリエンス研修，などもEAP会社によって提供されている。企業は，不調者のためだけではなく，EAPを健康な社員のためにも有効活用しようとしている。

研修のコンテンツは，その組織や社員のニーズに合わせて，カスタマイズすることが大変重要である。EAP会社の研修デザインの専門家に入ってもらい，この研修が終わった後に，受講者である社員の行動がどのように変化してもらいたいのか，その目標が達成したかどうかをどう測るのか，を決める。これを学習目標という。学習目標が決まると，時間の制限などを考慮しながら，研修骨子を組む。

4．医療機関，弁護士などの専門家への紹介

一人のカウンセラーがあらゆる悩み相談に対応することは不可能である。EAPでは，最良の助言を提供するため，問題の内容に応じて，EAP会社と提携・契約関係にある，あるいは，法的な提携関係にはないが，クライアントの問題解決にふさわしい機関や専門家を紹介する。EAP会社は信頼のおけるネットワークを維持し，常にアップデートしている必要がある。例えば，児童の不登校の相談の場合は，児童にも対応可能なカウンセリング機関を紹介する。専門家ネットワークにリファーした場合，カウンセリングはEAP会社の設定する年間制限回数まで本人は無料で利用できるが，弁護士，借財カウンセラーなど，ファイナンシャル・カウンセラーなどは相談者持ちの有料の場合が一般的である。

第 8 章　従業員支援プログラム（EAP）

5．復職支援プログラム：EAP によるリワーク

　EAP による復職支援プログラムは，休職者を復職に向かわせ，周囲の負担を軽減するサポートを行うサービスである。傷病休職者の復職は，一歩間違うとより難しいものになる。病気が治ったからといって，いきなり復職したのでは，ときには再発する可能性もある。上司や周囲の不安や負担が大きくなれば，部署全体の生産性の低下を招いてしまいかねない。また，本人もメンタルヘルス不調で休職したということで，復帰に際して，さまざまな不安を抱えがちである。本人に対しては，スムーズな復帰に向けて，不安軽減のためのコーチングと再発予防が重要である。EAP は，本人，上司，人事，主治医，産業医，家族と連携をとり，休職者をサポートしていく。

　職場復帰支援に EAP が関わる場合の EAP サービスの役割は，職場の産業保健体制によっても異なる。休職中の社員のケースマネジメント，復職に向けてのカウンセリングやリハビリプログラム，職場復帰計画の作成支援，職場の受け入れ準備のためのコンサルテーション，復職後の再発防止カウンセリング，必要な資源へのリファーが含まれる。なお，復職支援機関には，独立行政法人高齢・障害・求職者雇用支援機構が提供しているリワークプログラムや，精神科クリニックが運営している医療系のリワーク，また，EAP 会社が運営している民間リワークなどがある。EAP 機関による復職支援では，回復途中であるが，急性期ではなく，ほぼ安定している社員を対象とする。参加に関しては，主治医による許可を原則とし，本人も会社もこの社員の職場復帰を希望している場合に行う。費用負担は原則会社である。

　プログラム内容は，研修および集団療法的プログラムが中心で，下記を含む。

①職場に類似した環境を提供し，生活スキル・就労スキルの習得を図る。
②職場復帰のために必要な，ストレスマネジメントスキル，コミュニケーションスキルの研修。
③集団認知療法などによる，再発防止プログラム。
④ワークステーション（PC とデスク）を提供してコンピューターなどの就労スキル維持，向上。
⑤各自が自主プロジェクトを作成し，復帰後に仕事で使えるスキル向上を図る。リハビリ終了後には，EAP で復帰可否アセスメントを行い，本人および産業医・人事労務担当者の復帰の判断材料として，提出する。

6. 出張（オンサイト）カウンセリング

EAP では，職場にカウンセラーやコンサルタントが出向き，対面相談を行うという契約形態もある。この場合，週に1回など，定期的な訪問時間を契約し，職場内にカウンセリングルームを設定し，決まったカウンセラーが社員のカウンセリングや管理職へのコンサルテーションを対面で行う。職場内にカウンセリングルームがあると，アクセスがしやすく，カウンセラーにも親しみを感じることができるので相談しやすい，という利点がある。また，EAP コンサルタントは，その会社の職場環境の知識があるので，ストレスが多い部署の問題の解決方法などを管理職や人事担当者に助言するなど，より現実に沿ったアドバイスをすることができる。

7. ストレスチェック

2015（平成 27）年 12 月に施行されたストレスチェック制度は，定期的に労働者のストレスの状況について検査を行い，本人にその結果を通知して自らのストレスの状況について気づきを促し，個人のメンタルヘルス不調のリスクを低減させるとともに，検査結果を集団的に分析し，職場環境の改善につなげることによって，労働者がメンタルヘルス不調になることを未然に防止することを主な目的としたものである（第 7 章参照）。EAP はストレスチェックの実施を企業から請け負い，チェックの実施，高ストレス者への医師の面接指導，カウンセラーによる個別カウンセリング，集団結果の集計と報告，職場環境改善のためのワークショップ，ストレス予防のセミナーなどを行う。

◆学習チェック表
☐ EAP とは何か，コアテクノロジーには何が含まれるかを説明できる。
☐ EAP のサービスにどのようなものがあるのか説明できる。
☐ 「4 つのケア」の中での EAP の役割を理解した。

より深めるための推薦図書

　大西守・廣尚典・市川佳居編（2017）［新訂版］職場のメンタルヘルス 100 のレシピ．金子書房．
　森晃爾・Dale A. Masi・市川佳居・丸山崇（2011）企業のメンタルヘルスを強化するために―「従業員支援プログラム」（EAP）の活用と実践．労働調査会．
　ジェームス・M・オハー（内山喜久雄・島悟監訳，2005）EAP ハンドブック．フィス

メック．
市川佳居（2004）EAP 導入の手順と運用．かんき出版．

文　　献

一般社団法人国際 EAP 協会日本支部（2013.06.26 翻訳改定）EAP の定義とコアテクノロジー．https://www.eapatokyo.org.（原文 http://www.eapassn.org/About/About-Employee-Assistance/EAP-Definitions-and-Core-Technology）

第2部　働く人への支援

第9章

組織へのコンサルテーションと心理教育
職場のメンタルヘルス対策における理論と実際

松浦真澄

> **Keywords**　コンサルテーション，連携，協働，4つのケア，セルフケア・セミナー，ラインケア・セミナー，ハラスメント・セミナー

　職場のメンタルヘルス対策に関わる心理職には，カウンセラーであること以外に，コンサルタントや教育者としての役割も求められる（森崎，2006；松浦，2018）。本章では，この分野におけるコンサルテーションについて解説した後，セミナーの企画や実施について概観する。

I　組織へのコンサルテーション

1．はじめに：職場のメンタルヘルス対策とコンサルテーション

　前章でもみたように，EAP ではマネジメント・コンサルテーションが通例的に実践されるなど，コンサルテーションは産業・労働分野において日常的な活動の一つである。そのため，理論的側面からも整理しておくことが重要であろう。

2．コンサルテーションとは

　コンサルテーションについて，キャプラン Caplan は地域精神衛生の実践から以下の通り概念規定している。「二人の専門家；一方をコンサルタント（consultant）と呼び，他方をコンサルティ（consultee）と呼ぶ，の間の相互作用の一つの過程である。そして，コンサルタントがコンサルティに対して，コンサルティのかかえているクライエントの精神衛生に関係した特定の問題をコンサルティの仕事の中でより効果的に解決できるよう援助する関係」（Caplan, G., 1961, 1964）である。この概念を本書の文脈に合わせて言い換えるならば，「複数の専門家；産業精神保健および関連分野の専門職であるコンサルタントと，コンサルタントとは異なる職種あるいは他の機関に所属する者（コンサルティ），の間で行われる相互作用。産業精神保健に関連するコンサルティの役割遂行上の課題や困難を解決する

ことを目的とする関係であり,その実務にはコンサルタントも直接関与する場合がある」とするのが実態に近いものになろう。

さらにキャプラン（1964）は,話し合われる内容やテーマによってコンサルテーションを4種に分類している。産業・労働分野においても同様の構造がみられるため,この4分類にあわせて確認する。

①コンサルティ中心のケース・コンサルテーション：職員への関わりについて
　コンサルティ（職場の管理職や人事労務担当者など）によるクライエント（職員）への関りについてコンサルテーションが行われているが,コンサルタント（心理職）自身はそのクライエントと直接には関わっていない構造である。
②クライエント中心のケース・コンサルテーション：職員への関わりについて
　コンサルタント（心理職）,コンサルティ（職場の管理職）ともにクライエント（職員）と関わっており,そのクライエントとの関わりについてコンサルテーションが行われている構造である。
③対策中心の管理的コンサルテーション：制度の内容について
　コンサルティ（メンタルヘルス推進担当者など）が担当するメンタルヘルス制度の構築や推進について,実際に何を実施するか等,その具体的な制度の内容や取り組み方に関するコンサルテーションが行われる構造である。
④コンサルティ中心の管理的コンサルテーション：コンサルティの困窮について
　メンタルヘルス対策を推進する過程において,組織内の他の制度や慣習との兼ね合いのほか,関連部門や関係者との関わりなどにおいて壁にぶつかり,コンサルティ（メンタルヘルス推進担当者など）が困窮している状況についてコンサルテーションが行われる構造である。

　職場のメンタルヘルス対策では通常,多職種が連携して進められる。そのため,心理職がカウンセラーとして従事している場合などには,①や②の型での実践が行われるうちに,他の産業保健職や人事担当者と連携する機会が増え,やがて③や④の類型でのやり取りが公式・非公式に生じてくるのは自然な流れであろう。

3．職員への対応などに関するコンサルテーション

　上記4類型のうち①と②に相当する,職員への対応などに関するコンサルテーションについて,実践上での要点を以下に概観する。
　職場のメンタルヘルス対策において,管理職らの役割は部下を治療することではなく,あくまでも「ラインによるケア」を遂行することである。その際には,疾病性（illness）と事例性（caseness）という2つの観点を区別することが重要となる（森崎,2000）。疾病性とは診断や症状の程度を捉える概念であり,医師

などの専門家が判断するものである。それに対して，事例性とは現実に起こっている問題を捉える概念であり，業務パフォーマンスの低下や勤怠上の問題（遅刻や無断欠勤など）のほか人間関係のトラブルなどが判断の対象となる。メンタルヘルス不調が疑われる職員がいる場合，精神病理（疾病性）に関する判断や指導を職場の上司が行うのは困難であろう。しかし，仕事上のミスが増加しているなど業務に関する（事例性の）問題を明確にすることで，管理職等による適切な関わりが可能となる。

　また，コンサルタントがクライエントとのカウンセリングを同時並行で行っている②型の状況では，他にも注意を要する点がある。1つは情報共有のあり方である。コンサルティらとの連携・協働を進めるためには，何かしらの情報共有が必要となる。そのため，管理職らに開示する情報の内容やその伝え方について，事前に具体的な説明と確認を行い，クライエントから承諾を得ておくことになる。ただし，すべての情報を共有する必要はない。連携・協働のために必要となる情報を適切に共有する工夫や配慮が重要である。

　2つ目は，クライエントとコンサルティらの間に葛藤や対立が存在している場合の関わり方である。コンサルタントが関係者それぞれの主張を聴き取りながら対立の調整を行うことも一つの方法であるが，それが困難な場合には，他の産業保健スタッフなどの関係者が介在することも検討できるとよい。あるいは，クライエントとコンサルティの担当を分けることも一つの方法である。

　なお，心理職がコンサルテーションを行いながらカウンセリングも担当する②の型は，医療分野における「コンサルテーション・リエゾン」と同様である（児島，2001）。産業・労働分野ではこのような形態で対応を進める場面が多い。ラインによるケアの推進を支援する意味においても非常に重要であり，この関わり方に習熟することが必須である。

　いずれの場合においても，状況に応じて「4つのケア」が適切に推進されることを意識しておく必要がある。コンサルタントに求められるのは，自分自身ですべてを切り盛りすることではなく，職場の管理職らに治療者として関わるよう求めることでもない。それぞれの関係者が適切に対応できるように働きかけることである（松浦，2016）。特に心理職が外部機関として関与している場合には，産業保健の推進は職場が主体となって行うものであるという前提を忘れてはならない。

4．メンタルヘルス対策の構築・見直しに関するコンサルテーション

　産業・労働分野におけるコンサルテーションは，個別の職員への対応に限らず，組織におけるメンタルヘルス対策の構築・運用にも及ぶことがある。前述の管理的コンサルテーション③④がこれにあたる。

　個々の事例対応は得意としているものの，制度の構築や運用については苦手意識のある心理職は多いのではないだろうか。例えば，休職を繰り返している職員についてのコンサルテーション場面において，その事業場の職場復帰支援の制度やあり方を見直すことによって問題解決が大きく進展することがある。その他，法律の改正などが行われると，多くの企業で体制の見直しなどが必要となる。そのため，コンサルタントとして適切に機能するためには関連する法律や制度を正しく理解しておくことも重要である。

　しかし，四角四面の提案をするだけでは不十分である。対象となる組織が抱えている課題や，産業保健活動がどのレベルで実行されているか（表1）をアセスメントし，その組織に合わせた体制構築を柔軟に提案していくことが重要である。また，そのためには関係者や関係部門それぞれの意向・方針を勘案する必要がある。例えばメンタルヘルス対策を検討しはじめたばかりの事業場の場合，人事労務担当者らの認識では職場復帰支援などのケース対応や体制づくり（三次予防）が急務となっているものの，経営層は職場改善（一次予防）の実施に関心が集中している場合なども少なくない。これらの状況を理解しながら，現実に着手可能

表1　事業場による産業保健活動レベル（東川，2016）

レベル1	・関心がない ・全く何もやらない
レベル2	・必要に迫られ，とりあえず実施 ・労基署に指摘された事項のみ実施
レベル3	・何かしなければと思うが，何をしてよいかわからない ・トピックスにあがっている事をとりあえずやってみる
レベル4	・とりあえずいろいろと活動しているが，思いつきで実施することが多い ・パッと見はちゃんと活動しているように見えるが，肝心な事が抜けている場合もある
レベル5	・実施課題や問題点を整理し，優先順位をつけて計画的に実施 ・やるべきことはわかっているが，実施は一部にとどまる
レベル6	・問題点を整理し，優先順位をつけて計画的に実施 ・計画通りに実施できている

第2部　働く人への支援

な活動から取り掛かり，PDCAサイクルを繰り返すことで，より適切な体制を構築していくのである。産業医やメンタルヘルス推進担当者など，キーパーソンとなる人物との協働が鍵となるなることが多い。

　また，組織的なメンタルヘルス対策を推進していくうえで，関係部門の調整や関係者間の協力など，産業保健職やメンタルヘルス推進担当者らが困難を感じている場合も多い。そのような状況においても，彼らの活動が効果的に進められるようコンサルテーションが展開される。

5．その他：事後対応（ポストベンション），ストレスチェック実施後などにおけるコンサルテーション

　工場の火災などの事故，職員の急死や自死，不正など不祥事の発覚や，大規模な自然災害などは，職場組織や職員にとって甚大な被害を及ぼす。コンサルティとなる人事労務担当者らも直接的な心理的支援を要する状態にある場合も多い。そのため，コンサルティの心理社会的状態にも十分な配慮をしながら，組織的な対策および特に配慮が必要と考えられる職員（事故を直接目撃した者など）へのケアなど，早急に対応を展開していくことになる。いわば前述したコンサルテーションの4類型すべてが同時進行することになる。このような状況でコンサルタントとして機能するためにも，日頃からの研鑽や体制づくりが求められよう。

　また，産業保健部門が認識している職場の課題のほか，ストレスチェックによる集団分析の結果などに基づいて，職場改善などに関するコンサルテーションが行われることも多い。管理職を対象としたセミナー，職場環境改善の実施，管理職への支援方策など，職場状況に応じた提案がなされる（第7章を参照）。

6．産業・労働分野におけるコンサルテーションの機能およびコンサルタントとしての要件

　それでは，産業・労働分野におけるコンサルテーションの機能はどのようなものであり，コンサルタントにはどのような姿勢・能力が求められるか。以下に，山本（1986），松浦（2016）を基にまとめた。

①機能1　組織への理解を深め，関わりを広げる機会である
　ややもすると相談室に籠りクライエントとの二者関係に終始しがちな心理職にとって，コンサルテーションを通して組織と直接的に関わることは，職場環境や風土など，当該の組織に関する情報を得る重要な機会でもある。そして組織への

第9章　組織へのコンサルテーションと心理教育

理解が深まることによって，クライエントやコンサルティの心理社会的背景をより具体的に捉えることが可能となっていく。また，組織とのコミュニケーションを重ねていくことで，管理職らとの協力関係が強化されるため，より多くの機会でコンサルテーションが活用されやすくなっていく。

このように，コンサルテーションによって日々の支援活動にさまざまな波及効果が得られるのである。

②機能2　コンサルティのスキル・アップの機会である

コンサルテーションでは，コンサルティらの役割と責任の範囲において，適切な対応が進められることが重要である。そのため，コンサルタントがケース対応をすべて引き受けてしまうのではなく，彼らの実践を支援しつつ責任性を高めるような関わりを進めていくことになる。

そうすることで，コンサルティ側のメンタルヘルスケアに関する知識や理解，経験，自信などが蓄積されていく。クライエントの状況に応じて関わりながら，適時コンサルテーションを利用し，自らの役割を的確に遂行していけるようになるのである。このような管理職らが増えていくことによって，組織全体のメンタルヘルス対策が一層円滑に推進されることになる。

③機能3　体制の強化・調整の機会である

メンタルヘルス対策に関する制度や体制が構築されたとしても，組織の実態に応じて調整され，円滑に活用されるまでには時間や契機を要することがある。例えば，ある企業の地方営業所において制度が適切に活用されず，重篤な精神症状をもつ職員（クライエント）への対応を上司（コンサルティ）一人が抱え込み，困窮している場合などがある。このような場面にコンサルテーションがなされることで，その営業所の産業医，安全衛生の担当者，クライエントの主治医，本社に勤務する人事労務担当者など，関係者の協働が円滑に進められるよう調整されるのである。その結果，当該の営業所におけるメンタルヘルス対策機能が強化され，以降は円滑な対応が行われやすくなる。

このように，コンサルテーションを進めることによって，その組織のメンタルヘルス対策に関するネットワークが強化・調整されることにつながるのである。

④姿勢・能力1　組織の風土や方針を尊重する

それぞれの組織には，業界や業種などによって特有の風土があり，企業や団体

ごと，さらには事業部門ごとにもそれぞれの特色がある。そこには，それぞれに常識が存在し，人事労務や産業保健に関する制度や方針もさまざまである。コンサルテーションを円滑に進めていくためには，コンサルタントはそれぞれの組織における風土や方針を尊重する姿勢で関わることが大切である。カウンセリングにおいて，クライエントを尊重する姿勢が重視されることと同様に捉えれば想像がしやすいであろう。

　もちろん，法的に不適切であったり実践上不十分な体制が認められる場合には，改善が検討されるよう適切に関わることが重要である。

⑤姿勢・能力2　コンサルティの専門性を尊重する

　コンサルテーションは"複数の専門家"による相互作用である。当然のことながら，コンサルティを専門家として認識し，専門家同士の対話がなされるような姿勢が求められる。しかしながら，「一般企業の管理職や人事労務の担当者は専門家なのか」という疑問が生じるかもしれない。たしかに，彼らは心理学や産業保健の専門家ではないかもしれないが，職場の管理職はその職場の専門家であり，人事労務担当者はその組織における人事労務の専門家であると捉える観点や姿勢が重要である。

　組織を対象とする緊張感から，コンサルタントが自らの専門性に拘ってしまい，特段の戦略もないままに居丈高に振舞ってしまう場合も起こり得る。むしろ，一旦は自らの専門性を脇に置きつつ，コンサルティの専門性が存分に引き出されるような対話を心掛けたいものである。

⑥姿勢・機能3　コンサルティの実践と責任性を尊重する

　コンサルタントは組織を尊重したうえで，コンサルティの専門性を尊重する。そして，コンサルティらが負っている役割や責任において適切に実践できるよう関わるのである。そのため，コンサルティから役割をみだりに取り上げたり，彼らの立場や責任性を無視した役割を強要したり，コンサルタントが課題を抱え込むこともしない。それは，クライエントを含むそれぞれの関係者の役割（第6章参照）を十分に理解し，状況に応じて「やるべきことを，やるべき人が実行する」ことを目指す関わりでもある。

　もちろん同時に，困窮しているコンサルティが少しでも安心感をもって活動ができるよう，彼らを支援する関りを行ったり，関係者のネットワークを調整することは必須である。

⑦姿勢・機能4　関係者のネットワークや異なる複数の立場や観点に配慮する

　コンサルタントはクライエントやコンサルティとの三者関係（児島，2001），さらには他の関係者らをも意識して関わることになる。それぞれの組織における多職種による連携体制および状況を理解し，誰に・どのような関わりを行うのが良いか，適切に判断することが重要である。

　また，立場の異なる複数の関係者と関与する場合がある。例えば，組織の利益や業績を追及する立場と，職員個人の安全や健康を追及する立場である。これは個別の事例対応だけでなく，体制を構築する場面にもみられる事象であることは前述した通りである。コンサルタントはこのような側面にも十分に配慮し，組織としての判断や対応が適切になされるよう，コンサルティらを支援していくことが求められる。

⑧姿勢・機能5　その他：課題中心に関わること，および，限られた情報・時間での状況把握力

　コンサルティも職場組織も，それぞれがユニークな存在である。そのため，コンサルテーションを進めていくうえで，コンサルティらを理解しようとすることは重要な観点である。しかし，コンサルテーションは，コンサルティの役割遂行を支援するものであり，コンサルティ個人の（狭義での）セラピーを行う場ではない。コンサルテーションの関係において，コンサルティの心理的内面や私生活の諸事情に介入するようなことは慎むべきである。

　また，コンサルテーションの場面では，十分な情報がないままに具体的な対応を求められることも多い。そのため，コンサルティから必要な情報を得られるよう，重要なポイントを的確に確認しながら進めていく必要がある。そのためには，コンサルティ自身に豊富な臨床経験が求められるだけでなく，当該組織に関する各種情報，法制度などに関する知識を蓄積しているなど，日頃からの準備が重要である。

　このように，コンサルタントには組織の全体像や各部門間・関係者間の関係に配慮をしながら，それぞれの立場や専門性・責任を尊重し，適切に課題が遂行されるように対応するコーディネーターとしての機能も求められる。コミュニティやナラティヴ，システミックな観点（本シリーズ第3巻第8，10，11章参照）に習熟していることが，コンサルテーションの実践において重要になるだろう。

▐ Ⅱ　心理教育

1．はじめに：教育研修の重要性と枠組み

　セルフケア，ラインによるケアを推進するうえで，職場内の教育研修は重要な取り組みの一つである。実際に，職場で取り組まれている心の健康対策では，「労働者への教育研修・情報提供」，「管理監督者への教育研修・情報提供」が高い順位を占めている（厚生労働省，2017a）。

　集団を対象として実施される教育研修は，メンタルヘルスに関心の低い管理職や，心理的支援のニーズを感じていない職員らと交流できる貴重な機会である。同時に，心理職の存在をアピールできる機会でもあり，相談の利用促進効果も期待できる。また，求められる研修内容や，研修中の参加者の様子などは，職場の状況をアセスメントする貴重な情報となる。さらには，研修の計画・企画を検討することは，そのまま組織へのコンサルテーションと重なる（三浦ら，2018）。このように教育研修に心理職が関与することにはさまざまな意義がある。

　実際に教育研修を企画し実施していく際には，研修の意図や内容・構造（表2・表3）（竹崎，2004）などの枠組みを意識して，職場の状況やニーズに応じた対応を進めることとなる。以下に，メンタルヘルスに関連する研修のうち代表的なものについて取り上げ，その目的や内容を概観していく。

表2　研修意図の構成要素（竹崎，2004）

誰に （対象者の特性）	何のために （目的）	何を （習得目標）	どのくらい （期待する 理解度）
○階層別・役割別 ・管理監督者 ・中堅・代理 ・節目社員 （例：入社5年目） ・新入社員 ○職種別 ○性別 ○世代別 ○希望者 ○全社員	○一次予防 ・社員の健康の保持・増進 ・職場の活性化 ・組織の活力向上 ○二次予防 ・メンタルヘルス不全者の早期発見／早期対応 ・危機管理 ・職場の機能改善 ○三次予防 ・メンタルヘルス不全者の復帰／回復支援 ・職場の機能回復／修正	○基礎知識 ・ストレスのいろいろ ・心の病気のいろいろ ・相談資源の活用方法 ・ストレスチェックの紹介と活用 ○自己理解（気づき） ・パーソナリティ（個人差）の理解 ・問題解決（ストレス対処）力の向上 ・身体からの理解（リラクゼーション） ○対人関係スキル ・コミュニケーション・スキル（リスニング，アサーション） ・ヒューマン・マネジメント・スキル	知識 レベル ↑ ↓ 体験 レベル

第9章　組織へのコンサルテーションと心理教育

表3　実施構造の主な要素（竹崎，2004）

集団のサイズ	時間（回数）	実施スタッフ	
		特性	人数
○小集団（7±α名） ○中集団（30±α名） ○大集団（50±α名以上）	○1〜1.5時間 ○半日・1日 ○合宿形式など （1回〜継続的）	○社内 （産業保健スタッフ） ○社外 （外部資源の活用）	スタッフ：集団の比が， ○1：中集団以上 ○1：小集団 ○1以上：サブグループ　など

2．管理監督者を対象としたラインケア・セミナー

①ラインケア・セミナーの目的

　管理監督者が職場のメンタルヘルスに関する知識やスキルを身につけて，ラインによるケアが適切に実行されることが主な目的である。また，管理監督者自身のセルフケアが推進されることも重要である。

②ラインケア・セミナーの内容

　管理監督者に対する教育研修について，厚生労働省（2017b）は表4の項目を挙げている。（基本的な内容は本書第4，5，6，7章を参照のこと）

　まずは職場で取り組むべきメンタルヘルス対策の内容や，その必要性について，理解されることが重要である。そのためにも，厚生労働省の指針や判例など社会的な背景の他に職場の方針を改めて明示することも有効である。職員への対応については，いわゆる傾聴だけでなく，必要に応じて適切な情報提供を行ったり，産業保健スタッフとの連携・協働が行われるような内容を盛り込む。一度の研修ですべてを扱うことが困難な場合には，重要度を検討して計画的に研修を継続させていく。新任管理職研修などの一部に組み込むことも一つの方法である。

3．労働者を対象としたセルフケア・セミナー

①セルフケア・セミナーの目的

　労働者がストレスやメンタルヘルスに関する適切な知識や技術を身につけ，自分自身でメンタルヘルスケアを実践する（セルフケア）ことを支援することである。必要に応じて労働者が自発的な相談を行うことを促すことも重要である。

②セルフケア・セミナーの内容

　労働者に対する教育研修について，厚生労働省（2017b）は表4の項目を挙げ

表4 ラインケア・セミナー，セルフケア・セミナーで取り扱うべき項目
（厚生労働省，2017b より作成）

項　目	ラインケアセミナー	セルフケアセミナー
1. メンタルヘルスケアに関する事業所の方針	○	○
2. 職場でメンタルヘルスケアを行う意義	○	
3. ストレス及びメンタルヘルスケアに関する基礎知識	○	○
4. 管理監督者の役割及び心の健康問題に対する正しい態度	○	
5. 職場環境等の評価及び改善の方法	○	
6. 労働者からの相談対応（話の聴き方，情報提供及び助言の方法等）	○	
7. 心の健康問題により休業した者の職場復帰への支援の方法	○	
8. 事業場内産業保健スタッフ等との連携及びこれを通じた事業場外資源との連携の方法	○	
9. セルフケアの方法	○	
10. 事業場内の相談先及び事業場外資源に関する情報	○	○
11. 健康情報を含む労働者の個人情報の保護等	○	
12. セルフケアの重要性及び心の健康問題に対する正しい知識		○
13. ストレスへの気づき方		○
14. ストレスの予防，軽減及びストレスへの対処の方法		○
15. 自発的な相談の有用性		○

ている。ストレスへの気づき方や対処などについては，認知行動療法を活用したストレス対処，交流分析（エゴグラムの活用）やアサーションなどのコミュニケーション・スキル，リラクゼーション（呼吸法など）などは説明がしやすく，参加型の形式もとりやすい。

　新入社員研修，入社3年目研修などの一部として実施する場合には，対象者に応じて特化した内容を盛り込むこともできる。新入社員研修では，いわゆるリアリティショックに備える対応（足立，2001）なども重要なポイントであろう。

4．ハラスメント・セミナー

　セクシュアルハラスメントやマタニティハラスメント，パワーハラスメントなど，ハラスメントはどこの職場にも起こり得るものであり，個人においても組織においても大きな影響を及ぼす可能性がある問題である。そのため防止対策が非常に重要であるとされており，教育研修もその手法の一つとして注目されている。これら職場におけるハラスメントについては，事業主に対して雇用管理上必要な措置を講じるよう義務づける法律が定められるなど（第4章参照），管理監督者を含む職員を対象として組織的な対応を徹底していく必要がある。

　一般職員を対象としたハラスメント・セミナーでは，①関連する法律の基礎，

②ハラスメントに関する最新の判例，③ハラスメントの防止方法，④相談窓口に関する説明などが盛り込まれていることが重要である（西川，2017a）。管理職向けの場合には，①企業リスクとしてのハラスメント，②管理職個人としての義務とリスク，③法律と判例，④職場のハラスメントの経済的損失（西川，2017b）のほか，⑤相談窓口に関する説明も盛り込んでおくとよいだろう。

事業主としての方針を示し職場風土を改善していくためにも，繰り返して実施していくことには重要な意味がある。

5．その他の心理教育

ストレスチェックによる集団分析の結果などに基づいて，集団研修の形をとって職場環境改善に取り組むことができる（第7章参照）。その他，職場の状況に応じてコミュニケーションに特化したセミナーや，ポジティブメンタルヘルスの観点に基づいたセミナー（第7章参照）を開催する場合もある。

その他，研修の形態以外にも心理教育の機会はある。例えば，社内報などに法制度等の情報やメンタルヘルスに関するコラムを掲載することもできる。また，相談活動やコンサルテーションの場面においては，各種心理学や産業保健に関する知見を提供することが日常的に行われる。職場の状況や相手の専門性に合わせて，有益となる情報を適切に提供していくことも，心理職の重要な役割である。そのためにも，学術的な知見や関連する法令などのほか，他の職場での実践事例，訴訟などの判例などについて，常に新しい知識を得ておくことが望ましい。

◆学習チェック表
☐　産業・労働分野におけるコンサルテーションの4類型について説明できる。
☐　産業・労働分野におけるコンサルタントの能力・姿勢について理解した。
☐　セルフケア，ラインケア，ハラスメントそれぞれの研修項目について理解した。

より深めるための推薦図書

山本和郎（1986）コミュニティ心理学―地域臨床の理論と実践．東京大学出版会．
新田泰生・足立智昭（2016）心理職の組織への関わり方―産業心理臨床モデルの構築に向けて．誠信書房．
三浦由美子・磯崎富士雄・斎藤壮士（2018）産業・組織カウンセリング実践の手引き．遠見書房．
川上憲人（2017）基礎から始める職場のメンタルヘルス―事例で学ぶ考え方と実践ポイント．大修館書店．

文　　献

足立智昭（2001）模擬面接を導入した新入社員メンタルヘルス教育の一例．In：宮田敬一編：産業臨床におけるブリーフセラピー．金剛出版，pp. 89-103.

東川麻子（2016）活動レベルに合わせた健康管理体制の構築（産業医学基礎講座（東京集中講座）テキスト）．産業医科大学．

Caplan, G.（1961）*An Approach to Community Mental Health.* Grune & Stratton.（加藤正明監修，山本和郎訳（1968）地域精神衛生の理論と実際．医学書院.）

Caplan, G.（1964）*Principles of Preventive Psychology.* Basic Books.（新福尚武監訳（1970）予防精神医学．朝倉書店.）

児島達美（2001）コンサルテーションからコンサルテーション・リエゾンへ．In：宮田敬一編：産業臨床におけるブリーフセラピー．金剛出版，pp. 27-37.

厚生労働省（2017a）平成 28 年「労働安全衛生調査（実態調査）」の概況．http://www. mhlw. go. jp/toukei/list/dl/h28-46-50_gaikyo. pdf（2018 年 4 月 30 日閲覧）

厚生労働省（2017b）職場における心の健康づくり〜労働者の心の健康の保持増進のための指針．http://www. mhlw. go. jp/file/06-Seisakujouhou-11300000-Roudoukijunkyokuanzenei seibu/0000153859. pdf（2018 年 4 月 30 日閲覧）

松浦真澄（2016）外部機関としての関わり─役割と責任を意識したコンサルテーション．In：新田泰生・足立智昭編：心理職の組織への関わり方─産業心理臨床モデルの構築に向けて．誠信書房，pp.46-54.

松浦真澄（2018）産業保健活動における心理職の役割と求められる能力．東京理科大学紀要，50;101-115.

三浦由美子・磯崎富士雄・斎藤壮士（2018）産業・組織カウンセリング実践の手引き．遠見書房.

森崎美奈子（2000）企業内カウンセリング．In：氏原寛・成田善弘編：臨床心理学③コミュニティ心理学とコンサルテーション・リエゾン．培風館，pp.206-215.

森崎美奈子（2006）臨床心理士の役割と取り組み．産業ストレス研究，13; 231-235.

西川あゆみ（2017a）一般社員に向けたハラスメント防止研修．In：［新訂版］職場のメンタルヘルス 100 のレシピ．金子書房，pp. 56-58.

西川あゆみ（2017b）管理職に向けたハラスメント防止研修．In：［新訂版］職場のメンタルヘルス 100 のレシピ．金子書房，pp. 58-59.

竹崎由恵（2004）社員研修の実際と課題─産業保健スタッフに求められる資質．臨床心理学，4(1); 36-40.

山本和郎（1986）コミュニティ心理学─地域臨床の理論と実践．東京大学出版会.

第 10 章

復職支援
働くための能力の回復を目指す職業人への全人的支援

中村美奈子

Keywords 働くための能力，職業的アイデンティティ，労使関係，協働，生涯発達，全人的支援，ケースマネジメント

I 復職支援の背景

1. 労働環境の変化とメンタルヘルス施策

1990 年以降の世界的経済危機の影響から，年功序列や終身雇用といった伝統的な日本的経営が衰退した。また，IT 化の加速によって産業構造が変化したことで，労働者に求められる知識やスキルも大きく変化した。このような背景から労働者のストレスが増大し，1998 年から年間自殺者が 3 万人を超える状況が続いた（厚生労働省，2017）。また，メンタル疾患のために休業する労働者（以下，休職者）は 2004 年には 47 万人だったが（島ら，2004），2017 年には 52 万 7,000 人に増加したと推定される（中村，2017）。

ここから職業人のメンタルヘルスの維持増進が急務となり，職場におけるさまざまなメンタルヘルス施策が実施されるようになった。

2.「心の健康問題により休業した労働者への職場復帰支援の手引き」

厚生労働省は「心の健康問題により休業した労働者の職場復帰支援の手引き」（以下，「手引き」）を公表した（2004/2012）。これは，事業主が職場復帰を目指すメンタル疾患による休職者を支援する際に役立つ公的マニュアルであり，職場復帰支援の 5 つのステップ（表 1）や，復職手続きに用いる書類様式を示している。

この職場復帰支援（以下，復職支援）は，人事労務スタッフ，産業医，衛生管理者，保健師，心の健康づくり専門スタッフなどが，個人情報の取扱いに注意しながら休職者や主治医などの関係者と連携して，休職者の個別性や業務遂行能力の回復程度に応じて，段階的に業務や職場に慣れるように配慮して行う。なお，

第2部 働く人への支援

表1 職場復帰支援の5つのステップ 「心の健康問題により休業した労働者への職場復帰支援の手引き」(厚生労働省, 2012を基に作成)

〈第1ステップ〉 病気休業開始 及び休職中のケア	・病気休業診断書を提出。 ・休職者の心理的, 経済的, 職業的, 将来的不安へのケアをする。
〈第2ステップ〉 主治医による職場復帰可能の判断	・復職を希望する場合, 休職者から主治医による職場復帰可能の判断が記された診断書(復職診断書)を提出する。 ・現状では主治医は病状の回復によって復職可否を判断することが多いため, 産業医などが休職者の業務遂行能力の回復程度を精査することも重要。
〈第3ステップ〉 職場復帰の可否の判断 及び職場復帰支援プランの作成	・事業主が復職可否判断を行うため, 休職者の意思確認や主治医からの就労に関する意見を収集する。 ・休職者の健康状態を中心とした状態や職場環境などを評価したうえで,「復職後に求められる業務が実行可能か」を総合的に判断する。 ・可能の場合, 復職日, 安全配慮を含む業務内容, 業務形態, フォローアップ内容などを検討して, 個別具体的な職場復帰プランを作成する。
〈第4ステップ〉 最終的な職場復帰の決定	・休職者の状態を最終確認し, 産業医などが就業に関する措置を取りまとめ, 事業主が職場復帰を決定する。
〈第5ステップ〉 職場復帰後のフォローアップ	・管理監督者や産業保健スタッフなどは職場復帰支援プランに従って, 復職者の心身状態や勤務状況, 業務遂行能力などを継続的に確認する。 ・復職者への配慮が, 管理監督者や同僚にとって, 過度な負担となっていないかなどを確認する。

具体的な復職支援は, 事業主が定める就業規則や職場の実態に応じて運用されている。

II 復職支援の概要

1. さまざまな復職支援

専門施設で行う復職支援はリワークとも呼ばれ, 休職者の復職準備性を高めることを目指して医療機関や公的機関などで実施されており, 支援利用者の復職率は80%以上との成果をあげている(中村, 2017)。一方, 支援施設によって支援理論や支援方法が異なるため, 休職者の疾病性や個別性, 復職に向けた課題やニーズに応じて, どのような復職支援を利用するかを選択する必要がある。

①医療リワーク

医療機関で行われる医療リワークは, 休養と薬物治療のみでは復職が困難なう

つ病による休職者へのケアとして，全国に広まった。現在では，2008年に組織されたうつ病リワーク研究会（現うつ病リワーク協会）に参加する約180の医療機関が中心となり，うつ病治療の一環として，精神科リハビリテーションの枠組みで行われている（うつ病リワーク協会，2019）。

医療リワークの定員は全国で約2,800人で（五十嵐ら，2010），一施設あたりの定員は数名から数十名とさまざまである。スタッフは医師や公認心理師・臨床心理士，精神保健福祉士，看護師などの医療専門職で構成されており，利用には健康保険に応じた費用負担が必要である。プログラムは体調や生活リズムの安定を目指すことから始まり，徐々にグループワークやオフィスワークなどへ展開される。支援期間はおおむね6カ月だが，休職者の体調や病状に応じて，1年以上かけて復職を目指すこともある。

医療リワークを利用した復職者の就労継続率は，うつ病治療のみでの復職者よりも有意に高く（秋山ら，2012），再休職防止に効果を示している。一方で，医療的ケアを必要とするうつ病以外の疾病による休職者のニーズに対応しにくいことや，診療報酬の対象とならない事業主への支援や連携が困難であるなどの課題もある。

②職リハリワーク

職リハリワークは，「障害者の雇用の促進等に関する法律」に基づいて，独立行政法人高齢・障害・求職者雇用支援機構が各都道府県に設置する地域障害者職業センターで行われている。職場復帰を表す "Return-to-work" を "Re-work（リワーク）" とした愛称を用いて，2005年から全国でサービスを開始した。雇用保険の被保険者が支援対象で，うつ病だけでなく統合失調症や双極性障害などによる休職者も受け入れており，2014年の利用者は約2,400人だった（井口，2016）。施設により年間数十名から数百名の参加者を受け入れる。標準支援期間は12週間で，プログラムは無料で利用できる。

スタッフは障害者の雇用支援を専門とする障害者職業カウンセラーや障害者支援の経験があるリワークカウンセラーなどであり，公認心理師や臨床心理士，精神保健福祉士，産業カウンセラーなどの有資格者もいる。プログラムは，福祉的就労を目指す障害者を対象とした職業リハビリテーションを応用しており，コミュニケーションや社会生活技能訓練（SST），キャリアの再構築などが中心である。また，事業主がスムーズに復職者を受け入れるための助言や，休職者と事業主，主治医との連携を重視したケースマネジメントを積極的に行う。

今後は，一般企業で求められるレベルに応じた業務遂行プログラムや，多様な状態像を呈する利用者への対応の充実が課題である。

③企業内や医療場面での復職支援

医療や職リハリワークが普及したとはいえ，これらを利用して復職するのは休職者全体の約1％にすぎない（中村，2017）。多くの休職者は復職のための専門的な支援を受けずに復職するか，以下のような個別的な支援を経て復職することもある。

【従業員支援プログラム（EAP）による支援】　事業主に委託されて従業員の健康維持・向上などに関するサービスを提供する従業員支援プログラム（EAP）は，カウンセリングを通した休職者への心理的支援を行い，休職者の状態や回復程度を把握したうえで，事業主と連携した環境調整も行う。

【事業主による支援】　企業の産業医や産業保健スタッフ，人事労務担当者が，従業員メンタルヘルスケアや人事管理の一環として，休職者への面談やカウンセリング，復職手続きや職場の環境調整，主治医や関係者との情報共有などを行う。休職者が働ける状態にあることを判断するため，短時間出勤や職場での軽作業を行う試し出勤（リハビリ出勤）を実施することもある。

【医療リワークを実施しない医療機関による支援】　主治医や公認心理師・臨床心理士，精神保健福祉士などが，休職者に対して生活リズムの管理や通勤訓練の指導，復職に焦点を当てたカウンセリングをしたり，事業主に対して休職者を受け入れる際の注意点などを助言をしたりする。

2．復職支援の特徴

①復職支援の利用者像

【状態像】　休職理由となっている診断名はうつ病や適応障害が多いが，実際には双極性障害や統合失調症，発達障害，アルコール依存症や難病，がんなどを含む身体疾患など，さまざまな疾患が含まれる。また，診断閾下のメンタル疾患傾向や障害傾向による適応困難や，職場での実践的学習（OJT）や社会的学習の不足といった，心理社会的課題をもつ人も多くいる（中村，2015a）。

不調の原因は，業務の行き詰まりや職場の人間関係，子育てや介護などのプライベートの問題，認知行動特性や発達課題に関連する個別的な心理社会的課題など，多岐にわたる。休職期間は数カ月から1年程度が多いが，数年にわたる長期休職や2回以上の反復休職などの困難事例も多い。

第 10 章　復職支援

【属性】　30〜40歳代が中心で，10歳代後半から60歳代まで幅広い。男女比はおおむね8：2で，業種や業務内容，職位は多様である。休職できる期間が長く経済的余裕がある正規被雇用者がほとんどである。

【利用経緯やニーズ】　事業主や主治医からの紹介で利用する人が多い。休職者や主治医が復職可能と考えても，事業主が復職要件を満たしていないと判断して利用を促したり，復職支援への参加が復職要件とされる場合もある。

体調・体力の向上や生活リズムを整えること，自宅外での活動や集団生活に慣れること，「休職前と同程度の業務ができること」といった復職要件を達成したい，などのニーズがある。

②労使関係を前提とした協働体制の構築

復職支援の対象となる休職者は，メンタル疾患があるものの，障害者雇用や福祉的就労者でなく，一般就労者である。ここから休職とは，休職者の健康問題によって，労働に対して報酬が支払われるという労使関係が，一時的に停止した状態といえる。一方，復職とは，休職者が再び働ける状態に回復し，通常の労使関係が回復することである。

復職可否を判断するのは事業主だが，復職判断の基準が曖昧なために休職者に不利益が生じたり，復職困難事例となる場合がある。そこで，事業主が，就業規則や休職者の個別性に配慮した復職要件を明示して，休職者や復職支援者，主治医と共有することが重要となる。これにより，休職者は復職のためにどのような努力が必要かの見通しをもつことができ，復職支援者や主治医はより具体的な支援や治療ができ，事業主は合理的客観的な復職可否判断ができる。

休職者が再発防止策を検討してそれを実施することで，復職後の職業生活を自律的に行うための自信を回復できる。また，事業主が休職者の再発防止策やその実施状況を把握することは，時短勤務や業務軽減などの安全配慮や合理的配慮の必要性を検討するための材料となる。

復職支援では，休職者と事業主が復職という共通の目標をもって協力することに加え，復職支援者や事業主，主治医などが，それぞれの立場や役割を理解しながら協働し，休職者を支えることが重要である。このような関係者の協力体制を築き，労使双方にとって安定的な復職を実現するための助言やケースマネジメントも，復職支援者の役割の一つである。

151

III 復職支援の実際

1. 復職までの流れ

日常生活が送れることと、出勤して主体的に業務遂行できることには大きな違いがある。復職支援ではこれに留意して、段階をおって、働くための能力を総合的に回復・向上することが重要である（図1）。

①復職までのステップ

【治療・休養】 受診や服薬で体調を安定し、短時間の外出や家事ができる体力、集中力、持続力を回復する。他者との関わりを増やし、出勤を意識した生活リズムを構築する。これができてから本格的な復職支援を開始するとよい。

【自己理解・対人関係能力の回復】 自分の認知行動や対人関係の特性を振り返り、ストレスを感じやすい出来事や業務、対人関係を自己分析して、それへの対処法を検討する。

【業務遂行能力の回復】 職場での役割や業務を遂行するために必要な計画性や

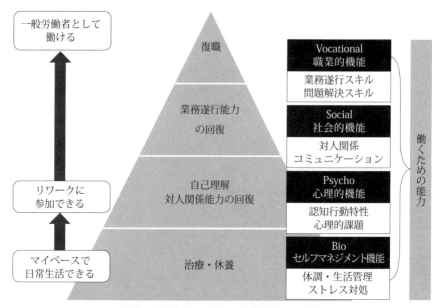

図1 復職までのステップと働くための能力

論理性，問題解決スキルを分析し，課題への対処法を検討する。

　【復職】　主治医や事業主と相談しながら，復職後の業務内容や就業場所，配慮事項，具体的な復職日程などを決定する。自宅から職場までの通勤訓練や試し出勤を行い，最終的に事業主が復職可能と判断すれば復職となる。

② Bio-Psycho-Social-Vocational からなる働くための能力

　一般的な職業人には，Bio-Psycho-Social-Vocational からなる働くための能力を，総合的に主体的に運用できることが求められる。

　【Bio（セルフマンジメント機能）】　体調管理やストレスへの対処は自己保健義務[注1] の一つであり，休職者に限らず職業人・社会人の基本である。
　【Psycho（心理的機能）】　認知行動パターンや心理的課題，生涯発達に関する課題は，業務への取り組み方や対人関係，動機づけなどに関連しており，職業生活や職業能力にも影響を与える。
　【Social（社会的機能）】　他者とコミュニケーションをとりながら，組織のルールに従って行動することは，業種や職種によらず重要なスキルである。
　【Vocational（職業的機能）】　組織での役割や目的・目標に応じて業務遂行するためには，合理的・主体的に問題解決するスキルが必要である。

　この４つの側面から休職原因を分析して再発防止策を検討し，それを実行することで再び働けるようになることが，復職の具体的な目標となる。

２．リワークプログラム

①主なプログラム

　医療や職リハリワークでは，うつ病の治療に効果がある（集団）認知行動療法や，対人コミュニケーション能力の回復を目指すアサーショントレーニングなどを中心に，利用者や事業主のニーズ，施設の運営方針などによって，複数のプログラムを組み合わせて実施している。また，出勤に合わせた体調や生活リズムの確立や，対人コミュニケーションが発生する集団生活に慣れること，自分の休職原因に応じた再発防止策の検討などを行い，安定的な復職を目指す（表２）。

　プログラムに参加する休職者同士のコミュニケーションには，休職中の不安を

注1）自己保健義務とは，労働者が労務提供とともに，自らの健康管理や保持を図る義務を負うこと。

表2 リワークプログラム例

プログラム例	目的
生活リズム記録表の記入，ウォーキング，軽運動，心理教育など	体調や生活リズムの自己管理
読書，数値計算，パソコン作業，デスクワークなど	集中力，持続力の向上
ワーク・ライフ・バランスやキャリアの見直し，個別カウンセリング，心理教育など	休職原因分析，再発防止策の検討
集団認知行動療法，アサーショントレーニングなどの社会生活技能訓練（SST）など	ストレス対処スキルの向上
グループディスカッション，プレゼンテーションなど	ビジネススキルの向上
デスクワーク，マルチタスクプログラムなど	業務遂行能力の向上
スポーツ・料理や創作活動，映画鑑賞やゲームなどのレクリエーション	余暇活動の充実

共有して孤立感を緩和するピアサポートの機能がある。また，産業医面談のノウハウや再発防止策を共有して，復職への見通しをもつなどの効果も期待できる。

②働くための能力を総合的に訓練する「マルチタスクプログラム」

「マルチタスクプログラム」は，復職支援の集団を職場と見立てて，参加者5〜6名を1チームとして，チーム内に上長やメンバーといった職制を設け，チームで協力しながら複数のタスク（作業）を時間内に完成する，実践的業務遂行訓練である（中村，2017）。マルチタスクプログラムは Bio-Psycho-Social-Vocational の各課題を総合的に訓練することを目指しており，これを通して自らの働き方を振り返って再発防止策を検討し，実践することができる（表3）。

プログラムによって職場の慌ただしさや対人関係，業務の得意・不得意を如実に想起してストレスを感じる参加者もいるが，参加者の気分や体調を十分に確認して，訓練の目的や復職への課題を明確にしてから参加するなどの配慮をすることで，各参加者が主体的にプログラムに取り組み，復職後の働き方を具体的にイメージできるようになる。集団で行うリワークプログラムでは，他者とのコミュニケーションや他者との共同作業といった組織での活動を体験し，復職準備ができる。マルチタスクプログラムは一部の職リハリワークなどで行われている。

3．事　例

（事例の発表はクライエント［以下，Cl］の了解を得た。個人情報を保護して記

第10章　復職支援

表3　マルチタスクプログラム　タスク例

課題	タスク名	内容
Bio	目標設定・行動計画	マルチタスクプログラム参加の目的を主体的に検討し，チームの戦略や自分の課題に役割行動がとれるように計画を立てる。作業内容と疲れの程度を観察し，適切な休憩をとるなど，自己管理する。
Psycho	セルフモニタリング	業務に関する得意・不得意や，1時間当たりの作業量，チームでの業務遂行によるストレスやストレス反応を把握し，それらと休職原因との関連などを検討する。ここから課題発見や課題解決につなげ，自己管理に活かす。
Social	メールチェック 電話応対プログラム 伝言メモ	要件の整理や相手に伝わりやすい表現を工夫して，メールや電話，書面によるコミュニケーションを実施，訓練する。
	相談マネジメント	相手の役割や自分との関係性から，相談内容や相談相手，相談の流れを書き出して発表する。これを復職後の再発防止にも活かす。
	新人研修	マルチタスクプログラムに初めて参加する人に対し，マルチタスクプログラムの目的や作業の流れなどを説明し，相手のニーズに応じたコミュニケーションを訓練する。
Vocational	数値チェック・日報集計	請求書や作業日報の正誤確認を行い，作業効率や正確性，チームワークを訓練する。
	ピッキング	発注伝票に従って物品をピックアップし，作業効率や正確性，チームワークを訓練する。
	部品組み立て	手順書に従って作業し，作業効率や正確性，チームワークを訓練する。
	オフィス用品購買計画	目的や条件に応じた購買計画を立てることで，合理的な業務遂行や書類の作成を訓練する。
	企画・戦略会議	新人研修や商品の販売計画，マルチタスクプログラムの新しいタスク企画などをチームで話し合い，発表する。
	新聞要約 議事録・報告書作成	6W2Hを基本とした情報を，ビジネス文書のフォーマットにのっとって作成する。

述する。）

　Clは入社6年目の男性で，営業事務を担当している。異動して業務範囲や人間関係の変化，責任が増したことから緊張が続きミスが増えた。集中力低下や抑うつ感，生活リズムの乱れから不眠となって欠勤が続き，メンタルクリニックを受診したところ，適応障害と診断されて休職した。

　Clが「半年ほど休んで体調がよくなったので復職したいが，仕事への自信がな

い」と主治医に相談したところ，職リハリワークを紹介されて参加することにした。

Clは業務遂行能力の不足を自覚しながらも改善策が見つけられず，自己評価が低い状態だった。子どもの頃から新規事項や新規場面への適応に時間がかかり，計画的に行動することが苦手で，空気を読めないと指摘されることがあった。会社の人事担当者からは，「報告・連絡・相談ができずによく注意されていた」などの情報があり，復職条件は「生活リズムを整えて自分で勤怠管理ができること，担当業務の進め方や働き方を見直すこと」，とされた。

これを受けてClは，リワークでの活動目標を「生活リズムの管理，自分の特性を理解する，働き方や社会人としてのあり方を見直す」とした。また，定期的に産業医や人事担当者と面談を行ってリワークでの活動を報告し，主治医には体調管理についてアドバイスをもらうことにした。

Clは，生活リズム表を記入して睡眠時間を自己管理し，計画的に行動した。また，Bio-Psycho-Social-Vocationalの各側面から休職原因を自己分析し，「業務ではいつ，どこで，誰が，何を，どうするなどを軸とした6W2Hの情報を，上司や同僚と共有するために報告・連絡・相談を徹底する。1週間の行動計画を立ててチームで共有して，自己中心的な働き方を改める」など，今後の働き方の目標を立てた。これをリワークの場で実践することで，自分の役割を確認しながら，他者と協力して働く感覚を取り戻していった。

Clはリワークでの取り組みを「リワーク報告書」にまとめて，復職面談に臨んだ。人事担当者や上司からは，「Clが業務に行きづまった原因や，再発防止策がわかった。職場としてサポートできることは協力する」と理解が得られて，復職が認められた。Clは「自分は社会人としてダメだと思っていたが，自分らしく努力しながら働いていきたい」との見通しをもって，勤務を継続している。

IV　まとめ：生涯発達を見通した全人的復職支援

働くことは，自分の意思や能力に基づいて社会の関係性の中で役割を果たす，社会的活動である（Arendt, 1958/1994）。この活動を通して職業人としての自分らしさや価値観を支える職業的アイデンティティが発達し（中村，2013），個としてのアイデンティティと影響しあって，自己実現や人間の自己形成が促される（鷲田，2015）。

一方，休職は職業生活を中断する危機である。しかし，復職支援利用者の多く

第10章　復職支援

は，「休職はつらい経験だったが，自分を振り返る良い機会だった」と語る。ここには，自分の働き方や価値観などを見直して休職原因を分析し，自己理解を深め，主体的に課題を解決する力を身につけて職業的アイデンティティを再構築し，職業人として成長できたとの自覚がある（中村，2015b）。このような心理的変化をもたらす復職支援は，休職を人生の転換点として積極的に意味づけて，自分らしい働き方や生き方を再発見して成長するための，生涯発達支援である。

　復職支援では休職者の個別性の理解（中村，2012），メンタル疾患の理解，職場の人間関係や業務遂行能力を含む労働環境や関係法令の理解，社会の中で働きながら生きる社会的存在としての人間の心理社会的理解といった，総合的な視点による全人的支援が求められる。そして，支援者自身も組織や社会の中で働く職業人であるとの自覚を持つことで，専門的視点に偏ることなく，クライエントやクライエントが生きる環境への共感的理解に基づいた復職支援が可能になる。

◆学習チェック表
- □　復職支援の対象者像や支援目標，支援の流れを理解した。
- □　復職支援は休職者と事業主の正常な労使関係の回復を目指して，休職者，事業主，主治医などとが協働する必要があり，助言やケースマネジメントも支援者の役割であることを理解した。
- □　復職支援ではクライエントを疾病性や個別性，所属する組織や社会との関係性から理解することで，成長発達する職業人・社会人への全人的支援が可能となることを理解した。

より深めるための推薦図書

中村美奈子（2017）復職支援ハンドブック―休職を成長につなげよう．金剛出版．
五十嵐良雄・うつ病リワーク映像制作委員会（2014）ドラマで学ぶリワークプログラム．うつ病リワーク研究会事務局．
Savickas, M. K.（2011）*Career Counseling*. American Psychological Association.（日本キャリア開発研究センター監訳（2015）サビカス　キャリアカウンセリング理論―〈自己構成〉によるライフデザインアプローチ．福村出版）．
二村英幸（2015）個と組織を生かすキャリア発達の心理学―自律支援の人材マネジメント論［改訂増補版］．金子書房．
Erikson, E. H.（1959）*Identity and the Life Cycle*. International Universities Press.（西平直，中島由恵訳（2011）アイデンティティとライフサイクル．誠信書房．）
Maslow, A. H.（1968）*Toward a Psychology of Being*. Van Nostrand.（上田吉一訳（1998）完全なる人間―魂のめざすもの［第2版］．誠信書房．）

157

文　献

秋山剛・五十嵐良雄・尾崎紀夫ほか（2012）うつ病に対する復職支援体制の確立─うつ病患者に対する社会復帰プログラムに関する研究．平成 23 年度統括研究報告書．

Arendt, H.（1958）*The Human Condition.*（志水速雄訳（1994）人間の条件．筑摩書房．）

五十嵐良雄・林俊秀（2010）うつ病リワーク研究会の会員施設でのリワークプログラムの実施状況と医療機関におけるリワークプログラムの要素．職リハネットワーク，67; 5-17.

井口修一（2016）職業リハビリテーションにおけるリワーク支援．精神科，28(6); 464-469.

厚生労働省（2004, 2012）心の健康問題により休業した労働者の職場復帰支援の手引き．厚生労働省．

厚生労働省（2017）平成 29 年版自殺対策白書．厚生労働省．

中村美奈子（2012）うつ病と診断された長期休職者に対する復職支援─クライエントの個別性に注目したかかわりについて．心理臨床学研究，30(2); 183-193.

中村美奈子（2013）職業的アイデンティティ再構築を支援目標とした復職支援．心理臨床学研究，31(5); 821-832.

中村美奈子（2015a）復職支援における診断名と見立て．産業精神保健，23（増刊号）; 128.

中村美奈子（2015b）就労能力向上を目指す若年長期休職者への復職支援─マルチタスクプログラムの提案．心理臨床学研究，32(6); 694-704.

中村美奈子（2017）復職支援ハンドブック─休職を成長につなげよう．金剛出版．

島悟ら（2004）うつ病を中心としたこころの健康障害をもつ労働者の職場復帰および職場適応支援方策に関する研究．平成 14 年～ 16 年度総合研究報告書．

うつ病リワーク協会（2019）うつ病リワーク協会ホームページ http://www. utsu-rework. org（2019 年 6 月 27 日閲覧）．

鷲田清一（2011）だれのための仕事─労働 vs 余暇を超えて．講談社．

第11章 再就職・障害者就労における心理支援

馬場洋介

Keywords 完全失業率，有効求人倍率，再就職支援会社，キャリア・カウンセリング，障害者雇用促進法，法定雇用率，地域障害者職業センター，就労継続支援事業，就労移行支援事業，合理的配慮

I 再就職における心理支援

1．再就職を取り巻く環境

　現状，2019年においては，官公庁が発表する完全失業率，有効求人倍率などの雇用関連の数値は好調に推移し，雇用環境は良好な状態が続いている。したがって，現在の日本全体を俯瞰すれば，求職者にとって再就職しやすい環境といえる。しかし，このような雇用情勢下においても再就職が困難な長期失業者も存在する。2019年5月発表の総務省労働力調査詳細集計によれば，2019年1月～3月期平均の完全失業者171万人中，離職後1年以上失業状態の長期失業者は59万人で長期失業者率は34.5％で高止まりの状態が続き，過大なストレスを抱えていると想定される。また，雇用ミスマッチの問題もあり，同業種・同職種への再就職が困難で他業種・他職種への大幅なキャリアチェンジを迫られている失業者も存在する。また，うつ病などの精神疾患を抱え，前職では休職中に退職せざるを得なかった失業者，職を失ったことなどが原因でうつ病などを発症し，治療しながら再就職活動をせざるを得ない失業者も存在する。さらに，親の介護，夫婦関係の不和・離婚などの家族問題，住宅ローン，子どもの養育費などの経済問題など，複数の問題を抱え，ストレスが増大している失業者も存在する。上記のような複数の問題とストレスなどを抱えている失業者は，再就職活動において心理支援を必要としている。

2．再就職における心理支援のポイント

　ここでは，筆者が所属していた再就職支援会社における中高年失業者に対する

心理支援の経験などを踏まえ，再就職における心理支援のポイントを整理する。

再就職支援会社とは，経営状況の悪化などの要因により，雇用調整を実施する企業からの要請を受けて，会社都合で退職した企業人の再就職を支援する会社である。主な支援内容は，求職者の志向，スキルなどについてのキャリア・カウンセリング，応募書類作成，面接対策など，再就職に関する現実的なスキル面の支援である。再就職支援会社の支援対象の失業者は，上場企業などの大企業，および，大企業の関連会社の出身者などで年齢構成は40代，50代の中高年層が大半を占め，男性比率が高く，自らのキャリアにプライドがあり，終身雇用を想定している人が多い。したがって，雇用調整を機に退職を余儀なくされた時に，キャリアの展望を断ち切られる喪失体験をしており，心理的外傷も相当大きいと想定される。したがって，再就職支援会社で支援している失業者の中には心身の状態が不安定な人も一定の割合で存在する。このような失業者に対してどのような心理支援が必要なのかについて述べる。

①**失業の語りを丁寧に聴く**

廣川（2006）は，失業を長年，親しんできた対象の喪失と捉え，失業の危機・転機の語りを聴く心理支援の重要性を指摘している。また，高橋（2010）は，失業者の援助場面において，これまで築いてきたプライドなどの失業者の語りを丁寧に聴く支援の重要性を指摘している。会社を辞めざるを得ない状況に追い込まれた失業者が徐々に生活リズムを安定させて精神状態が改善した段階では，支援者が失業者の辛い思いに寄り添いながら，退職に至った経緯や要因について一緒に振り返ることは，再就職支援を開始する際に必要な支援である。支援者は，仕事や人間関係などの職場における問題，および，ものごとの捉え方の偏りなどの個人の問題など，失業にまつわる経験の語りを傾聴して，失業の経験を今後のキャリアにどのように活かしていくのかについて一緒に考えていく姿勢が重要である。このように，失業者は新たな仕事を探す不安，悩みだけでなく，自らのキャリアの喪失感，および，経済問題，家族問題など，同時に複数の問題を抱える場合が多いので，支援者は失業者の語りを傾聴することに力点を置いた支援をする必要がある。

②**自己肯定感を回復させる**

失業者は仕事を喪失すると同時に，これまでの経験，実績などで蓄積してきたキャリアに対する自己肯定感も喪失する場合もある。したがって，失業者がこれ

まで積み重ねてきた長年のキャリアを傾聴し，承認し，過去の成功の物語から，どのような仕事ができていたのか，何が得意なのかなどを引き出し，本人独自の能力，スキル，強みなどを再整理するための支援が有効である。このプロセスを経て，失業者は再び自信を回復して再就職活動に向き合う準備ができる。しかし，再就職活動が長期化すると，現場から長期間離れていることが原因で採用市場における価値が下がり，不利な状況に追い込まれ，応募しても不合格が重なるなど，再び自己肯定感を喪失する危機に直面する場合もある。このような状況に追い込まれた長期失業者に対しては，度重なる不合格による自信喪失の辛さに寄り添いながら，不合格の受けとめ方の転換を図り，継続的な活動の原動力に変えていくような心理支援が必要である。

③限られたソーシャルサポート

馬場（2016a）は，会社という定期的に通う場を喪失した失業者は元の会社の先輩，同僚などから急速に疎遠になっていく場合が多く，交友関係が極端に狭まり，社会との関わりが減退すると指摘している。また，失業を契機に会社関連の人間関係だけでなく，夫婦関係などの家族関係にも変化が生じ，家庭にも居場所がなくなり，ストレスを抱える場合もある。失業を契機に会社，家庭などという主要なコミュニケーションの場が極端に減退する状況においては，再就職支援のキャリア・カウンセリングの場は，具体的な支援の場という意味だけではなく，人生全般の不安，悩み，趣味や興味のあることなどの会話もできる場にもなり，失業者が抱えるストレスを緩和する心理支援の場にもなっている。したがって，再就職支援に関わるカウンセラーは，失業者のソーシャルサポートが限られていることを意識しながら，キャリア面だけでなく，メンタル面も統合した心理支援をしていくことが重要である。また，失業者が限られたソーシャルサポートを有効に活用することを促す支援も必要である。例えば，人的ネットワークが途切れがちな失業者に対しては，学生時代の同級生，サークル活動の仲間や会社時代の元上司，元同僚などに連絡をとり，旧交を温めることなどを促すことも心理支援の一つである。

II 障害者就労における心理支援

1．精神障害者の就労を取り巻く環境

ここでは，障害者の中でも，精神障害者の就労における心理支援について述べ

第2部　働く人への支援

る。精神障害者とは，障害者雇用促進法では，障害者のうち精神障害がある者であり，精神障害者保健福祉手帳の交付を受けている者，および，統合失調症，そううつ病，または，てんかんに罹患している者のうち，症状が安定し，勤労が可能な状態にある者とし，発達障害も含まれる。障害者雇用促進法上の精神障害者が症状の安定と勤労可能な状態を求められているのは，同法が雇用分野の法律であり，就業可能な障害者を念頭に置いているからである。

現状の障害者雇用は以下の状況である。厚生労働省（2018）によると，民間企業（50人以上）に雇用されている障害者の数は534,769.5人（短時間労働者を0.5人換算）で，前年より7.9％増加し，15年連続で過去最高である。障害種別の人数は，身体障害者346,208.0人（対前年比3.8％増），知的障害者121,166.5人（同7.9％増），精神障害者67,395.0人（同34.7％増）と，いずれも前年より増加し，特に精神障害者の伸び率が大きい。また，障害者雇用促進法に基づき，民間企業に対して一定割合以上の障害者雇用を義務づけて法定雇用率を設定しているが，2018年4月，発達障害者を含む精神障害者も雇用義務の対象に加えられ，2.0％から2.2％に引き上げられた。2018年6月時点で企業の実雇用率は2.05％で，法定雇用率は未達であり，2018年4月，義務を課す企業は従業員50人から45.5人に広げられたので，今後，発達障害者を含む精神障害者に対する企業側の採用意欲が高まることが想定される。

2．障害者就労支援組織について

障害者就労支援組織は，目的，支援対象などによりさまざまな組織が存在するので，利用する際は支援を受ける人の状況に合わせて検討，選択する必要がある。したがって，支援者は，障害者就労支援組織に関する情報と人的ネットワークを持ち，各支援組織の多職種の方々と連携する力が必要とされる。小川（2017）は，障害者就労支援組織について，支援を受ける人の相談内容により雇用的支援と福祉的支援に分類し，労働施策に基づく機関と福祉施策に基づく機関のどちらを選択するか，支援者が紹介先の判断を適切に行うことの重要性を指摘している。以下，各支援組織の特徴について述べる。

①雇用を基盤にした就労支援

ハローワークの障害者支援は，障害者対象の求人情報の提供に加え，地域障害者職業センターと連携し，同センターの職業リハビリテーションサービスを修了した障害者にさまざまな支援をするなど，地域の障害者就労支援の中核的役割を

担っている。また，障害者対象の有料民間職業紹介業者は障害者を採用したい企業と求職中の障害者をマッチングする役割を担っている。有料民間職業紹介業者を利用する場合，求人企業は人材採用が決定した際，紹介業者に成功報酬を支払う必要があるが，自社の仕事を遂行できるスキルを持った人材を採用したい時，一定数の人材を採用したい時などには，有効な採用手段である。

② 福祉を基盤とした就労支援

　小川（2017）は，福祉的就労や生活面の相談の割合が高い場合は，障害者総合支援法に基づく相談支援事業や市町村の福祉事務所などを活用する必要があり，本人の障害の認識が不十分な場合は，就労困難な若者全般を対象とする地域若者サポートステーションを利用する必要もあると指摘している。また，就職活動を開始する前に，一定期間，職業訓練などを受け，準備を整えてから就労を希望する場合，以下の社会資源の利用を勧めている。

- 地域障害者職業センター　障害者雇用促進法に基づき，独立行政法人高齢・障害・求職者雇用支援機構が各都道府県に設置している障害者職業リハビリテーションの専門機関。職業相談，職業評価，職業準備支援，ジョブコーチ支援などが行われている。
- 障害者就業・生活支援センター　障害者雇用促進法に基づき，地域に根差した就労機関として，複数の市町村で構成する障害保健福祉圏域単位に設置。ハローワークや就労移行支援事業などとの連携，就職活動の支援，企業との調整，就職後の定着支援などが行われている。
- 就労移行支援事業　障害者総合支援法に基づく障害者福祉サービスで，就労希望者を対象に施設内作業や実習などの訓練，評価を通して，原則2年間の期限で就職への支援を目的とする。必要性が認められた場合に限り，最大1年間の更新が可能になる。通常の雇用が可能と見込まれる65歳未満の就労希望の障害者に対して，ビジネスマナーなどの知識やIT機器の操作などの訓練，および，就職活動に関する支援，適性に応じた職場開拓，就職後の職場定着に必要な支援を行う。最近，都市部において，発達障害者を含む精神障害者を対象とする就労移行支援事業に民間企業などの参入も増え，利用しやすい社会資源になっている。また，職場定着支援については，小川（2017）は，発達障害者の場合，認知面の障害に起因するコミュニケーションや社会性の問題を調整するなど，本人や職場に具体的助言を行う支援の重要性を指摘している。発達障害を含む精神障害者は，就職して環境変化に直面すると，精神的に不安定になることが想定される。職場定着支援は，就職前から就職後3カ月程度の時期に本人と職場の間に入ることで働きやすい環境調整を行う。

3．障害者の就労形態について

　精神障害者の就労形態は多様であるが，小川（2017）は通常雇用，障害者雇用，福祉的就労の3形態に整理し，本人が自分に合った就労形態を選択できるように，支援者が各就労形態のメリット，デメリットを説明する必要性を指摘している。以下，各就労形態の特徴を述べる。

①通常雇用

　通常の職場で障害者手帳を使わず，自らの障害を職場に開示しない働き方を「クローズド（closed）」と表現する。仕事内容，報酬などの雇用条件が健常者と同じ扱いになるメリットはあるが，職場から障害に関わる配慮を受けることは難しいというデメリットがある。

②障害者雇用

　障害者手帳を使って法定雇用率の算定対象として，自らの障害を職場に開示する働き方を「オープン（open）」と表現する。職場では障害に対する理解があり，配慮を受けやすく，就労支援機関などと連携して支援を受けられるメリットはあるが，仕事内容，報酬などの待遇面では健常者と比べて水準が下がる可能性などのデメリットがある。また，大企業子会社の位置づけの特例子会社で働く就労形態の選択肢もある。特例子会社とは，障害者雇用促進法に基づき障害者雇用を目的として設立された子会社の位置づけの組織で，親会社の一事業所として法定雇用率に合算できる。

③福祉的就労

　障害者総合支援法に基づく就労継続支援A型事業，B型事業が福祉的就労であり，福祉施設の生産活動に従事しながら，職業指導員などから支援を受けられる就労形態である。就労継続支援A型事業は，雇用契約を締結し就労可能な障害者に対して就労機会を提供し，就労に必要な能力，知識などの向上のための訓練などを行い，福祉サービスを提供すると同時に雇用契約を締結し労働法の適用を受ける事業所である。したがって，原則，最低賃金が保障され，労働者の処遇を受ける。また，利用期間の無制限の福祉サービス利用契約を締結する。対象者は，就労移行支援事業を利用したが雇用に至らなかった人，特別支援学校を卒業して就職活動したが，企業などの雇用に至らなかった人，および，就労経験がある人

で企業などを離職した人である。就労継続支援Ｂ型事業は，通常の事業所における就業が困難な人に対して，生産活動の就労機会を提供すると同時に，就労に必要な能力，知識などの向上のための訓練などを行う。雇用契約を締結せず，労働法の適用を受けないが，生産活動に応じて工賃が支給される場合もある。また，生産活動を行う中で，能力，知識などを獲得し就労の可能性がある人には，就労継続支援Ａ型事業や企業への雇用が可能になるような支援を行う。対象者は，企業，就労継続支援Ａ型事業などにおける就労経験はあるが，年齢，体力面などで就業継続が困難になった人，就労移行支援事業を利用したが，企業，就労継続事業Ａ型事業などの雇用に至らなかった人，および，企業，就労継続事業Ａ型事業などに就業したが，継続的雇用が困難と判断された人である。

4．障害者が定着するための採用企業側の留意点

2013年の障害者雇用促進法の改正で導入された「差別禁止・合理的配慮提供義務」の観点から，永野ら（2018）は，精神障害者の定着のための合理的配慮について，行動抑制，コミュニケーションにおける困難，変化やストレス，通院・服薬など，個別性とプライバシーなど，5つの視点を挙げている。

①行動抑制に対する配慮

　行動抑制に対する配慮としては，例えば，本人の体調などに応じて，通勤時の満員電車を避けるための時差出勤を了承するなど，出退勤時刻，休憩時間などの調整の必要性を指摘している。また，職場復帰後，体調が不安定になり再休職する可能性もあるため，人事，産業保健スタッフなどが連携して再休職を防止するための職場復帰支援プログラムを実施することなどの必要性も指摘している。加えて，精神疾患を抱えていることで，以前は遂行していたことができなくなる経験を通じ自己肯定感が低くなる人もいるので，自分の強み，成功体験などの言語化に焦点を当て，自信を取り戻してもらう支援を行うことも重要である。

②コミュニケーションにおける困難に対する配慮

　コミュニケーションにおける困難に対する配慮としては，例えば，採用の面接時，就労支援機関の担当者などの同席を承認すること，採用後の業務指導，相談などに関する担当者を特定することなどを指摘している。自身の障害内容や必要な配慮などについて自ら語ることが困難な精神障害者にとって，就労支援機関の担当者などは，採用する企業側との円滑なコミュニケーションを可能にする存在

である。また，個人のプライバシーを配慮したうえで，職場の他のメンバーに対して，本人の障害内容や必要な配慮などを説明することも，合理的配慮として指摘している。

③変化やストレスに対する配慮

　変化やストレスに対する配慮としては，例えば，業務の目標や優先順位を明確にし，作業手順をわかりやすく示したマニュアル作成などの対応を行うことを指摘している。また，体調などに考慮して，出退勤時刻や休憩時間などを調整することや，静かな場所で休憩できること，状況を見ながら業務量を調整することなどを，合理的配慮として指摘している。本人の体調変化やストレスについて，職場の上長，他のメンバーが早く気づき，本人が一人で抱え込まないような体制を整えることも重要な点と指摘している。

④通院・服薬などに対する配慮

　通院・服薬などに対する配慮としては，例えば，本人が業務をしながら継続的に治療できる環境に考慮して，出退勤時刻，休憩時間などを調整することが合理的配慮になると指摘している。精神障害者が，職場のメンバーにも理解を得て安心して働くために，そして，他の職場メンバーとの間の良好なコミュニケーションの維持のためにも必要な配慮と指摘している。

⑤個別性とプライバシーに対する配慮

　個別性とプライバシーに対する配慮としては，例えば，精神障害者が抱える状況には個人差が大きいことを前提に，本人の状況に応じた必要な合理的配慮を模索することの重要性を指摘している。支援者としては，他の就労支援機関，医療機関などとの連携を図り，各機関からの情報をもとに，本人の状況に合わせた合理的配慮をしていく必要がある。

5．精神障害者就労の心理支援のポイント

　精神障害者就労を取り巻く環境は，法律制度の制定，改正や社会情勢などに応じて変化するので，支援者は，障害者の就労支援に関して常に新しい情報を把握する必要がある。また，精神障害者就労支援組織や障害者を雇用する組織なども障害の種別，程度などに応じて選択肢が多いので，常に幅広く，最新の情報を収集し，把握する必要がある。さらに，精神障害の内容，程度などに応じて支援内

第11章　再就職・障害者就労における心理支援

容も異なるので，包括的アセスメントとさまざまな支援機関との連携を意識して支援していく姿勢が重要である。ここでは，精神障害者就労の心理支援のポイントについて述べる。

①就職活動を治療のリハビリの一環として捉える

　馬場（2016b）は精神疾患を抱えながら就職活動する人を支援する際，精神疾患の治療のリハビリを進めて病状の回復を図ることと，就職活動を関連させながら支援していく姿勢の重要性を指摘している。精神疾患を抱えた失業者は，仕事に対する自分の能力や人間関係における自信の喪失など，複数の喪失感を抱えることが多く，本格的な就職活動に取り組むことに対して心理的障壁が高く，就職活動の第一歩が踏み出せない場合もある。このような状態に陥ると，何も活動しない無為な時間だけが経過して，就労に対する意欲が減退してしまう可能性もある。このような段階において，本人が就職活動を治療のリハビリの一環として捉えることができると，就職活動に対する心理的障壁が低くなり，就職活動を開始するきっかけを掴むことができる。例えば，就職活動における応募書類作成の作業はパソコンを使った作業に慣れるトレーニング，採用面接は良好な対人関係を構築するためのコミュニケーションを習得するトレーニングと置き換えて取り組んでもらうなど，就職活動におけるさまざまなプロセスを治療のリハビリ活動の一環として捉えるという，就職活動の捉え方の転換を図れるような心理支援が必要になる。

②障害の開示について判断する

　就職活動する精神障害者を支援する際，企業への応募段階では自身の精神障害を開示するかどうかについて，メリット，デメリットを検討し，選択する判断を迫られる場合もある。障害の開示については，本人の体調の安定度，仕事内容の難易度など，さまざまな視点で検討し，選択しなければならない意思決定になるので，本人だけでは判断せずに，第三者からのアドバイスなどが必要な場合もある。障害を開示することのメリット，デメリットを総合的に検討し，本人の意思を尊重した形で障害を開示するかどうかを判断する。もし，障害を開示する際，面接などで自ら口頭で伝えることが困難な場合は，診断名，症状の特徴，通院の状況，配慮事項などを書面で伝えることは有効な手段である。求職者は口頭では伝えづらい情報も正確に伝えることができ，面接官も障害を抱えた求職者に対して障害の状況を細かく確認することに抵抗があるので，求職者側，面接する側双

第2部 働く人への支援

方にとって有効である。

③本人状況に合わせた適度な仕事のマッチング

就労支援と同じようなプロセスで，精神障害を抱えた人を支援する形態として職場復帰支援がある。職場復帰支援と就労支援の違いの一つは，職場復帰支援が，所属する現状の会社へ復職するための支援であるのに対して，就労支援は新たな職場に就職するための支援である点である。中村（2017）は職場復帰するにあたって必要な働く能力として，Bio-Psycho-Social-Vocationalモデルにおける，①健康管理，②自己理解，③対人関係・コミュニケーション，④業務遂行を挙げ，本人の働く能力について，どこに課題があるのかを理解して支援することの重要性を指摘している（第10章参照）。精神障害者の就労支援においても，本人の健康状態，性格傾向，対人関係の特徴などや職務遂行上のスキル，能力などの包括的アセスメントを踏まえ，当該企業が現状の本人の状態にマッチングしているかどうか，十分に確認，検討して支援することが必要である。さらに，直近の就職先の選択だけでなく，今後の人生全般の計画について本人と一緒に考え，障害を抱えながらもトータルでバランスのとれたキャリアをどのように考えていくのかなど，メンタル面とキャリア面を統合的に支援していく姿勢も重要である。

④多職種の方々との連携

これまで述べてきたように，精神障害者就労を支援する組織，雇用する組織形態，就労形態などは幅広い選択肢があるので，さまざまな就労支援機関と多職種の方々と連携して支援することが必要である。すなわち，各就労支援機関に所属する心理職，キャリアカウンセラーなどの専門家，相談員など，多職種の方々との連携の中で，支援者は，本人の病状などに基づく就職活動が可能かどうかのアセスメント，面接不合格が続く中での精神的な落ち込みを受けとめる支援など，本人の精神状態を正確に把握して，心理支援に関する適切な役割を果たすことが求められる。

6．発達障害者の就労における心理支援のポイント

これまで精神障害者の就労支援で大事にしたい点を述べてきたが，ここでは，特に発達障害者の就労支援について付け加えたい点について述べる。

①自らできることを増やす支援

第11章 再就職・障害者就労における心理支援

　鈴木（2017）は，民間企業における発達障害者の就労支援を通じて，発達障害者が抱えている困難の特徴を「情報の混乱」と捉え，ビジネスで解決されている常識を福祉の文脈に応用する方法で，発達障害者の就労支援で成果を出している。具体的プログラムは，職業訓練，就活支援，定着支援の3つに大別され，特に，職業訓練は，在庫管理，クレーム対応など，30を超えるメニューが用意されている。このような訓練を通じて，発達障害者は体験したスキルなどを武器に就職していく。このケースからわかるように，発達障害の人ができることは何か，そして，そのスキルが雇用する企業でどのように役立つのか，両方の視点に立った支援が必要である。したがって，支援者としては，心理臨床的なアセスメントする能力だけでなく，雇用する側の仕事内容の理解や，その仕事を遂行するためにはどのような能力が求められるかなどについて理解する能力も必要である。

②継続的な支援の必要性

　小川（2017）は，発達障害者が就労に至るプロセスは，本人の自己意識・職業意識と現実に適応可能な職場とのマッチングが難しく時間がかかること，一度の就職で安定就労を続けることが容易ではないことなど，発達障害者特有の就労の困難さを指摘している。したがって，発達障害者の就労支援においては，継続的支援が可能な支援者が，就職活動のプロセスの中で遭遇するさまざまな挫折感，喪失感などに寄り添い，多職種の方々と連携しながら継続的に支援することが重要である。そのためには，当該地域の機関の情報や幅広い人的ネットワークなどを持つことが必要になる。また，心理支援だけでなく，前述したような発達障害者が持っている能力，スキルがどのような仕事にマッチングできるかどうかなどについても助言できるように，企業組織，および，企業内の仕事内容などの理解も必要になる。

III まとめ

　ここでは，公認心理師が再就職支援，障害者の就労支援に関わる際に，共通して留意したいことについてまとめて述べる。
　第1に，再就職支援，障害者の就労支援ともに，支援を受ける人は職に就いていない状態から，職に就き定着するまでの継続的支援が必要な点に特徴がある。したがって，支援者としては，支援を受ける人の状況，段階ごとに支援の方法を変化させていく必要がある。気持ちに寄り添い語りを聴くことに重点を置く段階，

面接でのコミュニケーションスキルをトレーニングする段階もあれば，他の機関と連携しながら支援する段階などもある。支援者としては，その段階に相応しい支援の方法を，本人の状況を包括的にアセスメントして支援していくことが重要である。

　第2に，再就職や障害者の就労については，最新の雇用関係の法律制度を把握して支援することが重要である。雇用関連の法律制度は，その時の経済環境，社会情勢などによって，新たに制定，改正などされていく可能性があるので，現状の法律制度を理解，把握することはもちろんだが，常に情報収集し，法律の改正なども把握して支援していくことが重要である。

　第3に，多様な就労支援機関における多職種の方々と連携していくことが重要である。前述のように，再就職支援，障害者の就労支援は，職に就いていない状態から職に就き働き始めて定着するまでのプロセスの支援なので，一定期間の支援の間に，多様な就労支援組織や受け入れ企業など，多職種の専門家などと連携しながら継続的に支援することが必要である。その際，多職種の方々と連携できるためのコミュニケーションスキルが必要になる。心理の専門用語で支援を受ける人の状態などを説明するのでなく，多職種の方々にも理解できるような説明が必要であるし，多職種のそれぞれの専門性，特徴などを理解しながら効果的な連携をしていく必要がある，そのためには，まず，公認心理師として，自分がどういう能力，スキルなどを持ち，どのような役割を果たせば貢献できるのか，どこまでが自分の能力，支援できる範囲なのかなどを常に見極めながら，適切な役割を果たしていくことが重要である。現状，再就職支援，障害者の就労支援の領域に関わる心理の専門家は少ないと想定される。一方，グラットンとスコット（Gratton & Scott, 2016）が提言しているように，人生100年時代を目の前に控え，我々を取り巻く社会情勢などが急激に変化していく中で，一人が一生のうちに複数の仕事を経験するのが当たり前になるであろうし，精神障害を抱えた方が企業組織の中で活躍する場がさらに増えることが想定される。このような急激な環境変化の中で，複数回の再就職や障害者の就労というキャリアを転換させていく中での不安，ストレスなどを受けとめながら，その人ならではのキャリアを実現するための心理支援ができる公認心理師が求められる存在になっていくことを確信している。

◆学習チェック表
- □ 現状の雇用情勢(失業率,有効求人倍率など)について理解した.
- □ 民間企業における障害者の雇用の現状について理解した.
- □ 障害者の就労支援組織について理解した.
- □ 障害者の就労形態について理解した.

より深めるための推薦図書

廣川進(2006)失業のキャリアカウンセリング―再就職支援の現場から.金剛出版.

永野仁美・長谷川珠子・富永晃一編(2018)詳説 障害者雇用促進法―新たな平等社会の実現に向けて[増補補正版].弘文堂.

新田泰生・足立智昭編(2016)心理職の組織への関わり方―産業心理臨床モデルの構築に向けて.誠信書房.

眞保智子(2017)障害者雇用の実務と就労支援―「合理的配慮のアプローチ」.日本法令.

高橋美保(2010)中高年の失業体験と心理的援助―失業者を社会につなぐために.ミネルヴァ書房.

文 献

馬場洋介(2016a)再就職支援会社で支援を受けている精神疾患を抱えた中高年男性の失業体験プロセス.In:新田泰生・足立智昭編:心理職の組織への関わり方―産業心理臨床モデルの構築に向けて.誠信書房,pp.116-144.

馬場洋介(2016b)公認心理師の活躍が期待される職域・活動 産業・組織領域 キャリア支援. こころの科学増刊号「公認心理師への期待」(野島一彦編),p.96.

小川浩(2017)発達障害者の就労支援の関わる法律と制度.こころの科学,195; 22-26

廣川進(2006)失業のキャリアカウンセリング―再就職支援の現場から.金剛出版.

厚生労働省(2018)平成30年度障害者雇用状況の集計結果.

グラットン&スコット(池村千秋訳,2016)LIFE SHIFT 100年時代の人生戦略.東洋経済新報社.(Gratton, L. & Scott, A.(2016)*The 100-Year Life*. Bloomsbury Information Ltd.)

永野仁美・長谷川珠子・富永晃一編(2018)詳説 障害者雇用促進法―新たな平等社会の実現に向けて[増補補正版].弘文堂.

中村美奈子(2017)復職支援ハンドブック―休職を成長につなげよう.金剛出版.

鈴木慶太(2017)民間企業ならではの就労支援活動.こころの科学,195; 42-46.

高橋美保(2010)中高年の失業体験と心理的援助―失業者を社会につなぐために.ミネルヴァ書房.

第2部 働く人への支援

第12章

職場でのトラウマケア

藤原俊通

Keywords トラウマケア，組織におけるトラウマケア，レジリエンス，適応力，ストレス，組織的災害救援者

1 はじめに

　現代社会の激しい変化は，組織で働く人の心に大きな影響を及ぼしている。もともとカウンセリングは欧米における産業革命によってもたらされた，社会構造の変化への適応を支援する過程で発達したが，高度情報化，少子高齢化をはじめとする変化の波は，まさに産業革命にも匹敵する変化としてあらゆる分野で影響を及ぼしている。平成28年労働安全衛生調査（厚生労働省，2017）によると現在，働く人の約6割は働くうえで何らかの強いストレスや不安を抱えているという。

　そして職場で受けるストレスの中には生命の危険を感じさせるような強烈なストレスも含まれる。最近ではよく聞かれる言葉になったが，「トラウマ」とは一般に精神的外傷すなわち心の傷になるような衝撃的な体験と理解されている。本章では人が職場で体験するトラウマのケアについて解説する。働く人の職場にはさまざまな領域があり，中には毎日が生命の危険と隣り合わせの職場もある。また，自分自身の安全は脅かされなくても，他者の死に直面することが多い医療などの現場も同様のストレスを受ける職場であるといえる。ここではまず危険と隣り合わせの職場で働く人々の心理について説明したうえでトラウマについて理解を深める。さらに，トラウマケアの方法について説明し，職場でのトラウマケアについて詳しく検討する。

第 12 章　職場でのトラウマケア

II　危険を伴う職場で働く人々の心理

　はじめに述べたように急激な社会構造の変化の中で，働く人が日々受けるストレスは多様化している。そうした中で近年我が国ではさまざまなメンタルヘルス施策が実施されてきた。

　例えばストレスチェック制度は，労働者がメンタルヘルス不調になることを未然に防止することを主な目的としたものであり，2015（平成27）年12月に施行された。しかしながら職場におけるトラウマケアについては，一部の特殊な職場を除き，ほとんど行われていない状況である。

　廣川（2011）によると消防隊員，警察官，海上保安官，自衛官，医師，看護師など災害や事件事故時に業務として救援活動に従事することの多い組織的災害救援者は，任務遂行上惨事ストレスを受けやすいにもかかわらず，従来組織だったケアをなされることがあまりなかったという。では組織的災害救援者はどのようにトラウマと向き合うのだろうか。

　例えば自衛官の服務の宣誓には「事に臨んでは危険を顧みず，身をもって責務の完遂に務め，もって国民の負託にこたえることを誓います」という一文がある。これは個の安全よりも組織としての任務達成を優先しなければならないことを示しており，自衛隊という組織の最大の特徴といえる。このような組織のメンタルヘルスは，単なる精神疾患の予防や，傷ついた心を癒すだけでは不十分である。求められるのは心の強さであり，どのような過酷な環境の中でも，ストレスに負けず任務完遂に向けて活動できる心の育成であるといえる。組織によって違いはあるものの，自衛隊，警察，消防などの組織では「強くあること」が求められるため，トラウマケアは一般に受け入れられにくい。このような背景を理解しておくことがそこで効果的なケアを行うために重要である。

III　トラウマとは何か

　『DSM-5 精神疾患の診断・統計マニュアル』を参考にすると，トラウマとは実際にまたは危うく死ぬ，重傷を負う，性的暴力を受けるなどに直接的あるいは間接的にさらされる体験のことをいう。

　生命の危険を感じさせるような悲惨な体験であるトラウマによるストレスは，ASD（急性ストレス障害）やPTSD（心的外傷後ストレス障害）などの原因となる

173

こともある。トラウマとなり得る出来事としては，身近なところでは自然災害や交通事故，そして犯罪被害などが挙げられるだろう。自分自身に直接生命の危険がなくても，上記のような現場で悲惨な状況を目撃すると，同じような症状や反応が現れることがある。

ではトラウマは我々の心身にどのような影響を及ぼすのであろうか。トラウマによって発症する ASD や PTSD などでは，侵入，過覚醒，麻痺などの症状が現れることが知られている。しかしトラウマによる影響は，実際にはさらに複雑で多岐にわたるものである。

自分の生命が危機にさらされるようなストレスに遭遇したとき，人は驚愕し激しく動揺する。ストレスがその人の限界を超える場合は，心の安全装置が働き，感覚が麻痺することで，ストレスから受ける衝撃をまともに受け止めてしまわないようにしてくれる。このようにして我々は強い衝撃から，自動的に自分の心を守るための働きを持っているのである。しかしながらこの安全装置は，我々に害をなす衝撃だけでなく，すべての刺激を外界から遮断してしまうところに問題がある。例えばトラウマから自分を守るための有益な情報や，周囲からの温かいサポートなどが拒絶されてしまうことがある。

このような状況で人は周囲から孤立し，自分だけの閉ざされた思考回路で情報処理を進めようとする。そしてその結果，人は自責感や無力感，不安などの感情に巻き込まれてしまうのである。

Ⅳ　トラウマのケア

トラウマによるストレスの反応は単に心理的な反応にとどまらず，重篤な場合はうつ病や PTSD などの疾患に至ることもある。そのためトラウマによるストレスのケアは，カウンセリングなどの心理学的介入のみではなく，精神科受診による薬物療法も十分に検討する必要がある。そのことを十分に理解したうえでここでは個人に対する心理療法について簡単に紹介する。

福井（2017）はトラウマに焦点を当てた心理療法について，伝統的な心理療法と新しい身体志向の心理療法に二分することが可能であるという。そして伝統的な心理療法として，精神力動的アプローチと行動主義的アプローチ，新しい身体志向の心理療法として EMDR（眼球運動による脱感作と再処理法），TFT（思考場療法），ソマティック・エクスペリエンシング療法などを紹介している。それらの中には，TF-CBT（トラウマ焦点化認知行動療法），PE（暴露療法）および EMDR

のようにエビデンスが確立されているものもあり[注1]，それぞれトラウマケアに有効であることがわかっている。ここで紹介した個人のケアは，トラウマを体験した人が個別に受ける精神医学的あるいは心理学的治療として行われる。これに対して次節では，職員が職務遂行上トラウマを体験した場合，組織としてどのようなケアを行うかについて述べる。

V　組織におけるトラウマケア

1．組織におけるトラウマケアの現状

廣川（2011）は海上保安庁における活動を通して，惨事ストレスのケアは単なる個人のケアではなく，そこには組織が個を守るという姿勢，職務の意義，リーダーシップが求められるという。しかしながら現在我が国において，職務上体験するトラウマのケアを組織として十分に行えている例はほとんど見られない。

太田ら（2015）によると，トラウマケアの視点からの一般の職場における職場起因ストレスの研究はほとんどないのが現状である。その多くは看護師を対象としたもの，あるいは消防や警察など特殊な環境で勤務する人々を対象としたものである。

それらの研究を通して明らかになったのは，災害や事故現場における惨事ストレスだけでなく，職場における対人関係上の各種ハラスメントによる急性ストレスに関する報告が多いことであるという。さらに太田らは「ハラスメントによる労災認定の精神障害は，トラウマ反応の範疇に入る」という。そうであれば職場起因性ストレスによるトラウマ反応は，直接的危険を伴う特殊な職場に限定されるものではなく，どのような職種，職域においても生じうる問題と考えることができる。大規模災害だけでなく，小規模で日常的に起きる職場の問題によるトラウマ臨床の重要性が指摘されている。

現在職場で見られる取り組みとしては，トラウマによるストレス反応の予防と発生後の初期対応が多い。そこでは特に消防や警察など危険を伴う組織における取り組みが中心となるが，一部看護師についての研究からはハラスメントなど，一般の職場で体験する問題への対処も含まれている。

例えば福田（2014）によると医療事故現場における看護師長による看護師への

注1）例えば，TF-CBT（トラウマ焦点化認知行動療法）とEMDRは英国NICE（国立医療技術評価機構）によるPTSD治療ガイドラインで，PE（暴露療法）は米国アカデミーズ医学機構の報告で，それぞれ推奨されている。

支援は，トラウマケアとしての特徴を持っている。しかしながら組織がトラウマ反応の認識を持たない場合は，問題は放置され本人任せのままになりやすいという。このことから多くの職場でも同様の事象が起きていると予想される。トラウマの範疇に入るはずの体験を適切に認識すること自体が，一般的な職場では難しいのだといえる。また福田はケアを行う上司の共感疲労と上司としての自責感，長期化することによる職場全体の負担は組織として取り組むべき問題であると指摘している。

君塚ら（2009）は消防による取り組みとして，デブリーフィング[注2)]の効果について検討している。そしてデブリーフィングは PTSD 反応への効果は不明であるが，一般的健康度を高める効果があるとしている。藤原（2013）はデブリーフィングを，参加する個人に対するケアとして捉えるのではなく，ともに活動する組織を対象としたケアとして捉え直し，その効果を再検討している。

また藤原（2017）は陸上自衛隊の災害派遣時のメンタルヘルスについて，ストレス対策を個ではなく，集団の問題として捉える視点が極めて重要であるという。また組織の心理職は組織の特徴をよく理解し，時間をかけて必要な知識や技術を伝えていく必要があると言っている。

先行研究における各領域からの報告を受けて，次に自衛隊，警察，消防などの組織的災害救援者の活動の場を捉え，組織としてのトラウマケアのあり方について考える。

2．組織におけるトラウマケアの実際

組織におけるトラウマケアを考えるうえでまず大切なのは，トラウマケアという特殊な手法が単体で存在するわけではなく，日常的なメンタルヘルスの一部として普段から組織として取り組んでおく必要があるということである。

次に，危険と隣り合わせの環境で勤務する職業や組織の場合では，トラウマ発生後のケアだけが準備されていればよいというわけではない。トラウマケアは危険を伴う環境で活動するための，①事前の準備〜②活動中の対応〜③活動後のケア〜④次の活動の準備へとつながる一連の流れとして捉え，全体としての理解を

注2）デブリーフィングとは，同じ体験により惨事ストレスを受けた人々を対象として行う，グループを対象とした技法である。そこでは同じ惨事ストレスを受けた人々が，訓練された専門家の下，小グループで体験を語り合うことによってストレスの緩和を目指す。デブリーフィングには参加者の二次的被害を引き起こすという批判もあるが，訓練された専門家が適切な準備の下で実施することにより，一定の効果が期待できる。

第12章 職場でのトラウマケア

深めていく必要がある。

①事前の準備

　すでに述べたようにトラウマケアを適切に行うためには，平素からの日常的なストレス対処など職員のメンタルヘルス体制が十分に確立されている必要がある。そのうえでトラウマおよびトラウマケアに関する必要な知識を付与しておくことが大切である。トラウマとは何か，我々の心や体にどのような反応が現れるのか，その時我々はどう対処すべきかについて教育する。

　ここで大切なのは特に組織的災害救援者は，普段から強くあることを求められるので，トラウマ反応を弱さと結びつけて理解しやすいということである。そこで事前教育では，トラウマによる反応は，個人の弱さではなく異常な体験により起こり得る自然な反応であることを繰り返し伝える必要がある。

②活動中の対応

　組織的災害救援者は通常その現場において，長時間トラウマにさらされながら活動することになる。それが彼らの任務である以上，そこから逃げ出すわけにはいかない。しかしそのような環境の中でも，できる限りトラウマへの曝露を避ける必要がある。例えば災害現場では非常に危険な環境での活動や，遺体に触れる業務などが一部の職員に偏らないようにローテーションにすることや，組織（部隊）単位で交代させ定期的に休養をとらせることなどが考えられる。

　また現場で活動するうえでの注意点としては，日々心身の健康状態を観察しながら，適切な休養と十分な栄養を確保すること，遺体や被災者への必要以上の感情移入を防ぎ淡々と役割をこなすこと，さらに与えられた任務，活動の意義を常に自覚しておくことなどが挙げられる。そして活動中の注意点として最も重要なのが，共に活動する仲間とのコミュニケーションを十分に取ることである。コミュニケーションが重要である理由の１つは，仲間との密接なつながりが心理的支えとなりトラウマに立ち向かう力を与えてくれるからである。人がトラウマをはじめとするストレスに向き合う強さは，単に個人の強さとして測るべきではない。人は本来群れで生きる社会的な生物である。したがって，周囲の環境から受けるストレスを個ではなく群れとして受け止め生きてきたのである。

　理由の２つ目はコミュニケーションによってさまざまな情報が得られるからである。生命の危険を伴う環境で活動する時，必要な情報を確保することは他の何よりも重要なことである。群れからはぐれた動物が生き残れないように，周囲か

ら孤立し情報が閉ざされた者はその瞬間に生命の危険にさらされるのである。したがって，危険を伴う環境では活動の前後に，メンバー間のコミュニケーションを円滑にし，情報共有を促進するためのミーティングを行うことが望ましい。

　災害支援の現場では以上のような対応を行いながら日々を乗り越えていく。ただしあまりにも強いトラウマを体験し職務に従事できない時は，まずストレッサーから隔離し十分な休養をとらせる。多くの場合は時間の経過とともに解消していくが，長引く場合や心配な場合は精神科医療など専門機関につなぐ必要がある。

③活動後のケア
　1）救援活動後のケアの位置づけと重要性
　過酷な災害現場での活動が終了したあとに，十分な休養が必要であることは説明するまでもない。しかしながら救援活動後のケアは，単なる休養ではなく，緊急事態から平時という環境変化への適応過程である。任務として救援活動を行う者にとって，活動の終了はすべての終わりではない。彼らはその活動が終了すると同時に，いつ起こるかもしれない新たな災害や日常的に起きる事件・事故に対して，即応できるように備えていなければならないのだ。その意味で救援活動後のケアとは，事前の準備，救援活動，活動終了後の整備そして再び準備へと循環する流れの中にあり，常に動き続ける一連のプロセスとして捉える必要がある。

　2）救援活動後に起きやすい問題
　それではまず救援活動後のケアの重要性を理解するためにも，この時期に起きやすい問題について説明する。救援活動中の支援者は極度のストレス下で活動している。そこで支援者に起こる反応には，心的外傷後のストレス反応，抑うつ反応などさまざまなものが見られる。また救援活動中にそれらの反応が出現した場合の対応についてはすでに述べた。現場での活動中に上記のような不調が現れなかった場合も，活動終了後の不調に気をつけておく必要がある。特に問題なく活動に従事していた職員でも，活動が終了してその環境から解放されると，燃え尽きてボーッとする，ハイテンションになる，不眠や抑うつ状態などの不調が現れるなどの変化が見られることがある。さらに救援活動中にあまりにも悲惨な体験をした場合，時間が経ってからPTSDやうつ病などを発症することもある。

　次に，個々の症状だけでなく，組織や家族など，周囲の人々との関係性にも影響は現れる。大規模な災害の支援などの場合，普段の生活や勤務に戻ると，家族やその活動に参加せず残留していた同僚との関係が悪化するなどの問題が生じることがあるのだ。

第 12 章　職場でのトラウマケア

　救援活動後に起きやすい問題の 3 つ目は，世論や周囲の反応による影響である。長峯（2017）によると，メンタルヘルスを良好に維持するためには支援者が任務の意義を強く認識し，誇りを持つことが極めて重要である。こうした支援者の意識は世論や周囲の人々の意見の影響を受けやすい。藤原（2017）によると，東日本大震災の災害派遣に参加した陸上自衛隊員のうち，PTSD を発症した者の数は，当初の予測を大幅に下回る結果であった。その大きな理由として考えられるのは，国民の多くが災害派遣活動を肯定的に受け止め，現場で活動する隊員に多くの温かい声援が寄せられたことである。繰り返す余震，多数の遺体，放射能に対する不安など過酷な環境の中でも，活動の意義を自覚し誇りを持つことで，ストレスの影響を最小限に抑えることができたと考えられている。

　世論による影響は，東日本大震災のような大規模な災害で救援活動に対する関心が高い場合と，あまり報道されることのない小規模な災害の場合で異なることが予測される。また困難な救援活動の場合，国民や被災者から怒りや不満がぶつけられることもあるだろう。このような時，活動中だけでなく活動終了後にこうした報道に触れることで，支援者が自らの活動の意義を見失い，徐々に不調に陥ってしまうことがある。

④次の活動への準備

　次に，救援活動終了後の次の活動に向けた準備について述べる。一見すると救援活動の終了は過酷なストレスからの解放であるが，環境の変化は人間にさまざまなストレスをもたらすことが知られており，前述したさまざまな問題が起きることがあるのだ。

　1）休養の確保

　救援活動後のケアは，まず十分な休養をとり心身の疲労を回復させることが中心になる。すでに述べたように活動中に何らかの不調を感じた場合は，無理をせずカウンセラーや精神科などの専門機関に相談することが重要である。

　2）情報提供・教育

　救援活動による心身の不調は，決して恥ずべきことではなく「過酷なストレスによる当然の反応である」ことを当事者に説明する。自衛隊，消防，警察などの組織では，「強くあること」が求められるため，ストレスによる反応は弱さとして受け止められやすく，適切な援助希求につながりにくいのである。また，活動終了後に起きやすい前述の問題と対処要領についてあらかじめ説明しておくことも重要である。

179

3）振り返りの実施

活動の終了にあたって，活動した仲間とともに今回の活動について振り返り，体験を整理する機会を持つ。困難な環境をどのように乗り越えたのかを振り返り，自信と達成感を獲得し活動の意義を確認する。うまくいかなかったことがあれば，問題点と対策を検討して，今後の活動に対する不安をできるだけ排除しておく。

4）周囲の人々との関係性の再構築

活動終了後，家族や活動に参加しなかった職員との関係に問題が生じやすいことはすでに述べた。特に東日本大震災のような大規模災害の場合，現場で活動した職員だけでなく，家庭や職場などで留守を預かった人々もまた，強いストレスの影響を受けていることが多い。そのため活動終了後は，それぞれがストレスの影響を受けていることを理解して，相互の体験を共有し尊重することが重要である。焦らず時間をかけて相互の関係性を築き，再び家族や組織としてのまとまりを取り戻していく。人は個として存在するわけではなく，周囲とのつながりの中で支えられている。そのため安定した関係を取り戻すことが次への備えとなるのである。

以上，活動終了後に行う対処要領について説明した。すでに述べたように活動終了後のケアとは単なる休養ではなく，緊急事態から平時へという大きな環境変化への再適応の過程であるといえる。

Ⅵ　トラウマケアの先にあるもの

1．環境変化への適応

近年，地震，台風，水害などの災害が頻発し，組織的救援活動も増加する傾向にある。任務として救援活動に従事する組織にとって，いかなる災害にも即応できる態勢を整えておくことが極めて重要である。したがって，すでに述べたように，支援者にとって活動の終了は次の活動につながるものでなければならない。ここでは活動後のケアをどのようにして次の活動の準備に結びつけていくかについて，米軍の取り組みを参考にして説明する。米軍は災害だけでなく多くの実戦を経験している組織であり，即応性の維持は極めて重要な問題として位置づけられている。米軍の統合参謀本部長の言葉（Mullen, 2010）を引用すると，「変わり続ける環境に絶え間なく気づいていることや，避けられない変化に対して常に柔軟に適応し続けること」が重要であるという。戦場では戦場の環境に適応し，帰還後は平和な社会に適応して次に備える必要がある。そこでは活動後のケアを適

第 12 章　職場でのトラウマケア

表1　適応力を高める8領域の要因（長尾，2016 を参考）

1．医学的（歯科を含む）要因
2．栄養上の要因
3．環境の要因
4．身体的要因
5．社会的要因
6．スピリチュアルな要因
7．行動上の要因
8．心理的要因

切に行うことで環境の変化にいかに早く適応できるかが，任務達成に大きく影響するということを示している。そして米軍では，環境変化に適応する能力を向上するために，表1の8領域の要因を最適化することが重要であるとしている。また米軍においては変化に適応する能力は，レジリエンス[注3]とも近接する概念と捉えられており，これら8領域にわたる要因を最適化することで結果的にレジリエンスを向上させることができると考えられている。

2．適応力を高めるために

以上のことを参考にして，どのようにして救援活動終了後のケアを次の活動の準備段階へとつなぐかについて考える。すでに述べたように，そこには特殊なメンタルヘルス対策が存在するわけではない。緊急事態も平時も，結局のところ支援者が置かれた環境にいかに適応し，本来の力を安定して発揮できるかということが重要なのである。その意味では米軍で重視されている8領域の要因も，実は日常生活を生きていくうえでも大切と思われるような，ごく当たり前の内容であることがわかる。普段からこれらの要因を意識して高める努力をすることが，いざという時に必要な力を発揮することにつながるとともにトラウマによる受傷を最小限にとどめることができる。さらに活動終了後の適切なケアや振り返りを通して高められ，次の活動へとつながって行くのである。それでは次に支援者が変化に適応し，レジリエンスを高めるための項目について説明する。

①身体的健康の維持・増進

身体面の健康度は支援者のレジリエンスに大きな影響を及ぼす。平素から適切な健康管理を行い，各種傷病は早期に治療する。また適切な栄養管理，適度な運

注3）レジリエンスとは，本来物理学の用語であり，反発力や回復力などの意味をもつ。近年では心理学の領域でも多用されており，ストレスや外傷体験を跳ね返す力として解釈される。

動により体力を向上し，身体的健康を維持・増進する。

②生活習慣の改善

適切な休養，特に睡眠の確保は心身の健康にとって重要である。また飲酒および喫煙についても適量を保ち，依存を防止して，全体としての生活習慣の改善を図る。

③良好な人間関係の構築

レジリエンスを個で完結して捉えるのではなく，他者との関係性において理解し，職員相互の支援を確保する。各種ストレス対処においては，周囲からの支援や情報提供が極めて重要である。そのため普段から，組織内に良好な人間関係を構築しておく必要がある。

あわせて家庭内の関係も重要である。平素から家庭内のコミュニケーションを積極的に保ち，良好な家庭環境を構築する。

④使命感

米軍ではスピリチュアルな要因として取り上げられる項目である。それには信仰，信念そして重要な価値観などがあり，それらは人が人生を生きていくうえでの拠り所となる。米軍の場合信仰がその中心に据えられているが，我が国の場合は高い使命感を持つことが当てはめやすいように思われる。平素から支援者としての使命を自覚し，誇りを持って任務に邁進することが，多様なストレスに向き合うモチベーションを向上させる。

⑤教育訓練・各種準備の徹底

任務達成に対する自信の有無は，ストレス反応に大きな影響を及ぼす。そのため平素からの教育訓練や装備などの確実な準備により，任務達成に対する確固とした自信を持てるようにしておく必要がある。

⑥ストレス対処教育の徹底

最後に心理学的側面から，ストレスに関する知識，ストレス反応への気づきおよび対処スキルについて継続的な教育を実施する。この際，症状や問題を取り除くことを重視する従来の心理学的視点だけでなく，ポジティブ心理学のような新たな視点を取り入れる必要がある。ポジティブ心理学では，従来のネガティブな

第 12 章　職場でのトラウマケア

状態への対応から，人生をよりよくする条件の構築へと発想の転換が見られる。また最近我が国でも注目されているマインドフルネスは，米軍においても積極的に取り入れられており，変化への気づきや柔軟に変化に対応する姿勢などの習得に役立つものと思われる。

Ⅶ　おわりに

　生命の危険を伴う環境で活動する者にとってトラウマケアは単に心の傷を癒すだけの行為ではなく，組織として責任を持って取り組むべき一連のプロセスであることがわかった。プロフェッショナルにとってのトラウマケアは，実際にトラウマを体験する前にすでに準備として始まっている。トラウマやトラウマケアについての正しい知識を持ち，個人だけでなく組織として向き合う問題であることを理解しておく必要がある。

　特に組織的災害救援者は強さを求める組織文化の中で，トラウマによる反応や必要なケアを受けることを弱さとして受け止める傾向がある。生身の人間である我々が，生命の危険にさらされた時，心や体にさまざまな反応が現れるのはごく自然なことである。現実をありのままに受け入れ，必要な対策を行うことが求められている。

　さてトラウマとは，言い換えれば，これまで当たり前のように信じてきたことが根底から崩れ去る体験である。世界は安全であり生命が脅かされることなどないと信じていた人が，ある時突然生命の危機に直面し，世界の安全を信じられなくなる。拠り所を失い混乱した人が，激しくもがく中でそれに代わる拠り所となるものを見つけた時，人はさらに成長することがある。これは最近注目されているPTG（post-traumatic growth：心的外傷後成長）という概念にもつながることである。

　トラウマという問題に対して受け身になるのではなく，組織として積極的に向き合い，乗り越えていく必要がある。

　本章では主として危険と隣り合わせの環境で活動する組織的災害救援者を中心に説明したが，はじめに述べたようにトラウマは一部の特殊な職場に限られる問題ではない。製造，運輸，建設などをはじめ危険を伴う職場や，人の死に日常的に接する医療などの職場もある。これらの職場では構成員が職務上体験し得るトラウマについて正しく理解し，発生時は適切に対処できるように組織として取り組んでおく必要がある。そこではトラウマを経験した職員が，それを個人の問題

として受け止め，とりわけそれを自分の弱さとして受け止めるようなことがないようにしなければならない。

そしてトラウマケアに関する研究が，一部の限られた職場だけでなく多様な職域での実践を通して行われる必要がある。

学習チェック
☐　危険を伴う職場で働く人々の心理を理解した。
☐　組織におけるトラウマケアの考え方について理解した。
☐　環境変化への適応力の重要性について理解した。

より深めるための推薦図書

藤原俊通（2013）組織で活かすカウンセリング―「つながり」で支える心理援助の技術．金剛出版．

宅香菜子・清水研監訳（2014）心的外傷後成長ハンドブック―耐え難い体験が人の心にもたらすもの．医学書院．

杉村省吾・本多修・冨永良喜・高橋哲編（2009）トラウマとPTSDの心理援助―心の傷に寄りそって．金剛出版．

高橋晶・高橋祥友編（2015）災害精神医学入門―災害に学び，明日に備える．金剛出版．

文　　献

藤原俊通（2013）組織で活かすカウンセリング．金剛出版．

藤原俊通（2017）支援者支援学（7）救援活動後のケア．こころの科学，195; 92-96.

福田健一郎・稲富宏之ほか（2015）トラウマという視点からみた職場起因性ストレスと労災補償の現状．精神医学，57(8); 636-648.

福田紀子（2014）医療事故当事者ナースへの看護師長による支援．日本精神保健看護学会誌，23(1); 19-29.

福井義一（2017）トラウマ・ケアの技法―伝統的な心理療法と新しい身体志向の心理療法．そだちの科学，29; 23-29

廣川進（2011）惨事ストレスケア（緊急特集：災害支援）．臨床心理学，11(4); 542-546.

君塚聡子・加藤友啓・日高一誠ほか（2009）惨事ストレスケアにおけるデブリーフィングの調査検証．消防技術安全所報，46; 67-78.

厚生労働省（2017）平成28年労働安全衛生調査(実態調査)．　https://www.mhlw.go.jp/toukei/list/h28-46-50.html

Mullen, A. M.（2010）On Total Force Fitness in War and Peace. *Military Medicine*, 175.

長峯正典（2017）支援者支援学（6）救援活動中のケア．こころの科学，194; 117-121.

長尾恭子（2016）戦闘と作戦におけるBehavioral Health（4）．防衛衛生技術シリーズ，220.

太田保之・福田健一郎・稲富宏之・田中悟郎（2015）トラウマという視点からみた職場起因性ストレスと労災補償の現状．精神医学，57(8); 636-648.

第13章

産業心理臨床における心理療法1
認知行動療法，アクセプタンス＆コミットメント・セラピー

土屋政雄

⚬━ Keywords　行動変容，パフォーマンス，自動思考，マインドフルネス，行動分析学，関係フレーム理論，文脈的 CBT，体験の回避，

I　はじめに

　公認心理師に求められる役割として，国民の心の健康の保持増進に寄与し，公認心理師が社会から求められる役割を自覚して業務を行うことが挙げられる。また，医学などの知識も身につけ，さまざまな職種と協働しながら実践することも求められる。このような状況においては，心理療法についても一定の科学的根拠が検証されている方法について熟知し実践できることが必要になる。2017（平成29）年5月31日に公開された公認心理師カリキュラム等検討会報告書でも，特定の分野において公認心理師に求められるものとして，医療分野や司法・犯罪分野においての心理療法は認知行動療法が例として挙げられている。

　産業・労働分野においても，多くの介入研究の結果を統合して概観するメタ分析などの結果により，働く者を対象としたストレス症状低減のための方法として，認知行動療法を基にしたアプローチが現在では最も効果的な方法である（Richardson & Rothstein, 2008）。したがって，産業・労働分野で身につけておくべき心理療法の知識としても，認知行動療法は最優先だといえる。また，産業・労働分野で公認心理師に求められる知識として，労働者のパフォーマンス向上もある。これに対応するためには，従来のうつ病の者を対象にした認知行動療法のモデルだけでなく，元気に働いている者のさらなる健康増進や行動変容に役立つ方法にも通じておく必要がある。認知行動療法のさまざまな方法の中でも，行動変容を重視する方法として，アクセプタンス＆コミットメント・セラピー（Acceptance & Commitment Therapy; ACT）があり，パフォーマンス向上に役立つ方法として期待されている（Flaxman et al., 2013／邦訳，2015）。本章では，認知行動療法

について簡単に説明し，ACTの基本と集団教育での実践例について解説する。

II　認知行動療法

「認知行動療法（cognitive behavioral therapy; CBT）」という言葉には，多様な立場や考えが混在している。いわゆる第一世代と呼ばれる，学習理論の応用から発展した行動療法，および第二世代と呼ばれる，情報処理理論を背景にする認知療法を中心とした介入法のそれぞれが，その発展の過程で認知行動療法と呼ばれるようになってきた歴史的背景があるからである（熊野，2012）。したがって，認知行動療法について議論する際には，混乱を避けるためにどういった意味で用語が用いられているのか，よく吟味して理解する必要がある。

公認心理師が産業領域で認知行動療法を用いる機会としては，企業内の相談対応やセルフケア教育，クリニックでの面接やリワークプログラムなどさまざまな場面が考えられるが，おさえておくべき基本的内容として，厚生労働省のWebサイトに掲載されている「うつ病の認知療法・認知行動療法マニュアル」（慶應義塾大学認知行動療法研究会編，2010）が適当であろう。以下このマニュアルを基本にして解説する。なお，「認知療法・認知行動療法」とは，医療保険の対象として用いられる用語であり，マニュアルも主に認知療法の観点からの内容となっている。

1．認知療法・認知行動療法マニュアル

認知療法・認知行動療法とは，「人間の気分や行動が認知のあり方（ものの考え方や受け取り方）の影響を受けることから認知の偏りを修正し，問題解決を手助けすることによって精神疾患を治療することを目的とした構造化された精神療法」である（慶應義塾大学認知行動療法研究会編，2010）。対面式の面接が中心となり，1回30分以上で原則16-20回実施される。うつ病の治療以外にも，他のさまざまな精神疾患の治療や再発予防に加え，ストレス対処や夫婦問題，司法や教育場面にも適用が広がっている。我が国においても，職場メンタルヘルス対策における一次予防としてのセルフケアにおいて，認知・行動的アプローチが推奨されている（島津，2016）。

さまざまな状況でその時々に自動的に湧き起こる思考やイメージを「自動思考」と呼び，特にこれに焦点を当てて治療を進める。認知再構成と呼ばれ，いわゆる認知の歪みや偏りを修正するという手続きが有名だが，実生活でこれに自身で取

第 13 章　産業心理臨床における心理療法 1

表 1　認知療法・認知行動療法の治療全体の流れ

セッション	内容
1-2	心理教育
3-4	症例の概念化，治療目標の設定
5-6	気分・自動思考の同定
7-12	自動思考の検証（対人関係の解決）（問題解決技法）
13-14	スキーマの同定
15-16	終結と再発予防

注）うつ病の認知療法・認知行動療法マニュアル（平成 21 年度厚生労働省こころの健康科学研究事業「精神療法の実施方法と有効性に関する研究」）　http://www. mhlw. go. jp/stf/seisakunitsuite/bunya/hukushi_kaigo/shougaishahukushi/kokoro/index. html　の「1.3 治療全体の流れ」より要約

り組んでもらうホームワークや，問題解決，対人関係改善，行動活性化などさまざまなスキルの練習を組み合わせて進めていく。治療全体の流れの要約を表 1 に示した。クライエントと良好な治療関係を築くことは心理療法の基本であるが，認知療法・認知行動療法ではクライエントの考えや思い込みを治療者とクライエントが一緒になって「科学者」のように検証していく協同的経験主義と呼ばれる関係が特に重要となる。

III　アクセプタンス＆コミットメント・セラピー

1．アクセプタンス＆コミットメント・セラピーとは

アクセプタンス＆コミットメント・セラピー（Acceptance and commitment therapy; ACT［アクト，と読む］）はマインドフルネスに基づく方法などとともに第三世代の行動療法の一つに数えられる，比較的新しく注目されるようになった心理療法である。ただし，1970 年代から ACT の萌芽となる検討は始まっており（Zettle, 2011），現代の行動分析学がヒトの言語や認知に関する理論（関係フレーム理論 Relational Frame Theory; RFT）を発展させる過程で開発が進められてきた。ACT は，RFT を臨床実践で適用しやすくするために，行動原理そのものではないが，それに基づいた中間レベルの用語によって構築された病理と治療の臨床モデルを用いる。つまり，ACT のモデルは基礎的な行動原理と臨床実践の間のユーザーフレンドリーなインターフェイスといえる。

ACT は，文脈的 CBT とも呼ばれ，認知行動療法のさまざまな流れの中の一翼

に位置づけられる。文脈というキーワードは重要であり，ACTの国際学会も，文脈的行動科学会（Association for Contextual Behavioral Science; ACBS）という名称である。文脈とは，主に行動（B; Behavior）的な出来事を理解する際に用いられ，行動の直前に起きる出来事である先行刺激（A; Antecedent），行動に後続する結果（C; Consequence）と併せた枠組みであるABC分析によって記述されるものである。またABCの要素に加え，いわゆる「動機づけ」に影響を与える要因であり，ABCすべてに影響を及ぼす確立操作（E; Establishing operation），および行動が生じて長時間経ってから起こる結果（D; Delayed outcome）も含めてABCDE分析として理解することも有用である（熊野，2012）。

　ACTは，診断によって異なる分類的な治療モデルがあるCBTと比べ，クライエントが生活上のさまざまな場面でどう機能するかの程度の幅に着目する次元的な側面が強い。体験を重視したさまざまな方法により，心理的柔軟性（psychological flexibility）を高め，行動変容を進めていく。理論的な観点でいえば，心理的柔軟性に沿っていさえすればなんでもACTと呼べるため（Hayes et al., 2011），例えばゲシュタルトセラピーのエクササイズ（例：「モノ化」テクニック）を使用したり，クライエントによる自作のエクササイズを推奨したりと，ACTを実施する際に用いられる手法の自由度が高い。

2．心理的柔軟性の6つのコア・プロセス

　心理的柔軟性とは，「意識のある人間として，不必要な防御なし（見かけに左右されずあるがままで）に，今，この瞬間に十分に接触しながら，選択された価値の方向に沿って行動を続けたり変化させたりする能力」だと定義されている（Hayes et al., 2011）。極めて簡単にいうと，「役に立つ考えに基づいて行動する」ということである。人間は役に立たない考えに自動的に引っ張られがちになるため，そうした考えが生じることに自覚的になり，その影響を弱め，役に立つ方の考えにもっと注意を配分し，その考えに一致したアクションを増やすための一連のスキルを身に付け実践している状態が，心理的に柔軟であるということである。心理的柔軟性の高い状態に至るために必要な行動群は，アクセプタンス，脱フュージョン，「今，この瞬間」との接触，文脈としての自己（観察者としての自己とも呼ばれる），価値，コミットされた行為の6つがあり，これらは6つのコア・プロセスと呼ばれる。これらのプロセスは，上述した基礎的な行動原理と臨床実践をつなぐ，中間レベルの用語として表現され，治療や健康増進の介入過程で用いられる。また，これらのプロセスと対応した精神病理的な側面を示す心理的非柔軟性

のプロセスもあり，それぞれについて簡単に説明していく。

①アクセプタンス

さまざまな心理的苦悩を生み出す人の行動として，体験の回避（experiential avoidance）がある。体験の回避とは，皮膚の内側で生じる刺激である私的事象（自身の思考や感情，身体感覚など）について，接触し続けることをせず，すぐにそうする必要がなくてもその形，頻度，状況への感受性，を変えようとする努力である（Hayes et al., 2011）。これの代わりとなる行動がアクセプタンスである。アクセプタンスとは，「瞬間瞬間の体験について意図的に開かれ，受け入れ可能であり，柔軟であり，判断しない姿勢を自発的に選択すること」（Hayes et al., 2011）である。アクセプタンスにおける自分の私的事象を観察する仕方については，「よりよい気分になる（feel *better*）ように努める」のではなく，「よりよく感じ（*feel* better）られるようになること」と表現される。生じるままの私的事象が見えなくなることを期待するのではなく，積極的に私的事象を観察しようとする態度である。

②脱フュージョン

まず，問題となるプロセスとして認知的フュージョンがあり，行動の制御において言語が支配的になる状態をいう。フュージョンとは言語・認知的プロセスと直接の体験が混ざり合ってしまい，それらを区別できない状態を指す。簡単に言うと，自分の考えを真に受けて信じ込んでしまっている状態である。専門用語を用いると，自身の反応において他の文脈的要因を抑えて，言語的出来事が強い刺激制御を行うプロセスである（Hayes et al., 2011）。例えば，映画を観ておもしろかったのでインターネットで他の人の感想を探したら，「ありきたりだ」「時間を損した」といったようなネガティブなコメントがたくさんあり，その作品のイメージも悪くなる時は，認知的フュージョンが強い状態である。認知的フュージョンには，文字通りに受け取る，理由を与える，問題解決をする，評価をするといった機能があるが，必ずしも問題になるプロセスではなく，むしろ人間が危険に対処し進化する中で必要性が高かったものである。このことから，認知的フュージョンの自動性とそこから脱却することの難しさが想像できるだろう。

一方，認知的フュージョンの状態から脱することを脱フュージョンと呼ぶ。脱フュージョンは，動作中の認知的プロセスと認知的な産物とを分離するやり方のことで，比喩的にいうと，人（聴き手）とマインド（話し手）を分けて考えるこ

とである（Hayes et al., 2011）。これにより，認知的柔軟性が高まり，思考とアクションが自動的に関係づけられている文脈を弱らせることができる。上述の映画の例でいうと，「ありきたりだ」という言葉が頭の中でただ響いているだけだと，自分が作品を観て感じた体験よりも他者のコメントにより真実味を感じて，ありきたりなのかなあという印象が支配的になってしまっている。ここで，ありきたりだという言葉ではなく，自分の直接の映画視聴体験の方に注意を向ける方法として，例えば，自分からマンガのセリフの吹き出しが出ている様子をイメージして，その吹き出しの中に「ありきたりなのかなあ」とセリフを入れてみたり，「『ありきたりなのかなあ』と思った」のように，思考の内容にカギかっこをつけて，「と思った」と付け加えたりするやり方がある。こうした方法により，自分の中に生じている思考の内容と距離をとることができ，自身が直接体験した作品の印象の方により注意を向けることができるのである。

③「今，この瞬間」との接触

「今，この瞬間」との接触とは，現在何が起きているのかについて焦点づけ，自発的であり，柔軟なやり方で注意を向けることである（Hayes et al., 2011）。注意が硬直してしまい現在の瞬間に注意を向けられなくなると，過去の失敗を何度も思い出してつらくなったり，将来の心配を延々としてしまったりといったさまざまな問題につながってしまう。現在の瞬間に注意を向ける能力を高めるために，言葉を私的事象の予測や判断に使うのでなく，単に記述するツールとして使うように意識することが有用である。また，ACTの発展の初期には扱われていなかったものの，「今，この瞬間」との接触を強めるために，最近ではめい想などマインドフルネスに関するさまざまな技法も用いられることが多くなっている。

④文脈としての自己

人は自分についての役割や歴史，性質や属性を言語的に述べる（例：自分はクズだ，自分は優秀だ）ものであるが，そうした記述が集まると，自分が何者かについてのある種の物語としてみなすことができる。こうした物語から構成されるのが，概念化された自己である。概念化された自己に対し，人はフュージョンしてしまいがちになる。それに不一致な出来事があった時に，概念化された自己に一致させるために出来事の方を歪めたり再解釈したりするようになってしまい，行為のレパートリーを不必要に狭めてしまう（Hayes et al., 2011）。ACTでは人間の苦悩を過剰に拡大した恣意的な言語関係と，精神的なノイズを含められる自

第 13 章　産業心理臨床における心理療法 1

己のより大きな感覚の相対的な弱さの結果であると想定しているが，概念化された自己に執着することは，この恣意的な言語関係にとらわれてしまっている状態である。

　概念化された自己への執着を弱め，自己のより大きな感覚，すなわち文脈としての自己により接触できるようにするのがACTの目的の一つである。文脈としての自己はさまざまな呼ばれ方をされ，他にも観察者としての自己，気づいている自己，自己の超越的な感覚，視点取得などとも呼ばれる。文脈としての自己は，実態があるものでなく，そこから自分の言語活動や皮膚の外の世界を見ている自分の側面である。文脈としての自己が何かについてよく使われる例えに，チェスボードのメタファー（将棋盤やスポーツの試合なども同様に使われる）がある。盤の上に駒があり，白と黒のチームに分かれて戦うゲームであるが，我々の私的事象，つまり思考や感情がこれらの駒であると考える。例えば自分のポジティブな考えを味方，ネガティブな考えを敵，としてそれぞれが争っているとイメージしてみてもよい。我々が概念としての自己に執着しているときは，この駒同士の争いの中に巻き込まれてしまっている状態だと考えられる。しかし，ここで登場しているのは駒だけではない。私たちがこの駒ではないとしたら，残る部分はチェスボード（将棋なら将棋盤，スポーツの試合なら競技のフィールド）だけである。駒がどんなに激しく戦っていても，それらをすべて乗せているだけの盤の部分は何も影響を受けないし，勝敗も関係ない。自己の側面に，駒のレベルと盤のレベルがあり，今自分がどちらの状態なのかを意識することは，文脈としての自己に気づくのに役立つ。このように，メタファーやマインドフルネスのエクササイズなどの体験的なプロセスに繰り返し接触することで文脈としての自己に気づく能力は向上する。

⑤価　　　値
　ACTを実施するうえで目指すことは，これを受けた者がそれぞれの望む人生の方向に向かって行動変容を起こし，継続させていく能力を高めることである。ACTでは，それぞれの望む人生の方向について「価値」という用語を用いる。ここでいう価値とは，日常用語の意味とは異なり，長くなるが次のような定義になる。「継続的かつ動的で，発展していくような活動パターンに対する『結果（consequences）』のこと。その『結果』は，自由に選択され，言語的に構築されたものである。また，それによって，その活動パターンに対する主要な強化子が確立される。ただし，その場合の強化子は，その価値づけられた活動自体の中に組み込まれ，備わ

第2部 働く人への支援

っている」（Wilson & DuFrene, 2009）。例えば，勉強しないと親から叱られるので，仕方なく勉強している子どもがいるとしよう。「叱られるのが嫌」という理由で勉強している場合，その行動に影響を与えているのは価値とはいえない。「叱られるのが嫌」というのは自由に選択されたものではないからである。一方，その子どもが勉強して何かを理解する楽しみを覚えて勉強を続けるようになった場合を考えてみよう。「新しいことを理解する」ことが楽しいと思えて，そのために勉強を続ける行動パターンが発展していく場合は，その勉強行動に影響を与えている「新しいことを理解する」という言語的に表現されたものが価値とみなせる。日々の行動において個人的に選択された価値でなく，社会や他者が望む方向に沿って行動したり，つらい感情から逃れるための行動を重ねたりしていると，価値が不明確になっていき，心理的苦悩が増大することが想定されている。

⑥コミットされた行為

コミットされた行為とは，価値に基づく行為（アクション）であり，特定の時点で生じ，価値に沿った行為のパターンの形成に意図的につながるものをいう（Hayes et al., 2011）。動作としての行為だけでなく精神活動も含むが，約束や予測，歴史的な記述などではなく，未来に向かい，今，ここで生じるものに限定される（例：離れている家族と通信手段がなくコミュニケーションが取れない状況でも，愛情を表明する）。それぞれの望む人生の方向に向かって行動変容を起こし継続させていくために，価値の内容を実現することにつながるいくつかの行為を考えて実行し始めるとともに，それを続けることで達成されるゴールを設定することが有用である。ここで，ゴールはただの通過点であり，価値も含めて最終的にたどり着く地点があるわけではない。価値に沿った行為を続けていくことは，終わりのないものなのである。セラピストがクライエントの価値に沿った行為を増加させるために，従来の行動療法で用いられてきたエクスポージャー，スキル獲得，シェイピング，目標設定，随伴性マネジメントなどの行動変容技法を，特に機能分析の観点から使用する。

Ⅳ 事 例

ACT は職場向けの集団トレーニングマニュアルが海外で出版され，日本語にも訳されている（Flaxman et al., 2013／邦訳，2015）。集団トレーニングは，メンタルヘルス対策におけるセルフケア教育や，クリニックなどでのリワークプログ

第13章　産業心理臨床における心理療法1

ラムなど，さまざまな場面で利用しやすい形態である。ACTの職場向けプログラムは最低90分×全3回（通常セッション1～2の間は1週間で，セッション2～3の間は約1カ月）と比較的短く，人数も数名から20～30名に対して実施できる。また，内容はより健康な状態を目指すためのスキル練習であるため，幅広い健康状態の対象者が取り組むことができる。CBTの認知再構成で行うコラム法などでは，いやな気分やストレスフルな出来事を題材として，関連する自動思考を特定することが重要であるが，健康な労働者ではそもそもそうした思考が思いつかない者も多い。そのため，CBTに比較してACTは職場で実施しやすいと考えられる。ここでは，集団トレーニングの展開内容について解説する。セッションでは，数名単位でグループを作り，ディスカッションを多く取り入れた形で進める。

1．セッション1

集団トレーニングでは，トレーニングを実施する者のことをトレーナーと呼ぶ。まずグループの温かい雰囲気を作るために，グループごとに参加者同士で自己紹介を行い，トレーナーからトレーニングの基本的な構造や注意点などを説明する。自己紹介の際には，普段の生活の中であまり意識しないで行っている活動と，逆に自覚的に行っている活動について挙げてもらう。次に，自分の80歳の誕生日にパーティが行われると想像してもらい，集まったゲストからあなたのこれまでの人生についてスピーチをしてもらう際，どのように言われたいか，考えてグループ内で紹介しあうように教示する。これらは，トレーニングのエッセンスを先取りして体験するとともに，アイスブレーキングの機能も果たす。

次にマインドフルネス・スキルの体験として，レーズンエクササイズ[注1]を導入する。食べられない参加者もいるので，できるところまででよいことを伝える。五感を使ってレーズンという刺激を体験した後に，グループで感想を共有してもらう。これに続いて身体感覚と呼吸に注意を向けるマインドフルネスのエクササ

注1）「今，この瞬間」に注意を向けることを体験するための基本的なエクササイズであり，マインドフルネスに基づくプログラムでよく使われる方法である。レーズン（干しブドウ）を手に取り，まずは様々な角度からよく見て，光にかざした際の色の変化を見たり，においをかいだり，軽くつぶしてその触感を感じたり，音を聞いたりする。次に，口の中に入れて転がしてみたり，唾液がわいてくるのを感じたりし，まずは1回かみしめて味の広がりを感じる。そして何回かゆっくりかんでみて，飲み込み後味を感じてみる。この一連の動作を通して，普段の食事などの自動的に動作している状態との違いを感じて，意図的に刺激（ここではレーズンの光，音，におい，触感，味）に注意を払うことができることを体験する。

イズを紹介し，グループで感想を共有してもらう。「こんなに味わってレーズンを食べたことなかった」といったような感想が典型的な反応だが，「嫌いなので最悪だった」というケースも時々ある。こうした反応は，刺激への反応がポジティブ・ネガティブ両方のものが日常では自動的に生じていることに気づいてもらうのによい題材となる。

セッション1の後半では，ACTにおける価値の説明をトレーナーが簡単に行い，各自のエクササイズとして価値について記述されたカードの山の中から自分にとって重要なものを選んでもらい，ワークシートを記入して価値の明確化を行う。ワークシート中では，価値の記述内容を実現させるのに役立ち，次週までに実行できる小さな行為を3つ考えてもらう。

最後にセッション間で取り組んでもらう課題について説明し，価値に基づく行為に取り組む前，最中，後の思考や感情に注意を向けることを強調する。また，価値にいつでも接することができるように，ふせんを渡してこれに価値の記述や行為を記入し，生活の動線に貼ってもらうようにする。

2．セッション2

まずセッション1で実施した「身体感覚と呼吸に注意を向けるエクササイズ」を復習する。今回は，特にエクササイズ中に浮かんでくる思考により注意を向ける教示を追加する。その後，グループで共有する。前回よりも身体感覚に気づくようになる参加者もいれば，注意を集中することの難しさにとまどう参加者もいる。トレーナーは，さまざまな体験があることを全体で共有できるようにすることが求められる。次に，セッション間で取り組んでもらった課題である身体感覚と呼吸に注意を向けるエクササイズ，および価値に基づいた行為の実施について，グループで共有してもらう。価値そのものについては，無理に開示しなくてもよいことを伝える。ここまでのまとめとして，バスの乗客メタファー[注2]の図を紹介し，これについてこれまでの体験を含めてグループでどう感じたか話し合ってもらう。

次に，自動的に生じてくる思考や感情などの私的事象について簡単な心理教育

注2) 希望する方向に進んでいくバスをイメージする。バスには運転手と乗客が複数乗っており，我々の人生はこのバスそのものだという例えをする。自分の中には，運転手の部分と乗客の部分がある。運転手の仕事は，進みたい方向に向かって運転をし続けることである。一方，乗客は運転手に「そんな方に行ったら危ない」「違う方向に行ったほうが楽だよ！」といったちょっかいを出して，運転を邪魔する（ただし物理的に邪魔できないことが前提である）。

第13章　産業心理臨床における心理療法1

を行い，セッション間で取り組んだ価値に基づく行為の実施の際に生じた，行為を邪魔する思考について思い浮かべてもらい，脱フュージョンのエクササイズを行う。例えば，「時間がなくてできない」という思考を吹き出しや「　」に入れるようにしたり，ニックネームをつけたり（例：先のばしさん）してもらい，グループで共有する。さらに，思い浮かべた思考について，自分の声とは異なる音声にして頭の中で再生させてみる，「アニメ声テクニック」を紹介する。例えば，「時間たりないずら……」などと人気アニメのキャラの声まねで再生してみるといったように，価値に沿った行為を邪魔する自分の思考について，自身の声でなくアニメキャラの声（またはテレビに出てくる芸能人など）で再生し，どんな印象の違いが生じたかグループで共有してもらう。次に，アクセプタンスのエクササイズとして，身体感覚を伴う感情について，「モノ化」エクササイズを紹介する。「モノ化」エクササイズでは，過去の経験で少しだけストレスを感じた状況を思い出してもらい，その時の感情が体のどこで感じられるか，場所を特定してもらい，それを体の外に出し，物理的なモノになったようにイメージしてもらう。そのモノについて形，色，手触り，動き，重さ，少し後ろに下がった時の見え方などを想像してもらう。最後に，自分の身体の中の元の位置にそのモノを戻し，外に出す前との違いについて感じてもらう。この後，またグループで共有してもらう。

　セッション2の後半では，セッション1で記入した価値の明確化のためのワークシートを再度使用する。価値に基づく行為を実施していく中で，具体的に達成可能なゴール（最終地点ではなく通過点であることを強調する）を各自考えてもらう。ここで，セッション1とは別の価値についても可能であれば新たにシートに記入してもらう。

　最後に，セッション間で取り組む課題について紹介する。身体感覚と呼吸に注意を向けるエクササイズに加え，今回学んだアニメ声テクニックや「モノ化」エクササイズを必要に応じて使い，価値に基づいた行為に引き続き取り組むように求める。

3．セッション3

　セッション3はフォローアップの目的で実施される。前回までと同様，身体感覚と呼吸に注意を向けるエクササイズの復習から始める。今回は日常の中でさらに気軽にできるように，3分でできる簡易バージョンを紹介する。体験の後はグループ内で共有し，セッション間で取り組んできた課題についても共有してもら

う．次に，これまでのセッション期間を通じて取り組んできた行為が価値に一致していたかどうか，ワークシートを用いて個々に確認してもらう．

続いて，前回のセッションで練習した「モノ化」エクササイズを復習し，いくつか新しい脱フュージョンエクササイズを紹介する．グループの状況によっていろいろな選択がありうるが，筆者は例えば，空に雲が流れていく様子をイメージしてもらい，その上に自身に生じた思考や感情をのせてその流れていく様子を眺めるエクササイズをよく用いる．他に，実施場所に空間的余裕があれば，「マインドを散歩に連れて行く」エクササイズが有用である．これは2～3名のペアで交代で「人」および「マインド」役を演じる．人役の1人が自由に歩き回るのに対し，マインド役の他の者が「そっちに行くとあぶない！」「絶対右に行くべき」などと，思考が言ってくるような声かけをしてもらうといったものである．それぞれ終わった後に簡単にグループ内で共有する．

最後に，これまで取り組んできた価値に基づく行為について，まだ取り組んでいない人生の領域における価値を明確にする．例えば，第1セッションで仕事の領域に関係する価値であった場合は，家族や友人などの対人関係の領域で価値を明確にしてみる，といった具合である．記入には20分ほど時間をとり，その後で価値に基づいた行為を広げるためのヒントを紹介する．これまでのセッションの振り返りを簡単に行い，これでセッションがすべて終了する．

◆ 学習チェック表
☐ 産業・労働分野における公認心理師に求められる心理療法の知識について理解した．
☐ 認知行動療法の進め方の概略について説明できる．
☐ 心理的柔軟性のモデルおよび具体的なエクササイズについて説明できる．

より深めるための推薦図書

熊野宏昭（2012）新世代の認知行動療法．日本評論社．

Ramnero, J. & Torneke, N.（2008）*ABCs of Human Behavior: Behavioral Principles for the Practicing Clinician.* New Harbinger Pubns Inc.（武藤崇・米山直樹監訳（2009）臨床行動分析のABC．日本評論社．）

Flaxman, P. E., Bond, F. W. & Livheim, F.（2013）*The Mindful and Effective Employee: An Acceptance and Commitment Therapy Training Manual for Improving Well-Being and Performance.* New Harbinger Publications.（武藤崇・土屋政雄・三田村仰監訳（2015）マインドフルにいきいき働くためのトレーニングマニュアル―職場のためのACT（アクセプタンス＆コミットメント・セラピー）．星和書店．）

文　献

Flaxman, P. E., Bond, F. W. & Livheim, F.(2013) *The Mindful and Effective Employee: An Acceptance and Commitment Therapy Training Manual for Improving Well-Being and Performance.* New Harbinger Publications.（武藤崇・土屋政雄・三田村仰監訳（2015）マインドフルにいきいき働くためのトレーニングマニュアル―職場のためのACT(アクセプタンス&コミットメント・セラピー)．星和書店．）

Hayes, S. C., Strosahl, K. D., & Wilson, K. G.（2011）*Acceptance and Commitment Therapy: The Process and Practice of Mindful Change.* Guilford Press.（武藤崇・大月友・三田村仰監訳（2014）アクセプタンス&コミットメント・セラピー（ACT）第2版―マインドフルネスな変化のためのプロセスと実践．星和書店．）

慶應義塾大学認知行動療法研究会編（2010）うつ病の認知療法・認知行動療法マニュアル（平成21年度厚生労働省こころの健康科学研究事業「精神療法の実施方法と有効性に関する研究」）http://www. mhlw. go. jp/stf/seisakunitsuite/bunya/hukushi_kaigo/shougaishahukushi/kokoro/index. html

熊野宏昭（2012）新世代の認知行動療法．日本評論社．

Richardson, K. M., Rothstein, H. R.（2008）Effects of Occupational Stress Management Intervention Programs: A Meta-analysis. *Journal of Occup Health Psychol,* 13; 69-93.

島津明人（2016）教育研修，ストレスマネジメントの工夫の検討．厚生労働省厚生労働科学研究費補助金労働安全衛生総合研究事業「ストレスチェック制度による労働者のメンタルヘルス不調の予防と職場環境改善効果に関する研究」（主任研究者：川上憲人）平成27年度総括・分担研究報告書，86-104.

Wilson, K. G., & DuFrene, T.(2009) *Mindfulness for Two: An Acceptance and Commitment Therapy Approach to Mindfulness in Psychotherapy.* Oakland, CA: New Harbinger.

Zettle, R. D.（2011）The Evolution of a Contextual Approach to Therapy: From Comprehensive Distancing to Act. *International Journal of Behavioral & Consultation Therapy,* 7; 78-84.

第2部 働く人への支援

第14章

産業心理臨床における心理療法2
ブリーフセラピー

足立智昭

Keywords ストラテジック・アプローチ，MRI ブリーフセラピー，解決志向アプローチ，ビジター・タイプの関係性，コンサルテーション，職制との同席面接

本章では，ブリーフセラピーの主要な治療モデルを概観し，中でも汎用性が高く適用範囲の広い解決志向アプローチの「初期」の面接手順を説明した後，産業現場において上司に対するコンサルテーションおよびクライエントと上司の同席での面接を提示し，その留意点を解説した。

I　ブリーフセラピーの定義

今日，ブリーフセラピーのすそ野が広がっており，明確な定義をするのは難しいが，ブリーフセラピーを実践している人たちは，おおむね Brief（短期），Efficient（効率的），Effective（効果的）という3つの形容詞で表わされる方向にセラピーを位置づけようとしている（白木，1994a）。効率を非常に単純化した公式で示すと図1のようになる。産業保健に関していえば，個人のメンタルヘルスはもとより組織全体のメンタルヘルスも視野に入れるので，インプットのコストには，クライエント（従業員のみならず，管理監督者も含む）や心理職や産業看護職などの産業保健スタッフ，さらには組織の経済的・精神的・時間的な負担や労力のすべてがこれに相当する。公式からすると当然セラピーや対応策の望ましい効果がなければ，効率はゼロとなる。このときの効果とは，クライエントのニーズや課題にどれだけ応えられているかという部分最適に留まらず，結果がクライエントの所属する組織の全体最適に裨益していることが求められる（足立，2006）。

ブリーフセラピーの目指す方向性は，問題を抱え，解決を求める人々や組織のため

$$\frac{アウトプット（効果）}{インプット（コスト）} = 効率$$

図1　効率の公式

第 14 章　産業心理臨床における心理療法 2

に効率的・効果的な方法で援助サービスを提供することにあるが，その源流を遡ると一人の催眠療法家ミルトン・エリクソン（Erickson, M. H. 1901-1980）にたどり着き，一般的にはミルトン・エリクソンの臨床実践や治療に関する考え方や技法に影響を受けた複数の治療モデルの総称をブリーフセラピーと呼んでいる。治療モデルには，エリクソニアン・アプローチ，ストラテジック・アプローチ，MRI（Mental Research Institute）ブリーフセラピー，解決志向アプローチ，NLP（Neuro-Linguistic Programming）などがある。

　試案ではあるが長谷川（2012）は，統合的な立場からブリーフセラピーを以下のように定義している。「ブリーフセラピーとは，効果的で効率的なアプローチを希求し続ける心理療法の実証研究や実践活動を参考にしながら，相互作用論に立脚して問題解決のためにクライエントとセラピストの協働によってできるだけ短期間に変化をもたらそうとする心理療法である。なお，エリクソン（Erickson, M. H.）による心理療法の臨床実践とサイバネティックスの理論を精神医学に導入したベイトソン（Bateson, G.）の認識論が心理療法モデルの中核に位置づけられる（de Shazer, 1985；宮田, 1994, 1999）」。

II　ブリーフセラピーの 3 つの主要モデル

　エリクソンの流れをくむ狭義のブリーフセラピーは，治療力点の置き方と何に焦点化するかの違いによって大別すると，症状志向，問題志向，解決志向の 3 つのモデルがある（宮田，1994, 1999）。

1．症状（問題機能）志向モデル

　ストラテジック・アプローチは，ワシントン家族療法研究所で，ヘイリー Haley, J. とマダネス Madanes, C. が発展させた。このモデルは，クライエントの症状（問題）に焦点を当て，その解決のためにいかなる変化（介入・ストラテジー）を導入するかをクライエントとともに創出していくことを目指している。

　心理療法のプロセスは，問題（症状）をめぐってクライエントを含む複数の関係者の間でやり取りされるコミュニケーションや行動がどのような連鎖になっているかを見つけ出し，反復する行動連鎖を変える試み（ストラテジー）によって，複数の関係者の間にある関係（階層）を変化させたり，逆にお互いの関係（階層）を変えたりすることによって，相互作用の中で起こっていると考えられる症状（問題）の変化につながると仮定している。

2．問題志向モデル

カリフォルニアの MRI のブリーフセラピー・センターで発展していったので MRI モデルと呼ばれる。ウィークランド Weakland, J. H., フィッシュ Fisch, R., ワツラウィック Watzlawick, P. らが,「問題とその解決」に関する特殊な概念化を構築していった。治療プロセスの中心的な考え方は，問題を解決するためにしてきたが上手くいかなかった関わりを「解決努力」と定義し，問題が持続し続けるのは，問題そのものが要因というよりも，解決努力がその要因として関係しており，問題と解決努力の悪循環によって問題が維持されていると仮定した。この仮定から治療者は，クライエントや関係者の解決努力と正反対の（これまでとは違った）行動をとるように提案し協力を求めることで，問題維持行動であった解決努力の備給が途絶え，悪循環のループが遮断されて，その結果，問題が解決するというわけである。

3．解決志向モデル

現在日本で最もよく採用されているブリーフセラピーが，この解決志向モデル（ソリューション・フォーカスト・アプローチ Solution-Focused-Approach: SFA）であろう。その理由の一つは，ミニマリストであるドゥ・シェイザー de Shazer, S. が優れた面接家インスー・キム・バーグ Berg, I. K. の面接のアプローチをシンプルで実用的なメソッドとして構造化したので，治療者が面接で何をしようとしているのかが理解しやすく，面接でどんな質問をしていくのかが学びやすいからだと思われる。また，クライエントを決して批判的に見ず，人間の強さに深い敬意を示しながら，ダイレクトに解決（の状態）を目指して治療を進める手法や考え方が，従来の心理療法からすると革新的でありかつ常識的であったからともいえる（白木，1994b）。

彼らの実践は3つのシンプルかつ強力なルール，①もし上手くいっているなら，それを直そうとするな，②もし一度上手くいったのなら，またそれをせよ，③もし上手くいかないのなら，何か違ったことをせよ，を中心哲学としている。そして，治療的着目点は，問題が起こらなかったときのことを「例外」と呼び，さらにそれを「すでに起こっている解決の一部」「例外的に存在している解決状態」と規定し，解決のエキスパートであるクライエント（解決はクライエントが一番よく知っているという意味）から，その「例外」を聴き出して，その例外を拡大するように治療的会話を続ける点にある。

第 14 章　産業心理臨床における心理療法 2

III　解決志向アプローチの面接

　1980〜90年代初めの解決志向アプローチは，面接の手順と質問技法をセットにしてプラグマティックに5つのステップに構造化されていた。初回面接では4つのステップをとり，次回以降のステップへつないでいく（白木，1994b；Berg & Miller, 1992）。

1．治療関係の査定とそれにあった対応（Step 1）

　治療の成否はクライエントとセラピストの相互の関係性によるところが大であり，この関係性にフィットした治療的介入が望まれる。なお，「関係性」であるので，以下のタイプ査定がクライエントの性格特徴を記述しているものではない。

①ビジター・タイプの関係性：クライエントが第三者の強制や義務により来談しているような場合で，クライエントからの問題や変化への期待が全くない，あっても表明されない。対応は，状況を理解したことを伝え，来談をねぎらい，次回の面接を提案する。介入課題は出さない。
②コンプレイナント・タイプの関係性：クライエントは不満やゴールについて詳しく述べることが可能だが，自身は被害者で解決には自分以外の周囲の人が変化することが唯一の方法である信じている。対応は，クライエントの不満に共感し，上手くいっていることをコンプリメント（後述）して，周囲に関する観察課題を出す。
③カスタマー・タイプの関係性：クライエントから自らの問題や変化の必要性を言語的・非言語的に表明しており，解決への意志がある。対応は，コンプリメントとともに，具体的な行動課題を出す。

2．よく形成されたゴール（Well-formed Goal）への話し合い（Step 2）

　クライエントが，どうなりたいのか，解決した時どうなっているのかといった具体的で明確なイメージを描けるよう会話を進め，治療ゴールを設定する。そのゴールがより適切なもの（Well-formed Goal）になるには，以下のことが必要である。

①クライエントにとって重要であること。
②現実的で達成可能な小さなゴールであること。
③具体的で行動レベルで記述できること。

第2部　働く人への支援

④何か（問題）の終わりや消失ではなく，何か他のことの始まりや出現として述べられること。

⑤クライエントの「熱心な努力」を要するとみなされること。

3．解決・変化に向けての話し合い（Step 3）

クライエントを援助する最も良い方法は，彼らの持っている強さやリソースを「利用」することであるとの前提のもと，会話を通して相互作用的に解決を構築していくために有効な質問をしていく。

①治療前の変化を見つける質問：面接予約をしてから来談までの間に，クライエントの3分の2が何らかの良い変化を体験している。自身の力で変化を引き起こしていることを報告してもらうことは，クライエントを「解決」へ方向づける。

②例外を見つける質問：「ここ数週間のうちに，問題が起きていなかったり，少しましだったことはありましたか？」といった質問によって，クライエントが例外に気づいているかを確認し，その例外がどのようにして起こったかを尋ねる。クライエントによる意図的な例外か偶然の例外かによって後のフィードバックの基準となる。

③ミラクル・クエスチョン：「これから変わった質問をします。今晩あなたが眠っている間に，奇跡が起こり，問題がすべて解決してしまったとします。でも，あなたは眠っていて奇跡が起こったことを知りません。さて，翌朝目覚めた時からどんなことが起こり始めているでしょうか。どんな違いから奇跡が起って問題が解決したとわかるでしょうか？」

この質問は，よく形成されたゴールにフィットしなかったクライエントのゴール形成の援助となり，例外を引き出すにも非常に有効である。

④スケーリング・クエスチョン：「奇跡の状態を10とし，これまで最もひどかったどん底状態を0としたとき，今の状態はどれくらいですか？」というように状態や動機づけ・自己評価の程度，進捗状況や印象などを数値化する。その数値の差異や変動を具体的に説明してもらう。

⑤コーピング・クエスチョン：サバイバル・クエスチョンともいう。クライエントの注意を，不快で恐ろしいことによる不安や孤独や苦痛から引き離し，苦痛に満ちた状況を切り抜けるためにしていることへ向けなおすために，「こんなに長い間どうやって切り抜けてきたのですか？」，「もっと悪くならなかったのはどういう訳ですか？」と尋ねる。

4．解決・変化に焦点を合わせた介入・フィードバック（Step 4）

初回面接の最後にブレイクをとった後，セラピストはクライエントへ，①コンプリメント，②ブリッジ，③課題の3つからなるフィードバックを伝える。

①コンプリメント：クライエントが重要と思うものを肯定し，彼らの上手くいっていることへの努力や工夫，熱意をねぎらい，敬意を伝える。
②ブリッジ：フィードバックのコンプリメントと課題を結びつける橋渡し（理由づけ）である。
③課題：クライエントとセラピストの関係性の査定から，観察課題や行動課題を選択する。観察課題は，生活の中で解決に役立つ部分に注意を向けてもらう課題であり，コンプレイナント関係において提案する。「これからも続いてほしい」ことを観察してもらったり，状況の良い日とそうでない日ではどう違うかを観察してもらったり，良い日になるのかそれほどでもない日になるのか予想してもらい，結果どうしてそうなったかを考えてもらったりする。行動課題は，カスタマー関係においてふさわしい。ミラクル・ピクチャー（ミラクル・クエスチョンから表出された事柄）が描けている時に，あたかも奇跡が起こったかのように振る舞い，自分や周囲がどんな反応をするかに注意を払う日を決めてやってみたり，例外や上手くいっていることを繰り返したり（Do More），今までと違う何かをやってみたりする（Do Something Different）。

5．ゴール・メンテナンス（Step 5）

2回目以降は，「何が良くなっていますか（What's better ?）」と尋ねて，新たな例外や上手くやれていることを確認して，すでにある解決に一部を増幅していく。良くなっていない場合には，特定の二日の日を比較して例外を詳細に尋ねてみたり，ゴールについての再確認をしたり，関係性の査定をし直したりする。

6．進展する SFA

SFA は，1990年後半以降も進展し続け，クライエントとセラピスト関係のタイプ分けに捉われなくなり（磯貝，2003），未来志向の在り様も，未来の解決構築をした後，過去や現在に立ち戻り，改めて未来を照射しようとする往復運動のソリューション・トークへ変容している（白木，2014）。

Ⅳ　企業内心理職に求められる心理療法における特徴

　心理職が組織に関わる場合，組織内の所属か外部 EAP（Employee Assistance Program：従業員支援プログラム）かの違いで，責任の所在や所属する組織から提示されたミッション，職務内容や収集情報量は異なってくる。また，常勤・非常勤の違いも業務や職責の違いに関係する。そして，関わる組織が異なれば当然，組織文化やルールの違いがあり，心理職もその違いに応じて関わり方の多面性が

増す。

　このような状況規定因の複雑さがあり，産業領域における心理療法の外枠の特徴を一般化して述べるのは容易ではないが，企業内の健康管理部門における EAP の特徴は，以下のことが挙げられよう（足立，2003）（第 8 章も参照のこと）。

①職場のメンタルヘルスというと従来から疾病レベルの対策が重要視されているが，最近ではジョブパフォーマンスの低下に関わる諸問題にすべからく応じる必要性が増している。疾病はもちろんのことキャリアの問題やハラスメント関連の相談まで，相談内容は多岐にわたる。
②職場でのジョブパフォーマンスの低下を早期に認識しやすいのは管理監督者であり，上司からの相談依頼が相対的に多い。
③どのような形でも労働に従事できているということから，来談者の潜在的な健康度は総じて高いといえる。
④病理モデルでの対応は，個別ケアとして重要であるが，企業内 EAP では，「環境への適応」の基準から事例性が判断されるので，判断主体となる管理監督者や会社組織との連携を必要とする。結果，具体的・直接的な対応を行う場合には，コンサルテーション・リエゾンモデルを念頭に置くことは必須となる（足立，2000；児島，2001）。
⑤職場のメンタルヘルス施策は，労働三法や労働安全衛生法を基本にしている。近年ではメンタルヘルス指針，ストレスチェック制度など，司法行政の施策に大きく影響される法定活動である（足立・和田，2004）。
⑥産業医のみならず心理職にも，企業のメンタルヘルス施策への参画から実際の運営まで要請されるようになり，プランナーやコーディネーターとしての役割も付与される（足立，2016）。

V　産業現場におけるブリーフセラピーを志向した関わりの実際

1．職場の特徴および筆者の立場

　Z 社はメーカーとして全国に大規模事業場を有する。従業員は，技能職から研究などの専門職まで多岐にわたっている。本事例 A の所属している Z1 事業場の健康管理センターに，筆者は Z2 事業場より週 1 回以上出張する専任カウンセラー（以下 Co）である。

2．事例概要

　クライエントと問題：A は 40 代前半の事務職につく独身男性で，30 代半ばの

第 14 章　産業心理臨床における心理療法 2

中間管理職の上司Ｂが面接に連れてきた為，Ａ自身の主訴はない。上司Ｂの主訴は，Ａが仕事の行き詰まりを感じると突発的に病欠にて連続休業するので，責任ある重要な仕事を任せられないとの事であった。

　　見立て：回避傾向の強い適応障害。関係性の査定は，当初Ａとはビジター・タイプ。上司Ｂとはカスタマー・タイプ。
　　面接情報：上司Ｂに対するコンサルテーション２回，同席面接９回を企業内の面接室にて１年３カ月行なった。

3．面接経過

①電話連絡からコンサルテーションへ（Ｘ−１年６月）

　上司Ｂより「Ａが腰痛で休んだ。有給休暇の残りがあと１日なのだが，ここ数年有給休暇の消化の仕方が早くて心配している」と電話連絡が入り，Co は念のため，最近の残業時間やアルコールの問題・危機的サインの有無などの情報を得た後，近々の面接日を設定した。

　上司Ｂは上記主訴を，Ａが問題を抱え込み相談しないので周りからサポートが得られず納期が守れない。病欠の穴埋めを他の社員がしなければならず，不満を持った彼らからＡはサポートを得られず，ますます孤立してしまう悪循環があると理解した。Co はこれまでの上司Ｂの対応をねぎらい，上司ＢのＡの仕事に対する期待イメージ（最少目標は書類を目論見通りに作る事）を確認した後，「今までに少しでもＡがそうなっていた時に，どんな関わりをしていました？」と質問すると，上司Ｂは「事細かに関わって指示を出すとアウトプットが出ていた。仕事を整理してやるとアウトプットが出るが，厳しく言い過ぎると『わかりました』と言って休む」と，上手く行っているときの対応と悪循環を対比的に思い出した。Co からは，Ａが困っても助力を請えない結果，問題解決スキルが増えていかずに問題に拍車をかけているとの仮説を上司Ｂに伝え，「周りが関わるとアウトプットを出す」Ａのパターンを活用することを提案した。そして「その後の経過を教えてください。場合によってはこちらから電話をしてもいいですか」と関係をつないでおいた。

　Ｘ−１年８月に上司Ｂにフォローアップの電話をすると，その後Ａは有給休暇を使っておらず，上司Ｂとしては心配が残るも様子を見ていきたいとの事であった。

第2部　働く人への支援

留意点①　できるだけ早めにコンタクトを取る

　多くの職制は本当に困らないと社内の相談室にコンタクトを取ってこない傾向にあるので，職制から連絡があったときはほとんどの事例が何らかの介入を必要とする場合が多い。職制の困っているうちに（モチベーションの高いうちに）接触する。

留意点②　企業内 Co の特性を活かす

　企業内 Co の強みは，他の外部専門家よりも会社組織の情報を多く持っている点であろう。社会情勢などにより事業所・部・課・職制・本人がどのような状況に置かれているかが推測しやすい。思い込みに注意しながら，事例理解とジョイニングに活かす。また，フォローアップもしやすい。

留意点③　職制は問題解決の最大のリソース

　職制と連携する場合には，職制からいかにして理解と協力を取り付けるかが重要である。職制に「その気になってもらう」為に，職制の原因探しの枠組みに乗り，問題の原因はスキル不足として，「問題解決スキルを増やす」為に職制の助力を願い，職制が過去に持った成功体験を繰り返すという，無理のない助言や提案を行なう。

②2回目のコンサルテーション（X年3月上旬）

　その年は上司Bの対応もあってAは欠勤に至らずに乗り切ったが，翌年の年初めからまた病欠が多発した。上司Bが注意しても「以後気を付けます」とAは言うのみで，言動には矛盾も多く，上司BはAが反抗していると感じる。またアルコール臭をさせて出勤することもあり，相談室に行くように促すも拒否するので，再度コンサルテーションを求めた。

　昨年末の業務希望調査票にAが「仕事量が少ない」と記入しており，Bは話し合いの結果，やや難しい仕事を与えたがアウトプットは出なかった。Aが前もって無理な状況を報告せず当日休暇で休み，トラブル対応に他の社員があたった。現在は仕事を軽目にして対応している。Aがやりたいと言った別の仕事を依頼したが，結果を報告しないのでBが確認すると，初期の処理段階の分類を担当者に頼んでいない。

　状況を伝える上司Bの口ぶりには，Aに対する否定的な感情が色濃く出ており，まずは両者の関係性の改善が必要とCoは考えて同席面接を提案した。その際に，以下のことを上司Bにお願いした。

　1）健康上の問題はAの問題であり，Aに任せる。2）これまでAと話し合って決めてきた事と，実際の業務パフォーマンスの結果を突きつけ合せ，能力はあるのにそれに見合ったアウトプットが出ていないことを示す。3）パフォーマンス向上のための猶予期間を設定し，業務課題を決めて，必要なサポートは職制がすることを明言する。4）期間内にパフォーマンスの改善が見られない場合は，

第 14 章　産業心理臨床における心理療法 2

上司としてのBにも打ち手がないので相談室に一緒に相談に行く。5）相談室はメンタルな問題だけを扱うところではなく，パフォーマンス低下などの業務上の問題も相談できるところであることを伝える。6）今回Bが相談室に相談したら，「Coは，何かお役に立てることがあるかもしれない。Aさんにお会いしてみたい」と言っていた旨を伝える。

③初回面接（X年4月中旬）　同席面接1

　Aは半身の姿勢で，上司Bと席を2つ置いて座り，視線が合わない。まずは，「主任からAさんのことをお聞きして私が心配したものだから，主任にお願いして来て頂きましたが，Aさんにとっては余計なお世話だったかもしれませんね」と来談に対してCoからAに謝意を表明すると，Aは「いえ，別に」と。

　上司Bが口火を切り，現状Bが困っていることを話し始める。「休みが多い。前半で使い切る。仕事が任せきれなくなってしまう。期待通りのものがおさまらない」云々。Coは「主任はAさんに期待していて仕事を任せたいと思っておられるようで」などと，Bの意図を多少ポジティブに翻訳して返すがAからは，「はー」「はい」「いえ，別に」とそっけない返事。一旦，上司Bに離席してもらいAと話すことにした。

　Aとの面接では「何か困っておられます？」「別に」で始まり，仕事以外の話題も交えたがおおむね一問一答を無表情で繰り返すパターンとなった。唯一例外的に感情が出たのは，「去年入ってきたグループ員が，作業時間を多く使って残業している。残業時間の多い人が良くやっていると主任は思っている。アウトプットをフォローしていない」と上司Bへの不満を述べた時であった。

　そこで，再度上司Bに同席してもらい，Bとの話を主体にした。話題は，近年の不況で社としても少しでも効率を向上させコストダウンを図り業績を伸ばしていく為に，さまざまな対策を打っている点についてである。その一つとして実行計画のフォローがあるが，「フォロー」という言葉が一人歩きをして内実が伴っていないのではないかと，Coから上司Bに議論を吹っかけた。その一例としてCo自身の例を引き，「そもそもフォローとは2つのことから成立している。それはチェックとサポートである」と一席ぶった。上司Bも自身の経験に照らし合わせて「チェックだけでサポートのないフォローが多すぎる」と乗ってきた。

　ひとしきりその話題で盛り上がった後，CoからAに「主任に何か仕事上でフォローしてもらいたい事がありますか？」と尋ね，A「別に」とパターン通りに応じた。Coは「それは良かった。主任は少数精鋭で業績アップに臨む為にAさんに

第2部　働く人への支援

さらにアウトプットを出してもらうようにする管理者としての責務がある。だから，これから今まで以上にAさんに関わってフォローしてくださいね」と上司Bに依頼し，Bは了解。CoはAに「主任が今まで以上にサポート入りのフォローをしてくれると思いますので，今以上にもっと上手く行くと思いますが，主任としてもAさんにとって何をどうサポートしていいのかわからないかもしれませんので，逆効果という場合は教えてください」と述べ，次回の面接を約束した。

　留意点④　ビジター・タイプの関係性の場合の対応
　1）自分は全く困っていない場合（単独）：ねぎらい褒めてさり気なく再来談を誘う。
　　　他の困っている人と面談する（上司B）。
　2）自分は困っていないが，困っている人に困っている場合（単独）：困っている人
　　　（上司B）から自分が困らせられないようにするためには（例えば，面接に行かな
　　　くていいようにするためには），どうしたらいいかの作戦を話し合う。
　3）自分は困っていないと言うが，どうも困っていると言えない／言わないように見
　　　える場合（同席）：1）が基本。さらに，困っている人（上司B）が困らないよう
　　　になるためにさまざまなこと試みるが，もしその結果，本人（A）が困るようなこ
　　　とがあればクレームを言ってくれるように，もしその結果今よりもっといい状況に
　　　なれば報告してくれるように依頼する（間接的観察課題）。

④同席面接2（X年5月）

　2回目はCoから「逆効果になって困っていない？」とAに確認すると，それには直接応えず「極力訊くようにしている，主任に」と仕事上での主任とのやり取りを語った。報告書の作成で構成に迷っていたが，とりあえず書いて提出したら，その場で内容についての付加情報が得られ，それを元に推敲した。また，トラブルシュート対応で原因がわからないので，主任に相談したら「そのトラブルには，必ず『亀裂』があるという目で見て下さい」と言われて，調べてみたら対応できたことなどを矢継ぎ早に教えてくれた。

　上司Bからは，逆効果になっていることはなく，一工程一担当を複数担当に変更して，Aとグループ員との話をする機会が増え，業務のことを他の人にも訊いている様子が述べられた。Coが「複数担当はAさんにとってまずくない？」と再び確認すると，「データが共有できて，止まっている書類が減っている。グループ全体でこなすようになってきた」とプラスに評価していた。体調面では，産業医の助言をうけて，飲酒の回数と量を減らすために，散歩や料理を再開していた。課題はDo More。

第 14 章　産業心理臨床における心理療法 2

留意点⑤　間接的観察課題には「困っていない？」を前提に
　そもそもビジター・タイプ関係の人は現状に困っていない事が前提であるので，現状維持以下になっていないかどうかをまず確認する。「困っていない」状況が続いていれば，「それは良かった」と肯定して関係者にもっと良くなるように努力してもらう。「困った」状況が出現したのであれば「どういう関わりがどのように困るか，どうした方がいいのか」を話し合う。

⑤同席面接3～4（X年7月・9月）
　以前との違いをスケーリング・クエスチョンでAに尋ねると，2回目は初回の2から5へ，3回目は7～8となり，その違いを楽しそうに述べた。Aは上司Bに相談するようになってから，一人で抱えていたときよりも作業時間が短縮でき，上司の方針がわかるようになり，他の人のやっている事も見えるようになってきて，「外注に的確な指示をする」ことを新たにやり始めた。散歩コースをいろいろ違える事で，散歩自体を楽しんでいる様子も窺えた。結果腰痛がなくなってきた。
　一方，上司BはAのアウトプットを出すパターンが掴めてきた。B自身の管理業務が増えてきたので，その中からAに向いていそうな仕事を渡す。アウトプットが出なさそうな時に途中で声をかけると，どこで躓いているのかがわかる。そこで具体化できるように配慮して再指示して，フォローする［フォロー＝チェック＋サポートを実行］。さらに，課長の方針でもあるが，Aを課の管理業務のアウトプットの取りまとめ役として全課員にオーソライズ（公認）した。
　Aの生活習慣に関しては《例外や他者の助言》→《実行する》→《上手くいく》，仕事に関しては《何らかのサポート》→《利用する》→《上手くいく》→《A＆Bのセルフ・エフィカシー（自己効力感）の向上》という良循環が生まれているので，Coはそれを強化する質問を重ねて，コンプリメントしていった。

⑥同席面接5（X年11月）
　上司Bが会議で遅れているのでAと面接開始。Coから，「もし，Bさんがここにおられたとして，最近のAさんの仕事の状況や仕事ぶりのことを，前と比べるとどんなところが変わりましたか？って訊いたら，Bさんは私に，何とおっしゃられると思います？」と尋ねた。Aは少し考えてから，「まず朝はちゃんと余裕持って来ていることを言うかな。それから，今日中にやってくれって言われた仕事は，だいたい出すようにしているから，それも最優先で。それかな。（Co：他には？）あとはね，集中タイム中は，極力煙草とか吸いにいくのをやめようと言わ

れているので，ほとんど行かない。タバコ吸わないで，代わりにガムをかんでいる」と応えた。

上司Bが来室後，上述の会話を伝えると，「そうなんですよ。朝は早いし，フレックスも使わない。生活リズムが安定しているようで，仕事のアウトプットは期日以内。そうそう，お酒もセーブしているよね」と，上司BがAへ尋ねて，二人の会話が展開していった。

　留意点⑥　関係性の質問
　　関係性の質問は，クライエントがどう変わっていったかを他者の視点で考えるように誘っているが，他者が認識したと思う自分の変化は，確実に自分が起こしている変化である点，変化に対する確信が強まると思われる。その変化を他者にCoが伝えるという形を取りながら，クライエントの努力や工夫を間接的にコンプリメントし，かつ「上司のおかげで」とのメッセージも盛り込めた。

⑦同席面接６～９（Aのみ面接８）（～X＋１年７月）

Aは，仕事への取り組み方を，上手くいったことをやり続けたり，モデリングしたり，他者の助言を受け入れたりして，次々と改新していた。課の方針のスケジュール管理の手法に則って，自身のスケジュール管理の「見える化」をしたら，書類の早期提出につながったり，まとめてやるよりスモールブロックで少しずつこなしていったり，C課長がポストイットにちょっとしたコメントを書いているのを見習ってやってみると，約束した日に書類が来ることを発見したり，プレゼンしている時には口を挟まないようにと友人に言われたので，批判的にせずに聴いてみたら，相手の顔つきや表情が見えるので雰囲気がわかり気持ちよく聴けた，ことなどが語られた。最終面接時には，上司BはAに管理業務をほぼ全面的に任せている。

面接が終わり，二人が部屋を出る前に，Aから上司Bに「３時からのあの件はどうしますか」と話しかけていたのが印象的だった。

⑧フォローアップ（X＋２年１月・４月・８月）

Bの上司Cは，課全体の業務体制を変更していった際の成功事例として，Bの対応を高く評価している。また，Aの作業能力を再認識し業務分野の拡大を検討した。上司Bは，Aの休暇取得の順調なペース・周囲との交流の増加を評価している。Aは，仕事内容がランクアップしたと報告してくれた。

留意点⑦　フォローについての考え方

産業臨床では事例の情報を入手しやすいといった特性があるので，積極的に事例や関係者にコンタクトをとった。その際，事例の変化が継続発展しているかを確認するのはもとよりであるが，事例を取り巻くスープラ・システム（課・部といった上位組織）がどう変化しているかの視点も重要である。特に回避性の強い事例では環境変化により，もとの状態に戻りやすいので注意が必要である。

4．まとめ

　産業現場における企業内心理療法では，クライエント（従業員／上司）の業務上の問題解決のためには，職制の協力と連携が必須であるが，援助を求めない従業員もいる。本人は（一見）困っておらず，周りが困らせられる回避傾向が強いクライエントは，自分が陥っている困難な状況に関して，その事実経過は認めても自身が対処しなければならないといった状況の受け止めは弱く，自発的に相談場面へ現れることはほとんどない。いきおい，職制からの要請で面接する際には，ビジター・タイプの関係性から援助が始まる。会話の中で「例外」やリソースを丹念に探す解決志向アプローチの視点は，本人や周囲が感じているであろう不信感や怒りや無力感といった陰性感情に伝播されない図太さを，あるいは伝播されても関わり合うこころの作業スペースを Co に与えてくれる。結果，小さな例外からさらなる例外を，さらなる例外からエンパワメントを，エンパワメントから自己効力感を拡張させていく会話が続けられることを示した。

◆学習チェック表
- [ ] ブリーフセラピーの主要モデルについて理解した。
- [ ] 解決志向アプローチの基本的視点を理解した。
- [ ] 産業場面での職制との連携と協働について理解した。

より深めるための推薦図書

Berg, I. K.（1994）*Family Based Service: A Solution-Focused Approach.* W. W. Norton & Company.（磯貝希久子監訳（1997）家族支援ハンドブック―ソリューション・フォーカスト・アプローチ．金剛出版．）

DeJong, P. & Berg, I. K.（1988）*Interviewing for Solutions.* Brooks/Cole Publishing Company.（玉真慎子・住谷祐子監訳（2016）解決のための面接技法［第4版］．金剛出版．）

Haley, J.（1963）*Strategies of Psychotherapy.* Grune & Stratton Inc.（高石昇訳（2000）戦略的心理療法―ミルトン・エリクソン心理療法のエッセンス［新装版］．黎明書房．）

第2部　働く人への支援

宮田敬一編（2001）産業臨床におけるブリーフセラピー．金剛出版．

新田泰生・足立智昭編（2016）心理職の組織への関わり方―産業心理臨床モデルの構築に向けて．誠信書房．

文　献

足立智昭（2000）無断欠勤により関係者が悩まされ続けた男性への援助過程―産業臨床において回避傾向のある人に悩むことを押し付けない関わり方の工夫．ブリーフサイコセラピー研究，9; 58-73.

足立智昭（2003）産業現場で自殺企図事例の援助を通して再構成されていったチームと私．ブリーフサイコセラピー研究，12; 35-39.

足立智昭（2006）「職業」としての産業臨床心理士―極私的産業臨床心理士小史．In：河合俊雄・岩宮恵子編：新臨床心理学入門．こころの科学増刊，155-160.

足立智昭（2009）産業臨床心理学入門―産業心理臨床の理論と技法〈ブリーフセラピー〉．産業看護，3; 73-79.

足立智昭（2016）長時間時間外労働者健診に参画した経験に基づいて産業・組織臨床における心理職の有用性を考える―長時間働いても病気にならない人のサバイバル・スキルとは？In：新田泰生・足立智昭編：心理職の組織への関わり方―産業心理臨床モデルの構築に向けて．誠信書房，pp.27-46.

足立智昭・和田憲明（2004）企業と従業員にとって役に立つメンタルヘルス活動のあり方．In：日本ブリーフサイコセラピー学会編：より効果的な心理療法を目指して―ブリーフサイコセラピーの発展Ⅱ．金剛出版，pp.118-126.

Berg, I. K. & Miller, S. D.（1992）*Working With the Problem Drinker: A Solution-Focused Approach*. W. W. Norton & Company.（斉藤学監訳（1995）飲酒問題とその解決―ソリューション・フォーカスト・アプローチ．金剛出版．）

de Shazer, S.（1985）*Keys to Solution in Brief Therapy*. Norton.（小野直弘訳（1994）短期療法―解決の鍵．誠信書房．）

長谷川明弘（2012）総合的な立場からブリーフセラピーを再定義する―試案・私案・思案．ブリーフセラピーネットワーカー，15; 18-24.

磯貝希久子（2003）監訳者あとがき．In：インスー・キム・バーグ，ノーマン・H・ロイス著，磯貝希久子監訳：解決へのステップ．金剛出版，pp.229-234.

児島達美（2001）コンサルテーションからコンサルテーション・リエゾンへ．In：宮田敬一編：産業臨床におけるブリーフセラピー．金剛出版，pp.27-37.

宮田敬一（1994）ブリーフセラピーの発展．In：宮田敬一編：ブリーフセラピー入門．金剛出版，pp.11-25.

宮田敬一（1999）ブリーフセラピーの基礎．In：宮田敬一編：医療におけるブリーフセラピー．金剛出版，pp.9-23.

白木孝二（1994a）ブリーフセラピーの今日的意義．In：宮田敬一編：ブリーフセラピー入門．金剛出版，pp.26-41.

白木孝二（1994b）BFTC・ミルウォーキー・アプローチ．In：宮田敬一編：ブリーフセラピー入門．金剛出版，pp.102-117.

白木孝二（2014）ソリューション・フォーカスト・アプローチ再訪．In：東豊編：家族療法とブリーフセラピー．こころの科学，176; 30-34.

索　引

数字・アルファベット
4つのケア　114, 124, 136
ACT　→アクセプタンス＆コミットメント・セラピー
Bio-Psycho-Social-Vocationalモデル　153, 168
EAP　→従業員支援プログラム
EAPのコアテクノロジー　123
MRIブリーフセラピー　198
PM理論　44

あ行
アクセプタンス＆コミットメント・セラピー
　（ACT）185
安全・健康配慮義務　62
育児・介護休業法　65
医療リワーク　148, 153
インクルージョン　77
大人の発達障害　73
エリクソン Erickson, M. H.　199
オハイオ州立大学研究グループ　44

か行
解決志向アプローチ　201
会社人間　15-19
過重労働　74-77, 109-111
過労死　18, 74, 81, 110
過労死等防止対策推進法　110
関係者達との連携・調整　12
関係フレーム理論　187
完全失業率　16, 159
管理機構論　24
キャリア　85
　——・カウンセリング　88, 160
　——教育　90
　——形成　85
キャリアコンサルタント登録制度　88
強行規定　51

協働　138, 151, 199　→多職種連携・協働も
　参照
均等・均衡待遇　67
勤務間インターバル規制　19, 77
経営戦略と産業組織　23
ケースマネジメント　131, 149
行動分析学　187
行動変容　185, 191
高年齢者雇用安定法　68
合理的配慮　69, 151, 165, 166
コーピング　98, 202
心の健康づくり計画　113
心の健康問題により休業した労働者への職場
　復帰支援の手引き　147
個人情報保護法　63
コンサルテーション　100, 128, 134-142,
　205

さ行
再就職支援会社　160
三六協定　56, 76
産業医　59, 64, 102, 114, 116, 147
産業・組織心理学の定義　11
産業保健　94, 102, 106, 137, 198
産業臨床心理学　93
時間外労働の上限規制　19, 76
事業者が講ずべき快適な職場環境の形成の
　ための措置に関する指針（快適職場指針）
　107, 108
事業場における労働者の健康保持増進のため
　の指針（THP指針）107, 108
事業場における労働者の心の健康づくりのた
　めの指針　108, 116
事業部制　32
仕事と生活の調和（ワーク・ライフ・バラン
　ス）憲章　82
自己の対象化　12

索　引

自殺対策　111
自殺対策基本法　111
質的研究法　20
自動思考　186
従業員支援プログラム（EAP）　103, 121-132, 133, 150, 203
就業規則　56, 66, 68, 103, 148, 151
修正版グラウンデッド・セオリー・アプローチ　20
就労移行支援事業　163
就労継続支援事業　164
障害者雇用　164
障害者雇用促進法　69, 162-165
障害者への合理的配慮　→合理的配慮
生涯発達　156
職業性ストレスモデル　94
条件即応モデル　44
職業的アイデンティティ　156
職制との同席面接　204-211
職務満足感　38
職リハリワーク　149, 153
心理教育　142, 154, 187
心理的負荷による精神障害等に係る業務上外の判断指針　107, 108
ストラテジック・アプローチ　199
ストレス　61, 113, 121, 172-182
　　──コーピング　98
ストレスチェック　60, 99, 108, 113-117, 132, 138, 145
　　──制度　99, 108, 109, 117, 132, 173
精緻化された分業の弊害　84
セクハラ（セクシュアルハラスメント）　65, 70, 144
セルフケア・セミナー　143
全人的支援　157
組織的災害救援者　173
組織の集団規範　33
ソリューション・フォーカスト・アプローチ（SFA）　200

た行
体験の回避　189
ダイバーシティ　19, 77
多職種連携・協働　93, 101-104, 136 143
男女雇用機会均等法　55, 65, 70, 71

地域障害者職業センター　149, 162, 163
適応力　181
動機づけ　37-41, 97, 124, 153, 188
　　──理論　28
トラウマケア　172-177, 180
　組織における──　175

な行
日本型雇用慣行　18, 53
認知行動療法　144, 153, 174, 185-187
認知療法・認知行動療法　186, 187

は行
パーソンズ Parsons, F.　87
バーナードの組織論　28
パス−ゴール理論　45
働き方の変革　18
働き方改革関連法　19, 57-59, 64, 67, 76
働くための能力　152-154
パフォーマンス　121, 130, 136, 185, 204, 206
ハラスメント　54, 66, 70-75, 103, 111, 130, 144-146, 175　→セクハラ, パワハラ, マタハラも参照
ハラスメント・セミナー　144
パワハラ（パワーハラスメント）　17, 54, 62, 71
反省的実践　13
ビジター・タイプの関係性　201
フォルクマン Folkman, S.　98
福祉的就労　164
復職支援　131, 147-156
ブラック企業　17, 75
ブリーフセラピー　198
フロー理論　40
プロバイダーネットワーク　122
分化と専門化　30
文脈的 CBT　187
変革型リーダーシップ　46
法定雇用率　69, 162, 164

ま行
マインドフルネス　183, 187, 193
マタハラ（マタニティハラスメント）　71
マネジメント・コンサルテーション　122,

索　引

124, 128
マネジメント・リファー　124
マルチタスクプログラム　154, 155
三隅二不二　44
メンタルヘルス　24, 72, 81, 103, 107-117,
　121, 124, 135-139, 142-145, 147, 173,
　186, 192, 198, 204
　　──指針　108, 109, 113, 124
目標設定理論　39

や行
有効求人倍率　159
要配慮個人情報　63
欲求理論　37

ら行
ライフ・キャリアの虹　85
ラインケア・セミナー　143
ラインによるケア　114, 124, 135, 142
ラザルス Lazarus, R. S.　98
リーダーシップ　27, 42-46
リーダーの特性と行動　43
リッカートの組織論　29
リワークプログラム　103, 153, 154
臨検監督　75
レジリエンス　181
連携　12, 29, 101-104, 111, 116, 122, 126,
　131, 135, 136, 141, 143, 144, 147, 150,
　162-170, 204, 206, 211　→多職種連携・
　協働も参照
労災保険法　60
労使関係　151
労働安全衛生法　59, 106-109, 204
労働基準法　55-60, 62, 64, 77, 106
労働契約法　52, 62
労働災害　59, 106
労働施策総合推進法　71
労働者の心の健康の保持増進のための指針
　→メンタルヘルス指針
労働審判　54
労働法　51, 64, 164
労働力の減少・多様化　55

わ行
ワーク・エンゲイジメント　96-98, 106

ワーク・ファミリー・コンフリクト　83
ワーク・モチベーション　37
ワーク・ライフ・バランス　19, 65, 77, 80-84,
　121, 154

付録

付録
大学及び大学院における必要な科目

○大学における必要な科目
A．心理学基礎科目
　①公認心理師の職責
　②心理学概論
　③臨床心理学概論
　④心理学研究法
　⑤心理学統計法
　⑥心理学実験
B．心理学発展科目
（基礎心理学）
　⑦知覚・認知心理学
　⑧学習・言語心理学
　⑨感情・人格心理学
　⑩神経・生理心理学
　⑪社会・集団・家族心理学
　⑫発達心理学
　⑬障害者（児）心理学
　⑭心理的アセスメント
　⑮心理学的支援法
（実践心理学）
　⑯健康・医療心理学
　⑰福祉心理学
　⑱教育・学校心理学
　⑲司法・犯罪心理学
　⑳産業・組織心理学
（心理学関連科目）
　㉑人体の構造と機能及び疾病
　㉒精神疾患とその治療
　㉓関係行政論
C．実習演習科目
　㉔心理演習
　㉕心理実習（80時間以上）

○大学院における必要な科目
A．心理実践科目
　①保健医療分野に関する理論と支援の展開
　②福祉分野に関する理論と支援
　③教育分野に関する理論と支援
　④司法・犯罪分野に関する理論と支援の展開
　⑤産業・労働分野に関する理論と支援の展開
　⑥心理的アセスメントに関する理論と実践
　⑦心理支援に関する理論と実践
　⑧家族関係・集団・地域社会における心理支援に関する理論と実践
　⑨心の健康教育に関する理論と実践
B．実習科目
　⑩心理実践実習（450時間以上）
※「A．心理学基礎科目」，「B．心理学発展科目」，「基礎心理学」，「実践心理学」，「心理学関連科目」の分類方法については，上記とは異なる分類の仕方もありうる。

○大学における必要な科目に含まれる事項
A．心理学基礎科目
①「公認心理師の職責」に含まれる事項
　1．公認心理師の役割
　2．公認心理師の法的義務及び倫理
　3．心理に関する支援を要する者等の安全の確保
　4．情報の適切な取扱い
　5．保健医療，福祉，教育その他の分野における公認心理師の具体的な業務
　6．自己課題発見・解決能力
　7．生涯学習への準備
　8．多職種連携及び地域連携
②「心理学概論」に含まれる事項
　1．心理学の成り立ち
　2．人の心の基本的な仕組み及び働き
③「臨床心理学概論」に含まれる事項
　1．臨床心理学の成り立ち
　2．臨床心理学の代表的な理論
④「心理学研究法」に含まれる事項
　1．心理学における実証的研究法（量的研究及び質的研究）
　2．データを用いた実証的な思考方法
　3．研究における倫理
⑤「心理学統計法」に含まれる事項
　1．心理学で用いられる統計手法
　2．統計に関する基礎的な知識
⑥「心理学実験」に含まれる事項
　1．実験の計画立案
　2．統計に関する基礎的な知識
B．心理学発展科目
（基礎心理学）
⑦「知覚・認知心理学」に含まれる事項
　1．人の感覚・知覚等の機序及びその障害
　2．人の認知・思考等の機序及びその障害
⑧「学習・言語心理学」に含まれる事項
　1．人の行動が変化する過程
　2．言語の習得における機序

⑨「感情・人格心理学」に含まれる事項
　1. 感情に関する理論及び感情喚起の機序
　2. 感情が行動に及ぼす影響
　3. 人格の概念及び形成過程
　4. 人格の類型，特性等
⑩「神経・生理心理学」に含まれる事項
　1. 脳神経系の構造及び機能
　2. 記憶，感情等の生理学的反応の機序
　3. 高次脳機能障害の概要
⑪「社会・集団・家族心理学」に含まれる事項
　1. 対人関係並びに集団における人の意識及び
　　行動についての心の過程
　2. 人の態度及び行動
　3. 家族，集団及び文化が個人に及ぼす影響
⑫「発達心理学」に含まれる事項
　1. 認知機能の発達及び感情・社会性の発達
　2. 自己と他者の関係の在り方と心理的発達
　3. 誕生から死に至るまでの生涯における心身
　　の発達
　4. 発達障害等非定型発達についての基礎的な
　　知識及び考え方
　5. 高齢者の心理
⑬「障害者（児）心理学」に含まれる事項
　1. 身体障害，知的障害及び精神障害の概要
　2. 障害者（児）の心理社会的課題及び必要な支
　　援
⑭「心理的アセスメント」に含まれる事項
　1. 心理的アセスメントの目的及び倫理
　2. 心理的アセスメントの観点及び展開
　3. 心理的アセスメントの方法（観察，面接及び
　　心理検査）
　4. 適切な記録及び報告
⑮「心理学的支援法」に含まれる事項
　1. 代表的な心理療法並びにカウンセリングの
　　歴史，概念，意義，適応及び限界
　2. 訪問による支援や地域支援の意義
　3. 良好な人間関係を築くためのコミュニケー
　　ションの方法
　4. プライバシーへの配慮
　5. 心理に関する支援を要する者の関係者に対
　　する支援
　6. 心の健康教育
（実践心理学）
⑯「健康・医療心理学」に含まれる事項
　1. ストレスと心身の疾病との関係
　2. 医療現場における心理社会的課題及び必要
　　な支援
　3. 保健活動が行われている現場における心理

　　社会的課題及び必要な支援
　4. 災害時等に必要な心理に関する支援
⑰「福祉心理学」に含まれる事項
　1. 福祉現場において生じる問題及びその背景
　2. 福祉現場における心理社会的課題及び必要
　　な支援
　3. 虐待についての基本的知識
⑱「教育・学校心理学」に含まれる事項
　1. 教育現場において生じる問題及びその背景
　2. 教育現場における心理社会的課題及び必要
　　な支援
⑲「司法・犯罪心理学」に含まれる事項
　1. 犯罪・非行，犯罪被害及び家事事件について
　　の基本的知識
　2. 司法・犯罪分野における問題に対して必要な
　　心理に関する支援
⑳「産業・組織心理学」に含まれる事項
　1. 職場における問題（キャリア形成に関するこ
　　とを含む。）に対して必要な心理に関する支援
　2. 組織における人の行動
（心理学関連科目）
㉑「人体の構造と機能及び疾病」に含まれる事項
　1. 心身機能と身体構造及びさまざまな疾病や
　　障害
　2. がん，難病等の心理に関する支援が必要な主
　　な疾病
㉒「精神疾患とその治療」に含まれる事項
　1. 精神疾患総論（代表的な精神疾患についての
　　成因，症状，診断法，治療法，経過，本人や
　　家族への支援を含む。）
　2. 向精神薬をはじめとする薬剤による心身の
　　変化
　3. 医療機関との連携
㉓「関係行政論」に含まれる事項
　1. 保健医療分野に関係する法律，制度
　2. 福祉分野に関係する法律，制度
　3. 教育分野に関係する法律，制度
　4. 司法・犯罪分野に関係する法律，制度
　5. 産業・労働分野に関係する法律，制度
㉔「心理演習」に含まれる事項
　（略）
㉕「心理実習」に含まれる事項
　（略）

執筆者一覧

新田　泰生（神奈川大学）＝編者

桐村　晋次（きりむらしんじ：元法政大学キャリアデザイン学部教授）
森下　高治（もりしたたかはる：帝塚山大学名誉教授）
小畑　周介（おばたしゅうすけ：医療法人養心会国分病院）
小島　健一（こじまけんいち：鳥飼総合法律事務所）
金井　篤子（かないあつこ：愛知みずほ大学人間科学部）
種市康太郎（たねいちこうたろう：桜美林大学リベラルアーツ学群）
島津　明人（しまずあきひと：慶應義塾大学総合政策学部）
小田原　幸（おだわらみゆき：国立がん研究センターがん対策研究所）
市川　佳居（いちかわかおる：一般社団法人国際 EAP 協会日本支部／レジリエ研究所株式会社）
松浦　真澄（まつうらますみ：東京理科大学教養教育研究院）
中村美奈子（なかむらみなこ：杏林大学保健学部）
馬場　洋介（ばばひろすけ：帝京平成大学大学院臨床心理学研究科）
藤原　俊通（ふじわらとしみち：カウンセリングオフィスつながり）
土屋　政雄（つちやまさお：株式会社アドバンテッジリスクマネジメント）
足立　智昭（あだちちあき：島根大学教育学部）

監修　野島一彦（のじまかずひこ：九州大学名誉教授・跡見学園女子大学名誉教授）
　　　繁桝算男（しげますかずお：東京大学名誉教授）

編者略歴
新田泰生（にったやすお）
　早稲田大学大学院文学研究科修士課程心理学専修修了。日本人間性心理学会常任理事，日本産業カウンセリング学会理事，日本臨床心理士会産業領域委員長，日本臨床心理士会理事を歴任。桜美林大学大学院教授，神奈川大学大学院臨床心理学研究領域教授・定年退職を経て，現在は，神奈川大学人文学研究所客員研究員。公認心理師。臨床心理士。

主な著書：『心理職の組織への関わり方―産業心理臨床モデルの構築に向けて』（共編著，誠信書房，2016 年），『人間性心理学ハンドブック』（分担執筆，創元社，2012 年），『実践入門産業カウンセリング』（分担執筆，川島書店，2003 年），『講座臨床心理学 6 社会臨床心理学』（分担執筆，東京大学出版会，2002 年），『産業カウンセリングハンドブック』（分担執筆，金子書房，2000 年）ほか

公認心理師の基礎と実践⑳［第 20 巻］
産業・組織心理学

2019 年 9 月 10 日　第 1 刷
2024 年 8 月 25 日　第 4 刷

監修者　野島一彦・繁桝算男
編　者　新田泰生
発行人　山内俊介
発行所　遠見書房
製作協力　ちとせプレス（http://chitosepress.com）

〒 181-0001　東京都三鷹市井の頭 2-28-16
株式会社　遠見書房
TEL 0422-26-6711　FAX 050-3488-3894
tomi@tomishobo.com　http://tomishobo.com
遠見書房の書店　https://tomishobo.stores.jp

印刷・製本　モリモト印刷

ISBN978-4-86616-070-2　C3011
©Nojima, K., Shigemasu, K., & Tomi Shobo, Inc. 2019
Printed in Japan

※心と社会の学術出版　遠見書房の本※

遠見書房

産業・組織カウンセリング実践の手引き
基礎から応用への全8章［改訂版］
　　三浦由美子・磯崎富士雄・斎藤壮士著
ベテラン産業心理臨床家がコンパクトにまとめた必読の1冊。産業臨床の現場での心理支援，企業や組織のニーズを汲み，治療チームに貢献するかを説く。ポストコロナに合わせ改訂。2,640円，A5並

ライフデザイン・カウンセリングの入門から実践へ
社会構成主義時代のキャリア・カウンセリング
　　日本キャリア開発研究センター　監修
編集：水野修次郎・平木典子・小澤康司・国重浩一　働き方が変わり新たなライフデザインの構築が求められる現代，サビカス＋社会構成主義的なキャリア支援の実践をまとめた1冊。3,080円，A5並

サビカス
ライフデザイン・カウンセリング・マニュアル
キャリア・カウンセリング理論と実践
　　M・L・サビカス著／JICD 監修
キャリア構成理論を基礎に生まれた「ライフデザイン・カウンセリング」の手引き。自伝的な物語りを手掛かりに人生を再構成していく。2,200円，A5並

自衛隊心理教官と考える**心は鍛えられるのか**
レジリエンス・リカバリー・マインドフルネス
　　　　　　　　　　　　　藤原俊通ほか著
この本は，自衛隊という組織で，長年心理教官として活動してきた著者らが「心の強さ」をテーマにまとめたもの。しなやかに，したたかに生きるためのヒントが詰まった一冊。2,420円，四六並

臨床心理学中事典
　　　（九州大学名誉教授）野島一彦監修
650超の項目，260人超の執筆者，3万超の索引項目からなる臨床心理学と学際領域の中項目主義の用語事典。臨床家必携！（編集：森岡正芳・岡村達也・坂井誠・黒木俊秀・津川律子・遠藤利彦・岩壁茂）7,480円，A5上製

質的研究法 M-GTA 叢書1
精神・発達・視覚障害者の就労スキルをどう開発するか──就労移行支援施設（精神・発達）および職場（視覚）での支援を探る
　　　　　（筑波技術大学）竹下　浩著
就労での障害者と支援員の相互作用をM-GTA（修正版グランデッドセオリーアプローチ）で読み解く。2,420円，A5並

職業リハビリテーションにおける
認知行動療法の実践
精神障害・発達障害のある人の就労を支える
　　　　　　　　　池田浩之・谷口敏淳 編著
障害のある方の「働きたい思い」の実現のため，就労支援に認知行動療法を導入しよう。福祉・産業・医療各領域の第一人者による試み。2860円，A5並

ACT マトリックスのエッセンシャルガイド
アクセプタンス＆コミットメント・セラピーを使う
　　　　　　K・ポークら著／谷　晋二監訳
本書は，理解の難しい ACT 理論を平易に解き明かし，実践に役立てられる1冊で，誰でも明日から使える手引きとなっている。15種類のワークシートつき。5,390円，A5並

あたらしい日本の心理療法
臨床知の発見と一般化
　　　　　　　　　　　池見　陽・浅井伸彦 編
本書は，近年，日本で生まれた9アプローチのオリジナルな心理療法を集め，その創始者たちによって，事例も交えながらじっくりと理論と方法を解説してもらったものです。3,520円，A5並

N: ナラティヴとケア
ナラティヴがキーワードの臨床・支援者向け雑誌。第15号：オープンダイアローグの可能性をひらく（森川すいめい編）年1刊行，1,980円

価格は税込です

※心と社会の学術出版　遠見書房の本※

遠見書房

マンガで学ぶセルフ・カウンセリング まわせP循環！
東　豊著，見那ミノル画
思春期女子のたまひちゃんとその家族，そしてスクールカウンセラーのマンガと解説からできた本。悩み多き世代のための，こころの常備薬みたいに使ってください。1,540円，四六並

そもそも心理支援は，精神科治療とどう違うのか？——対話が拓く心理職の豊かな専門性
（東京大学名誉教授）下山晴彦編
公認心理師の誕生で，心理支援のアイデンティティは失われてしまった。そんなテーマから生まれた対談集です。信田さよ子，茂木健一郎，石原孝二，東畑開人，黒木俊秀など。2,420円，四六並

天才の臨床心理学研究——発達障害の青年と創造性を伸ばすための大学教育
名古屋大学創造性研究会（代表 松本真理子）編
ノーベル賞級の「天才」研究者たちの創造性の原点とは？　才能をつぶすのも，広げさせるのも大学教育にかかっている現在，天才たちの個性と周囲のあり方を考えた1冊です。2,200円，四六並

学校における自殺予防教育のすすめ方[改訂版]
だれにでもこころが苦しいときがあるから
窪田由紀・シャルマ直美編
痛ましく悲しい子どもの自殺。食い止めるには，予防のための啓発活動をやることが必須。本書は，学校の授業でできる自殺予防教育の手引き。資料を入れ替え，大改訂をしました。2,860円，A5並

スピノザの精神分析
『エチカ』からみたボーダーラインの精神療法
（精神分析家・精神科医）川谷大治著
フロイトにも影響を与えた哲学者スピノザ。同じ精神分析家によるスピノザの哲学を真っ向から扱った一冊。長年の治療経験と思索から，「エチカ」と精神分析の世界を解き明かす。3,300円，四六並

カウンセラー，元不登校の高校生たちと，フリースクールをつくる。
学校に居づらい子どもたちが元気に賑わう集団づくり
野中浩一著
学校に「いる」ことが難しかった高校生たちが，やがて集団の中で笑いあい，人と積極的に関わるように……試行錯誤と希望の15年の軌跡。1,870円，四六並

発達支援につながる臨床心理アセスメント
ロールシャッハ・テストと発達障害の理解
（中京大学教授）明翫光宜著
本書は，発達障害特性のあるクライエントを理解し，さらにその支援につなげるための心理アセスメント，発達検査，ロールシャッハ・テストについて詳しく解説し尽くした論文集。

呪医とPTSDと幻覚キノコの医療人類学
マヤの伝統医療とトラウマケア
（和歌山大学名誉教授）宮西照夫著
伝説的シャーマンの教え，呪医による治療，幻覚キノコの集会……。マヤの地における呪医とキノコとトラウマケアをめぐるフィールドワークの集大成，著者渾身の一書。2,530円，A5並

臨床現場のレジリエンス
医療従事者のウェルビーイングのために
アンナ・フレイン，スー・マーフィー，ジョン・フレイン編／宮田靖志訳
ケアを提供する医療従事者がいかにバーンアウトせず質の高いケアを提供し続けることができるか，さまざまなトピックスと事例から考える。3,300円，A5並

〈フリーアクセス〉〈特集＆連載〉心理学・心理療法・心理支援に携わる全ての人のための総合情報オンライン・マガジン「シンリンラボ」。https://shinrinlab.com/

価格は税込です

※心と社会の学術出版　遠見書房の本※

遠見書房

チーム学校で子どもとコミュニティを支える
教師とSCのための学校臨床のリアルと対応
（九州大学名誉教授）増田健太郎著
不登校・いじめ・学級崩壊・保護者のクレームなど，学校が抱える問題に教師やSCらがチーム学校で対応するための学校臨床の手引き。援助が楽になる関係者必読の一冊。3,080円，A5並

システムズアプローチの〈ものの見方〉
「人間関係」を変える心理療法
（龍谷大学教授）吉川　悟著
家族療法，ブリーフセラピー，ナラティヴの実践・研究を経てたどりついた新しい臨床の地平。自らの30年前の冒険的な思索を今，自身の手で大きく改稿した必読の大著。5,060円，A5並

学校におけるトラウマ・インフォームド・ケア
SC・教職員のためのTIC導入に向けたガイド
卜部　明著
ブックレット：子どもの心と学校臨床（9）ベテランSCによる学校のための「トラウマの理解に基づいた支援」導入のための手引。トウラマの理解によって学校臨床が豊かになる。1,870円，A5並

臨床心理検査バッテリーの実際　改訂版
高橋依子・津川律子編著
乳幼児期から高齢期まで発達に沿った適切なテストバッテリーの考え方・組み方を多彩な事例を挙げて解説。質問紙，投映法など多種多様な心理検査を網羅しフィードバックの考え方と実際も詳述。好評につき大改訂。3,300円，A5並

パーソンセンタード・アプローチとオープンダイアローグ
対話・つながり・共に生きる
本山智敬・永野浩二・村山正治編
パーソンセンタード・アプローチとオープンダイアローグとの比較やデモンストレーションから，心理支援のあり方に一石を投じる一冊。3,080円，A5並

クラスで使える！　（DLデータつき）
アサーション授業プログラム
『ハッキリンで互いの気持ちをキャッチしよう』改訂版
竹田伸也・松尾理沙・大塚美菜子著
プレゼンソフト対応のダウンロードデータでだれでもアサーション・トレーニングが出来る！2,970円，A5並

学生相談カウンセラーと考える
キャンパスの心理支援
効果的な学内研修のために2
全国学生相談研究会議編（太田裕一ほか）
本書は，学生相談カウンセラーたちが日常の学生生活における学生を取り巻く問題を解説。学内研修に使える14本のプレゼンデータ付き。3,080円，A5並

対人援助職の仕事のルール
医療領域・福祉領域で働く人の1歩め，2歩め　　　　　野坂達志著
医療から行政まで幅広い仕事をしてきたソーシャルワーカー＋セラピストの野坂先生による仕事の教科書。お作法から「プロに近づくための応用編」まで，対人援助の基本を総ざらい。2,200円，四六並

思いこみ・勘ちがい・錯誤の心理学
なぜ犠牲者のほうが非難され，完璧な計画ほどうまくいかないのか
（認知心理学者）杉本　崇著
マンガをマクラに，「公正世界信念」「後知恵バイアス」「賭博者の錯誤」「反実思考」「計画の錯誤」といった誤謬の心理学が学べる入門書。1,980円，四六並

事例検討会で学ぶ
ケース・フォーミュレーション
新たな心理支援の発展に向けて
（東京大学名誉教授）下山晴彦編
下山晴彦，林直樹，伊藤絵美，田中ひな子による自験例に，岡野憲一郎らがコメンテーターの事例検討会。臨床の肝をじっくり解き明かす。3,080円，A5並

価格は税込です

※心と社会の学術出版　遠見書房の本※

遠見書房

「かかわり」の心理臨床
催眠臨床・家族療法・ブリーフセラピーにおける関係性　（駒沢大）八巻　秀著
アドラー心理学，家族療法，ブリーフセラピー，催眠療法を軸に臨床活動を続ける著者による論文集。関係性や対話的な「かかわり」をキーワードに理論と実践を解説。3,080円，A5並

喪失のこころと支援
悲嘆のナラティヴとレジリエンス
（日本福祉大学教授）山口智子編
「喪失と回復」の単線的な物語からこぼれ落ちる，喪失の様相に，母子，障害，貧困，犯罪被害者，HIVなど多様なケースを通して迫った1冊。喪失について丁寧に考え抜くために。2,860円，A5並

乳幼児虐待予防のための多機関連携のプロセス研究──産科医療機関における「気になる親子」への気づきから
（山口県立大学）唐田順子著
【質的研究法 M-GTA 叢書2】看護職者の気づきをいかに多機関連携につなげるかをM-GTA（修正版グランデッドセオリーアプローチ）で読み解く。2,420円，A5並

学校が求めるスクールカウンセラー 改訂版
アセスメントとコンサルテーションを中心に
村瀬嘉代子監修・東京学校臨床心理研究会編
ベテランたちによって書かれたスクールカウンセリングの実用書を大改訂！「アセスメント」と「コンサルテーション」をキーワードに，"学校が求めるSCの動き"を具体的に示す。3,520円，A5並

中学生・高校生向け
アンガーマネジメント・レッスン
怒りの感情を自分の力に変えよう
S・G・フィッチェル著／佐藤・竹田・古村訳
米国で広く使われるアンガーマネジメント・プログラム。自身の人生や感情をコントロールする力があることを学べる。教師・SCにお勧め。2,200円，四六並

外国にルーツをもつ子どもたちの学校生活とウェルビーイング
児童生徒・教職員・家族を支える心理学
松本真理子・野村あすか編著
ブックレット：子どもの心と学校臨床（8）日本に暮らす外国にルーツを持つ子どもたちへの支援を考える。幸福な未来のための1冊。2,200円，A5並

よくわかる 学校で役立つ子どもの認知行動療法
理論と実践をむすぶ
（スクールカウンセラー）松丸未来著
ブックレット：子どもの心と学校臨床（7）子どもの認知行動療法を動機づけ，ケース・フォーミュレーション，心理教育，介入方法などに分け，実践的にわかりやすく伝えます。1,870円，A5並

親と子のはじまりを支える
妊娠期からの切れ目のない支援と心のケア
（名古屋大学教授）永田雅子編著
産科から子育て支援の現場までを幅広くカバー。本書は，周産期への心理支援を行う6名の心理職らによる周産期のこころのケアの実際と理論を多くの事例を通してまとめたもの。2,420円，四六並

図解 ケースで学ぶ家族療法
システムとナラティヴの見立てと介入
（徳島大学准教授）横谷謙次著
カップルや家族の間で展開されている人間関係や悪循環を図にし，どう働きかけたらよいかがわかる実践入門書。家族療法を取り入れたい，取り組みたいセラピストにも最適。2,970円，四六並

子どもと親のための
フレンドシップ・プログラム
人間関係が苦手な子の友だちづくりのヒント30
フレッド・フランクル著／辻井正次監訳
子どもの友だち関係のよくある悩みごとをステップバイステップで解決！　親子のための科学的な根拠のある友だちのつくり方実践ガイド。3,080円，A5並

価格は税込です

※心と社会の学術出版　遠見書房の本※

遠見書房

世界一隅々まで書いた
認知行動療法・問題解決法の本
（洗足ストレスコーピング・サポートオフィス）伊藤絵美著
本書は、問題解決法についての1日ワークショップをもとに書籍化したもので、ちゃんと学べる楽しく学べるをモットーにまとめた1冊。今日から使えるワークシートつき。2,860円，A5並

ポリヴェーガル理論で実践する子ども支援
今日から保護者・教師・養護教諭・SCがとりくめること
（いとう発達・心理相談室）伊藤二三郎著
ブックレット：子どもの心と学校臨床（6）ポリヴェーガル理論で家庭や学校で健やかにすごそう！　教室やスクールカウンセリングで、ノウハウ満載の役立つ1冊です。1,980円，A5並

動作訓練の技術とこころ──障害のある人の生活に寄りそう心理リハビリテイション
（静岡大学教育学部教授）香野　毅著
身体・知的・発達障害のある人の生活に寄りそう動作訓練をプロフェッショナルが伝授。導入から訓練中の着目点，実施の詳述＋実際の訓練の様子も写真入りで解説しています。2,420円，A5並製

臨床力アップのコツ
ブリーフセラピーの発想
日本ブリーフサイコセラピー学会編
臨床能力をあげる考え方，スキル，ヒントなどをベテランの臨床家たちが開陳。また黒沢幸子氏，東豊氏という日本を代表するセラピストによる紙上スーパービジョンも掲載。3,080円，A5並

学生相談カウンセラーと考える
キャンパスの危機管理
効果的な学内研修のために
全国学生相談研究会議編（杉原保史ほか）
本書は、学生相談カウンセラーたちがトラブルの予防策や緊急支援での対応策を解説。学内研修に使える13本のプレゼンデータ付き。3,080円，A5並

学校で使えるアセスメント入門
スクールカウンセリング・特別支援に活かす臨床・支援のヒント
（学習院大学教授）伊藤亜矢子編
ブックレット：子どもの心と学校臨床（5）児童生徒本人から学級，学校，家族，地域までさまざまな次元と方法で理解ができるアセスメントの知見と技術が満載の1冊。1,760円，A5並

がんと嘘と秘密
ゲノム医療時代のケア
小森康永・岸本寛史著
本書は、がん医療に深く携わってきた二人の医師による、嘘と秘密を切り口にテキストと臨床を往還しながら、客観性を重視する医科学的なアプローチを補うスリリングな試み。2,420円，四六並

ひきこもりと関わる
日常と非日常のあいだの心理支援
（跡見学園女子大学教授）板東充彦著
本書は、居場所支援などの実践を通して模索してきた、臨床心理学視点からのひきこもり支援論です。コミュニティで共に生きる仲間としてできることは何かを追求した一冊です。2,530円，四六並

新しい家族の教科書
スピリチュアル家族システム査定法
（龍谷大学教授）東　豊著
プラグマティックに使えるものは何でも使うセラピスト東豊による家族のためのユニークな1冊が生まれました！　ホンマかいなと業界騒然必至の実用法査定法をここに公開！　1,870円，四六並

「新型うつ」とは何だったのか
新しい抑うつへの心理学アプローチ
（日本大学教授）坂本真士　編著
新型うつは怠惰なのか病いなのか？　この本は、新型うつを臨床心理学と社会心理学を軸に研究をしたチームによる、その原因と治療法、リソースなどを紐解いた1冊。2,200円，四六並

価格は税込です